21世纪高职高专规划教材·金融保险系列

个人理财

主　编　杨立功
副主编　王　妍

中国人民大学出版社
·北京·

前　言

谈到理财规划，很多人的第一反应就是投资，让资产增值。然而，财富之道，在于如何平衡，在于是否和谐。赚钱有道，莫如守财有方。人生道路，坎坷曲折，成大事者，必将付出超越常人的艰辛，方能玉成。所以，创富有方固然重要，守财有道，亦是必修之功课。

大道至简！理财就是以挣钱为基础，以攒钱为习惯，以管钱为核心，平衡家庭终生现金流的过程。理财规划包含的内容非常丰富：既包括家庭成员科学理财观念的建立，也包括家庭成员科学理财习惯的培养；既需开源，又需节流，既要考虑未来，还要兼顾当下……所以，对大多数家庭来说，谈到理财，首先要帮助家庭建立科学的理财观念，因为理财观念可以诱导理财行为。比如“你不理财，财不理你”，“理财是马拉松，需要长期坚持”，“理财要从小钱开始”，等等。其次，要帮助家庭成员养成良好的理财习惯。美国理财专家柯特·康宁汉说过，“不能养成良好的理财习惯，即使拥有博士学位，也难以摆脱贫穷”。良好的理财习惯包括长期的理财计划、持续的理财活动、良好的消费纪律、坚定理财目标、合理的家庭资产配置等。

当然，要做好家庭的理财规划，还需要具备专业的理财知识和理财技能。本教材就是为配合理财规划师职业教育发展，适应高职金融、理财类专业人才培养的需要而编写的。全书共分为理财规划基础知识、四小规划、四大规划和综合理财四部分。

理财规划基础知识包括第一章认识个人理财、第二章理财中的信息处理；四小规划包括第四章现金规划、第五章消费规划、第七章教育规划和第十章退休养老规划；四大规划包括第六章保险规划、第八章投资规划、第九章家庭所得税筹划和第十一章财富分配与传承规划；第十二章为综合理财规划，它是在前面三部分的基础上，根据家庭的类型，按照理财规划的程序，为不同生命周期中的家庭进行具体的理财规划。

需要说明的是，本书增加了第三章“职业、婚姻与理财”的内容，因为职业是个人的第一收入来源，是个人的第一桶金，要理好财，理所当然应该规划好自己的职业；从理财的角度看，婚姻无疑是人生最大的一项投资，管理好这项投资，每一个人都责无旁贷。从内容上看，第三章应该归入四大规划。

本教材具有如下的主要特点：

1. 内容翔实，全面丰富。本书涉及的内容涵盖个人理财的所有方面，包括理财原理、四小规划、四大规划和综合理财，还有职业规划和婚姻规划。

2. 学练结合，边学边练。在本书的每一章节中，都有思考、讨论、心得体会等相关任务和要求，可以促使读者边读边思、边学边练。

3. 案例丰富、资料新颖。本书中穿插了大量的理财案例，精心选用了新颖的理财资料，保证了本书阅读的可读性。

4. 与时俱进，内容实用。在当今互联网金融飞速发展的时代，互联网金融给理财活动也带来了新的内容和方法。本书在编写的过程中，也充分考虑到理财活动的与时俱进和理财内容的有效实用。

本书在编写过程中，参照人力资源和社会保障部组织的助理理财规划师职业资格考试大纲，全书各部分内容、案例、要求与助理理财规划师资格考试内容挂钩，高职高专的学生学习完本书后，可以直接参加助理理财规划师职业资格考试。

本书由具有丰富实践经验和职业资格培训经验的高级理财规划师杨立功（黄河水利职业技术学院）主编并编写了第一章、第八章、第十二章；具有多年保险从业经验的王妍老师（黄河水利职业技术学院）编写了第四章、第六章；舒涉老师编写了第二章和第十一章；武汉软件工程职业技术学院的赵翠红老师编写了第三章、第五章和第七章；郑州铁路职业技术学院的周嵘老师编写了第九章和第十章。杨立功对全书进行定稿和总纂。

我们坚信：一次结识可决定人生财富，一个理念可决定家庭兴衰，一本好书可改变人的命运！在编写过程中，我们参阅了国内外大量的有关理财著作，浏览了大量的理财网页，在此我们向有关作者表达最崇高的敬意。然而，个人理财这一行业在我们国家仅有十年的历程，“个人理财”作为金融、保险、证券等相关专业的必修课程，作为大学生的公共选修课，也是最近几年的事情。因此，本书涉及的部分内容还没有形成完整的结构体系，一些理财的观念和方法可能还存在争议，本书一定会存在需要进一步改进之处。书的价值取决于使用它的人，我们真诚地欢迎您的批评与指正。最后，我们衷心祝愿：个人理财能给您带来财富，带来幸福和美好的人生。

编者

目　录

第一章 认识个人理财

学习目标

知识点：

- 理解个人理财
- 理解理财的目标
- 掌握个人理财的原则
- 了解个人理财的内容

能力点：

- 知道个人理财的重要性
- 能解释个人理财的原则
- 能说出个人理财的内容

导言

俗话说得好：你不理财，财不理你。理财专家刘彦斌说过，收入像河流，财富像水库，一个家庭是否富有，不是看该家庭有多高的收入，而是看家庭的财富水库中有多少水。理财就是管理好家庭的财富水库，确保家庭在需要的时候，水库中有足够的水。

第一节 认识个人理财

一、什么是理财

理财是人们为了实现自己的生活目标，对个人、家庭财富进行有计划的、系统性的管理和安排，是贯穿一个人一生的财富管理过程。理财就是以“管钱”为中心，通过抓好攒钱、生钱、护钱三个环节，管好现在和未来的现金流，让资产在保值的基础上实现稳步、持续的增值。理财的初级目标是实现财务安全，终极目标是实现财务自由，让生活幸福和美好。

通过个人理财，你可以：

➢ 提高一生拥有、使用、保护资源的有效性。

- 提高对财富的控制能力。
- 提升人际关系面。
- 增强家庭经济目标的实现能力。

典型案例

英国小伙的传奇经历：“垃圾清运工—千万（英镑）富翁—垃圾清运工”

英男子 7 年败光 970 万英镑大奖

英国《每日邮报》曾经报道，名叫迈克尔·卡罗尔的男子曾是受幸运之神眷顾的宠儿。2002 年，当他一贫如洗，还是个垃圾清运工的时候，买彩票中了 970 万英镑大奖。但仅仅 8 年时间，他就将这笔财富挥霍一空，不得不重回做苦力活的生活。

2002年卡罗尔中奖时高举奖牌

2010年的卡罗尔

2002 年，970 万英镑的巨奖让他的人生轨迹发生了改变。从此后，他自言脑海中只有三件事：毒品、性还有黄金。

由于无法忍受他这种糜烂的生活方式，他的妻子桑德拉带着年幼的宝贝女儿离开了他。

卡罗尔还喜好粗大的金项链等饰品，他买的一条项链就花费了 2 000 英镑。他还花了差不多 100 万英镑赌马和赌狗。

2008 年，卡罗尔的豪宅破损了，泳池漂满垃圾，然而他再也没钱去修复这一切了。2009 年，他卖掉自己曾花 40 万英镑买的多辆豪华轿车，然后靠这些钱过活。

2011 年，卡罗尔待在一处小公寓中，靠救济金度日，他已经重操旧业，重新成为一个垃圾清运工。

卡罗尔坚称自己喜欢靠着救济金生活的日子。他说回到这个状态“有点奇怪”，因为那是他中奖之前所过的生活。卡罗尔说，“我过了高端生活，但我想要重新工作，挣一份普通的薪水。现在为了区区几英镑我什么都愿意做。”

资料来源：中国新闻网，2010-02-08。

讨论：1. 卡罗尔为什么会又一贫如洗？

2. 财富的积累是靠运气还是良好的理财习惯？

小测试

考考你的财商。

1. 下列选项中，你认为哪个最重要？

A. 赚钱　　B. 花钱　　C. 省钱　　D. 生钱

2. 如果在选项中，再加上一项，你又将如何选择？

A. 赚钱　　B. 花钱　　C. 省钱　　D. 生钱　　E. 护钱

心得体会

课外任务

请你在课下收集整理美国前拳王泰森的财富传奇经历，并与同学们分享你对理财的观点。

二、为什么要进行个人理财

（一）中国改革开放30多年居民财富的持续增长

我国从1978年开始实行改革开放。改革开放以来，我国的年均GDP增长率达到10%以上，截至2013年年底，我国的经济总量位居世界第二。与此同时，在经济发展的过程中，我国的分配政策也从改革开放之初的实物加货币分配方式，逐渐发展到今天的货币化分配方式。今天，居民拥有了相对较高的收入，拥有了一定量的财富，居民有财可理。

（二）中国经济市场化程度的不断提升

随着改革开放的不断深入，我国经济的市场化程度也不断提升，具体表现在以下几个方面：第一，我国的住房市场已经实现了市场化，居民都可以通过市场购买住房。对一般家庭来说，购买住房是一笔巨额的开支，不仅需要几十万元的首付，而且还要依靠长期信贷的支持。第二，伴随着我国幼儿教育、初等教育和高等教育的改革，对家庭来说，孩子的教育也需要一笔可观的费用。平均来看，孩子从幼儿园到大学毕业，没有几十万元是不行的。第三，伴随着我国的医疗制度改革，医疗机构为居民提供质量越来越高的医疗服务

时，医疗服务的费用也越来越高。现在，一个三口之家若没有购买适当的商业保险，没有准备十余万元的家庭医疗应急基金，家庭成员的心里就不会踏实。第四，我国市场为居民提供了丰富的商品，大到飞机、汽车、奢侈品，小到服装、日用消费品，琳琅满目的商品刺激着消费者的神经。要把自己中意的商品带回家，就需要有相应的支付能力。李嘉诚说过，世界上并非每一件事情，都是用金钱可以解决的，但是确实有很多事情需要用金钱解决。

（三）金融机构推出种类繁多的金融产品

现如今，金融机构为居民提供了丰富的金融产品：银行为居民提供了传统的金融产品，如活期储蓄、定期储蓄、通知存款、短期理财产品、商业贷款等；证券市场为居民提供了种类繁多的投资产品，如债券、可转换债券、货币市场基金、保本基金、债券基金、股票基金、分级基金、股票、股指期货、股票期权等；保险公司为居民提供了财产保险产品、传统的人身保险产品，也提供了创新型的保险产品，如分红保险、万能寿险、投资连结保险等。丰富的金融理财产品，为居民提供了理财的基石。

（四）人们需要高品质的生活

人人都想要高品质的生活，而财富（钱）是高品质生活的基本保证。下面所罗列的高品质生活的表象，无一不需要财富的支持。

- 更舒适的住所。
- 更便捷的交通条件。
- 更先进的医疗条件。
- 更优越的教育环境。
- 更潇洒的旅游经历。
- 更时尚的休闲活动。

➢ 更快乐的运动。
➢ 更显赫的地位。
➢ 更广泛的受尊重程度。
➢ ……

阅读材料

虽然中国30年来CPI平均不过4.8%，表象上没有严重的通货膨胀，但各口径货币供应量的极速增长，居民存量财富大幅缩水，这种进程就是所谓的“货币化”。

1980年代初，中国曾经流行过一个词汇，叫作“万元户”，这些当年作为先富裕起来代名词的“万元户”，经过30年的中国金融洗礼，其财富的可能膨胀和缩水状况如何？

第一种：从居民家庭人均收入看，1981年的1万元，大约相当于当时职工13年的工资，或者家庭人均20年的收入，按照目前工资或收入水平来推算，当年1万元应该大体相当于现在的27万～28万元的水准。

第二种，从居民人均储蓄看，1981年的“万元财富”相当于当时人均储蓄的200倍，折算到现在差不多是255万元。

从上面两种很粗糙的计算看，“万元财富”经不起时间的折磨大幅度缩水，假定中国有类似美国一样的与通货膨胀指数挂钩的国债，那么以1981的1万元到现在也就仅仅4.4万元。假定当年的“万元户”采取五年定期储蓄不断滚动定存，即便考虑到保值贴补，当年存入银行的1万元今天充其量也难超过10万元。

例子可能是粗糙的，但结论显而易见：过去30年，钱本身的确随着时间的推移非常“不值钱”了！

就1980年代的万元户而言，如果他沉湎于消费，在当时购入还十分稀罕的彩电、冰箱和磁带录像机，那么到今天这些资产的残值接近于零；如果他前瞻于保值，在当时购入黄金并持有至今，增值不到5倍；即便选择储蓄或者国债，在货币化的侵蚀下，30年来币值仍然会被消蚀2/3。

在快速货币化的进程中，持有现金或者低风险低收益的储蓄、国债等金融资产，和把大半财富拱手让出的差异并不大。用货币去购买可以大规模产业化提供的消费品，几乎等同于奢侈的挥霍。

资料来源：凤凰网，2009-08-13。

讨论：谈谈你对为什么要理财的见解。

心得体会

____

____

____

三、理财规划的目标

（一）理财规划的总体目标

每个人的理财目标千差万别，同一个人在不同的阶段的理财目标也不相同，但从一般角度而言，理财规划的目标可以归结为两个层次：实现财务安全和追求财务自由。

财务安全是指个人或家庭对自己的财务现状有足够的能力和信心，现有的财富足以应对未来的财务支出和其他生活目标的实现，不会出现大的财务危机。保障家庭的财务安全，是理财规划首要解决的问题。一般来说，衡量一个人或家庭的财务安全，主要有以下内容：

- 是否有稳定、充足的收入；
- 个人职业是否有发展的潜力；
- 是否有充足的现金准备；
- 是否有适当的住房；

➢ 是否购买了适当的财产和人身保险；

➢ 是否有适当、收益稳定的投资；

➢ 是否享受社会保障；

➢ 是否有额外的养老保障计划。

当然，前述衡量标准仅仅是参考性的，具体的安全标准要根据个体的实际情况决定。

财务自由是指个人或家庭的收入主要来源于主动投资而不是被动工作。财务自由主要体现在投资收入可以完全覆盖个人或家庭发生的各项支出，个人从被迫工作的压力中解放出来，已有财富成为创造更多财富的工具。

（二）理财规划的具体目标

在理财规划的实际工作中，财务安全和财务自由目标在现金规划、消费支出规划、教育规划、风险管理与保险规划、税收筹划、投资规划、退休养老规划、财产分配与传承规划八个具体规划当中体现，集中表现为以下八个方面。

1. 必要的资产流动性

为了满足日常开支、预防突发事件，个人有必要持有流动性较强的资产，以保证有足够的资金来支付短期内计划中和计划外的费用。但个人又不能过多地持有现金类资产，因为过强的流动性会降低资产的收益能力。在为家庭进行理财规划时，既要保证家庭资金的流动性，又要考虑持有现金的成本，通过现金规划使短期需求可用手头现金来满足，预期的现金支出通过各种储蓄或短期投资工具来满足。

2. 合理的消费支出

个人理财的首要目的并非个人价值最大化，而是使个人财务状况稳健合理。合理的消费支出就是家庭在理性消费的基础上，要平衡当前消费和未来消费，防止家庭背负沉重的债务负担。

3. 实现教育期望

通过合理的财务计划，确保家庭将来有能力合理支付自身及其子女的教育费用，充分实现个人（家庭）的教育期望。

4. 完备的风险保障

家庭通过风险管理与保险规划，利用保险的保障作用，将意外事件带来的损失降到最低限度，使客户更好地规避不愿承担和承担不起的风险。同时，家庭在理财规划的过程中，还应注重对非保险类风险进行管理，以更好地保护我们的生活。

5. 积累财富

正确的财富积累方式，是根据理财目标、个人可投资额以及风险承受能力进行资产配置，确定有效的投资方案，使投资收入占家庭总收入的比重逐渐提高，带给个人或家庭的财富越来越多，并逐步成为个人或家庭收入的主要来源，最终达到财务自由。

6. 合理的纳税安排

合理的纳税安排是纳税人在法律允许的范围内，通过对纳税主体的经营、投资等经济活动的事先筹划和安排，充分利用政策优惠和差别待遇，适当减少或延缓税负支出，达到整体税后收入最大化。

7. 安享晚年

传统的社会保障与家庭养老模式已被打破，所以有必要在青壮年时期进行财务规划，使人们到晚年能过上“老有所养，老有所终，老有所乐”的能自立、有尊严的老年生活。

8. 有效的财产分配与传承

家庭要选择适当的遗产管理工具和制定符合财富拥有者意愿的遗产分配方案，确保在家庭成员去世或丧失行为能力时其个人意志能够得以延伸，实现家庭财产的代际相传。

四、达到财务自由的几个步骤

只要科学理财，所有的人都可以实现财务安全，甚至实现财务自由。对于我们来说，要想实现财务安全，进而实现财务自由，我们需要的是：

第一，尽早开始理财活动。理财规划，越早越好。最好从你认识到理财的必要性和重要性的那一刻就开始；从你认识到复利效应的巨大威力的那一刻就开始；从你认识到如果不未雨绸缪，你可能会在未来遇到巨大的财务困难的那一刻就开始。

从现在开始，永远都不晚！为什么这样讲呢？因为开始理财一定比不理财要好。比如，某人已经 55 岁了，尽管他没能在年轻时开始理财，错过了最优的选择，但现在开始，他还有次优的选择，否则，他连次优的选择也没有了。

第二，要制定你的理财目标。认识到理财的重要性和必要性，开始理财行动之后，你需要做的就是在理财规划师的帮助下，制定你的理财目标。理财目标要具体、具有可实现性，能和你的现实情况结合起来，比如，一位刚刚毕业的大学生，他的理财目标可以是一年之内攒到 3 万元，每个月坚持基金定投 600 元，花 600 元给自己购买意外伤害保险、健康险等。

第三，要养成“量入为出”的理财习惯。不管是“富人”，还是“穷人”，如果不能养成一个“量入为出”的理财习惯，再好的理财方式都将成为无用功。“量入为出”的意思是根据收入的多少来决定开支的限度。唐代诗人李商隐在《咏史》有一句话：“历览前贤国与家，成由勤俭败由奢。”理财的开始阶段养成“量入为出”的习惯，就是为了避免“入不敷出”。

第四，一定要给自己购买足够的保险。对于生活在现代社会中的人来说，社会保险只能提供最基本的保障，一个人要想有一个全面的保障，还需要购买适当的商业保险，比如意外险、寿险、健康险、养老险等。

第五，要长期进行投资，并且做好资产配置。长期投资不仅包括对某一种投资品种的长期投资，还包括对不同的投资品种的长期投资。经济有周期，股市会波动，投资的账面资产有增有减，这些都是十分正常的，关键是我们要通过长期的投资，抹平经济和股市波动的风险。在长期投资时，我们还要对投资的品种进行配置，即进行分散投资。具体的资产配置包括资金在存款、债券、股票、基金、实物等资产方面的配置。

第六，要多听理财规划师的理财建议。理财规划师具备专业的知识，拥有专业理财技能，是专门从事理财规划业务的职业者。理财规划师能忠实、客观地为客户提供长期的理财服务。多听听理财规划师的理财建议，对家庭来说大有裨益。

练一练：

人生的目标多种多样，一般意义上的理财规划目标可分为两个层次，个人理财规划要实现的首要目标是什么？

阅读材料

哈佛精英的人生轨迹

1970年，美国哈佛大学对当年毕业的天之骄子们进行了一次关于人生目标的调查：27%的人，没有目标；60%的人，目标模糊；10%的人，有清晰但比较短期的目标；3%的人，有清晰而长远的目标。

1995年，即25年后，哈佛大学再次对这一批1970年毕业的学生进行了跟踪调查，结果是这样的：3%的人，25年间他们朝着一个既定的方向不懈努力，现在几乎都成为社会各界的成功人士，其中不乏行业领袖、社会精英；10%的人，他们的短期目标不断实现，成为各个行业、各个领域中的专业人士，大都生活在社会的中上层；60%的人，他们安稳地生活与工作，但都没什么特别突出的成绩，他们几乎都生活在社会的中下层；剩下27%的人，他们的生活没有目标，过得很不如意，并且常常在抱怨他人、抱怨社会、抱怨这个“不肯给他们机会”的世界。

其实，他们之间的差别仅仅在于：25年前，他们中的一些人知道自己的人生目标，而另一些人不清楚或不是很清楚自己的人生目标。

不少人终生都像梦游者一样，漫无目标地游荡。他们每天都按熟悉的“老一套”生活，从来不问自己：“我这一生要干什么？”他们对自己的作为不甚了了，因为他们缺少目标。

杰出人士与平庸之辈最根本的差别，并不在于天赋，也不在于机遇，而在于有无人生目标！

第二节　个人理财原理

一、个人理财的原理

一个人一生的收入和支出是不同步的。在金融服务行业，有一幅著名的“草帽图”，用来说明理财的基本原理。图中的横轴表示一个人从出生到死亡的生命线，纵轴表示一个人的支出和收入。从图可以看出，一个人从出生就开始消费，直到生命终了，支出曲线和生命线围成的面积代表一个人的终身消费。

一个人从自立开始才有收入，随着工作经验的不断积累，其收入水平迅速增长，到五十岁左右其收入达到顶峰，然后开始下降。收入曲线与生命线围成的面积代表一个人的终身收入。若一个人的终身收入大于终身消费，表明他的一生挣得多而花得少，他在理财上就会有一个灿烂的人生；若一个人的终身收入等于终身消费，表明他的一生挣得和花得一样，他在理财上就有一个平淡的人生；若一个人的终身收入小于终身消费，表明他的一生花得比挣得多，他在理财上就有一个悲惨的人生。

理财规划就是根据个人（家庭）的财务与非财务状况，运用合理的方法和规范的流程，制定包括现金规划、消费规划、教育规划、保险规划、投资规划、养老规划、税收规划、财产分配与传承规划等。从理财规划的原理图中也可以看出，理财规划是一个长期的过程，是一个努力达到财务自主、实现财务安全、追求财务自由的过程。

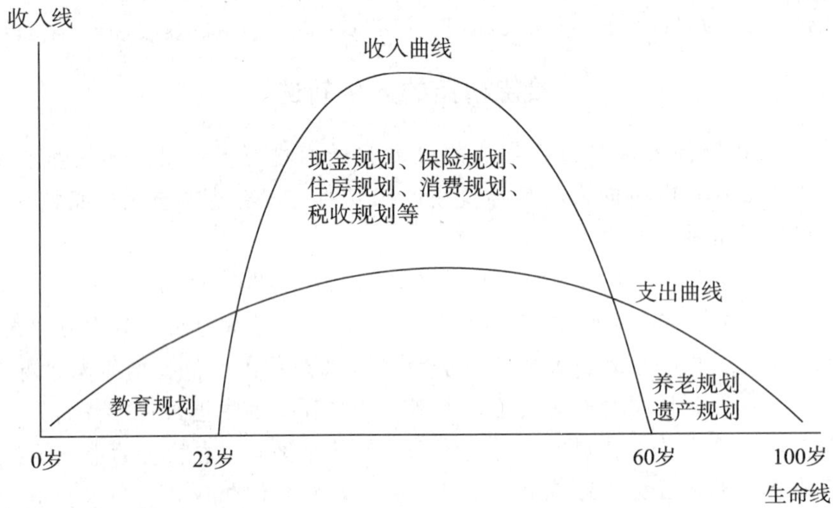

草帽图

二、生命周期与个人理财

（一）生命周期理论

生命周期理论作为个人理财的核心理论之一，它从家庭生命周期整体出发考虑理财，根据家庭所处不同生命周期中位置的特点，指导家庭结合实际情况设计理财方案，选择适当产品，以期在整个生命周期中合理分配财富，实现人生效用的最大化。该理论的核心内容是在个人或家庭一生当中有限的经济资源约束下，求解基于终生消费（包括闲暇和遗赠）效用最大化的消费/投资策略问题。

人从出生到死亡会经历婴儿、童年、少年、青年、中年、老年六个时期。由于婴儿期、童年期、少年期没有独立的经济来源，通常也不必承担经济责任，因此这三个时期并不是理财规划的重要时期。而青年期、中年期和老年期则是进行理财规划的三个重要时期。将理财规划的重要时期进一步细分，可分为五个时期，即单身期、家庭与事业形成期、家庭与事业成长期、退休前期和退休期。

1. 单身期

单身期指从参加工作至结婚的这段时期，一般为 2～8 年，这时个人的年龄一般在 22～30 岁。在这个时期，个人刚刚迈入社会开始工作，经济收入比较低且花销大，但这个时期又往往是家庭资金的原始积累期。在这个时期，个人的理财目标首先应该是积极寻找符合自己兴趣的高薪职位并努力工作，其次要广开财源，缩减开支，尽量做到月月都能有部分结余，进行小额投资，积累理财经验。

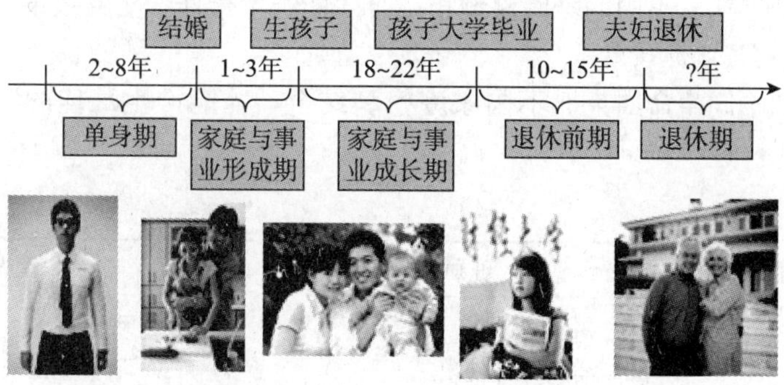

2. 家庭与事业形成期

家庭与事业形成期指从结婚到新生儿诞生的这段时期，一般为1～3年。在这个时期，个人组建了家庭，伴随着子女的出生，家庭经济负担加重。对于双职工家庭，经济收入有了一定的增加而且生活开始走向稳定。在这个阶段，尽管家庭财力仍不是很强大，但呈现蒸蒸日上之势。此时应重点考虑家庭的保险需求，可以开始考虑孩子的高等教育费用准备，并做好投资。

3. 家庭与事业成长期

家庭与事业成长期指子女出生到子女完成大学教育的这段时期，一般为18～22年。在这个时期，家庭成员不再增加，整个家庭成员年龄都在增长，经济收入增加的同时花费也随之增加，生活已经基本稳定。此时家庭的最大开支在于购房首付和偿还房贷。当然，当子女上大学后，由于高等教育支出的增加，家庭支出还会有较大幅度上升。对处于这一时期的家庭而言，应在做好家庭保险规划的基础上，设法提高家庭资产中投资资产的比重，逐年累积净资产。

4. 退休前期

退休前期指子女参加工作到个人退休之前的这段时期，一般为10～15年。在这个时期，家庭已经完全稳定，子女也已经经济独立，家庭收入增加，支出减少，资产逐渐增加，负债逐渐减少。此时个人的事业一般处于巅峰状态，但身体状况开始下滑。这一时期，最重要的应该是准备退休金，并在资产组合中适当降低风险高的金融资产的比重，博取更加稳健的收益。

5. 退休期

退休期指退休后的这段时期。进入退休期，客户肩负的家庭责任减轻，锻炼身体、休闲娱乐是生活的主要内容，收支情况表现为收入减少，而休闲、医疗费用增加，其他费用降低。此时，客户风险承受能力下降，对资金安全性的要求远远高于收益性，所以在资产配置上要进一步降低风险。在这一时期个人（家庭）最主要的目标就是安度晚年，享受夕阳红，并开始有计划地安排身后事。

（二）家庭模型

在理财规划中，有三种基本的家庭模型：青年家庭、中年家庭和老年家庭。一般来说，家庭收入主导者的生理年龄在35周岁以下的家庭为青年家庭。家庭收入主导者的生理年龄在55周岁以上的家庭为老年家庭，介于这两个界限之间的为中年家庭。理财规划必须和不同的生命周期、不同的家庭模型相结合才能产生最佳的实践效果。

（三）生命周期与家庭理财

理财规划要和不同生命周期、不同家庭模型结合，才能产生最佳的实践效果（见表1—1）。

表1—1

生命周期	家庭模型	理财需求分析	理财规划
单身期	青年家庭	1. 租赁房屋 2. 满足日常支出 3. 偿还教育贷款 4. 储蓄 5. 择偶结婚 6. 小额投资积累经验	1. 现金规划 2. 消费支出规划 3. 投资规划 4. 保险规划
家庭与事业形成期		1. 购买房屋、汽车 2. 子女出生和养育 3. 建立应急基金 4. 增加收入 5. 风险保障 6. 储蓄和投资 7. 建立退休资金	1. 消费支出规划 2. 现金规划 3. 风险管理规划 4. 投资规划 5. 税收筹划 6. 子女教育规划 7. 退休养老规划
家庭与事业成长期	中年家庭	1. 购买房屋、汽车 2. 子女教育费用 3. 增加收入 4. 风险保障 5. 储蓄和投资 6. 养老金储蓄	1. 现金规划 2. 风险管理规划 3. 子女教育规划 4. 消费支出规划 5. 投资规划 6. 税收筹划 7. 退休养老规划
退休前期		1. 提高投资收益的稳定性 2. 养老金储蓄 3. 财产传承	1. 退休养老规划 2. 投资规划 3. 税收筹划 4. 现金规划 5. 财产传承规划
退休期	老年家庭	1. 保障财务安全 2. 遗嘱 3. 建立信托 4. 准备善后费用	1. 财产传承规划 2. 现金规划 3. 投资规划

三、家庭理财的原则

家庭在进行理财规划的过程中，必须注意遵循一定的原则，才能把理财活动管理好。概括起来，家庭的理财活动主要遵循以下六个原则。

（一）整体规划

整体规划原则既包含规划思想的整体性，也包含理财方案的整体性。家庭在进行理财规划活动中，不仅要综合考虑家庭的财务状况，而且要关注家庭的非财务状况及其变化，进而制定符合家庭实际需求的理财规划方案；同时，理财规划方案不是单一项目的规划，而是包含现金规划、保险规划、消费规划、投资规划、教育规划、税收规划、退休规划、遗产规划等在内的综合性理财规划，是家庭合理理财活动的整体性解决方案。

（二）提早规划

提早规划一方面可以尽量利用复利的“钱生钱”的功效，另一方面由于准备期长，可以减轻各期的经济压力。另外，风险的发生是不确定的，由于不知道风险何时会发生，所以提早规划才能做到未雨绸缪。

（三）现金保障优先

家庭只有建立了完备的现金保障，才能考虑将客户家庭的其他资产进行专项安排。一般来说，家庭建立现金储备要包括日常生活覆盖储备和意外现金储备。日常生活储备是为了应对家庭主要经济支柱因失业或者由其他原因失去收入来源时，确保家庭能够维持正常的生活水平。意外现金储备主要是为了应对家庭可能发生的重大事故对家庭经济短期的冲击，比如家庭成员罹患重大疾病、意外灾难、突发事件等导致的计划外开支。

（四）风险管理优先于追求收益

家庭在理财规划活动中，首先应该考虑的因素是风险，而非收益。追求收益最大化应基于风险管理基础之上。

（五）消费、投资与收入相匹配

消费支出一般用来满足当期的需求，投资则是为了未来能支配更多的经济资源。在收入一定的情况下，消费与投资支出往往此消彼长。家庭理财规划应该正确处理消费、投资与收入之间的矛盾，形成资产的动态平衡，确保在投资达到预期目的的同时保证生活质量的提高。在现实中，应特别注意使消费与收入相匹配、投资规模与收入相匹配、投资和消费支出安排与现金流状况相匹配等。

（六）家庭类型与理财策略相匹配

根据不同家庭模型的特点，家庭理财规划活动要分别制定不同的理财规划策略。一般来说，青年家庭的风险承受能力比较高，理财规划的核心策略为进攻型；中年家庭的风险承受能力为中等，理财规划的核心策略为攻守兼备型；老年家庭的风险承受能力比较低，因此理财规划的核心策略为防守型。

练一练：

在家庭理财中，为什么要强调现金、保障优先、强调风险管理追求收益?

四、理财规划的主要内容

根据家庭整体理财规划的需求，家庭理财规划的具体内容包括现金规划、消费支出规划、教育规划、风险管理与保险规划、税收筹划、投资规划、退休养老规划、财产分配与传承规划八个方面。

➢现金规划	➢风险管理与保险规划
➢消费支出规划	➢投资规划
➢教育规划	➢税收筹划
➢退休养老规划	➢财产分配与传承规划

家庭理财规划的内容

五、家庭理财规划的流程

对于从事家庭理财规划的专业理财规划来说，家庭理财规划活动的流程与销售活动的流程极为相似。一般的销售活动理财包括客户接触、理念引导、产品推荐、异议处理、售后服务等，理财规划的流程一般包括建立客户关系、收集客户信息、分析客户财务状况、制定理财规划方案、协助客户执行理财方案、提供持续理财服务。

本章小结

本章介绍了“什么是理财、为什么要进行个人理财、理财规划的目标、个人理财的原理、家庭理财的原则、理财规划的主要内容、家庭理财规划的流程”等内容。本章的核心内容是个人理财的原理、家庭理财的原则和生命周期与理财需求。

思考与练习

1. 什么是个人理财?
2. 家庭理财的首要目标和终极目标分别是什么?
3. 解释财务安排所包含的具体内容。
4. 谈一谈你对个人理财基本原则的理解。
5. 简述个人理财的基本内容。

实训设计

刘科长今年 35 岁，国家公务员，他的爱人 36 岁，在企业做会计，全家只有社保。刘科长家庭在理财上很保守。刘科长家庭月收入为 8 000 元，月度开支为 5 000 元。家庭持有的资产包括活期 2 万元，一年定存 5 万元，三年定存 5 万元，货币市场基金 5 万元，余额宝3 000 元，股票型基金 8 万元，股票 12 万元。刘科长的儿子今年 5 岁，活泼可爱，请你根据家庭理财的内容，分析刘科长的家庭需要哪些具体的理财规划。

第二章　理财中的信息处理

学习目标

知识点：

- 掌握家庭的收入、支出表
- 了解家庭的社会保障信息
- 理解家庭的风险偏好信息
- 掌握流动性比率、负债收入比率、结余比率、投资与净资产比率、资产负债比率

能力点：

- 会使用家庭的收入、支出表
- 会使用家庭的资产负债表
- 能用财务比率分析家庭的财务信息
- 能对家庭的财务信息进行分析

导言

“知己知彼，百战不殆”是《孙子兵法》的精髓，它概括性地描述了孙武对战争中敌我势力的认识。在理财活动中也是这样，知己就是充分了解自己家庭的财务状况和非财务方面的信息，知彼就是充分理解各种理财产品和理财策略，只有这样，家庭的理财活动才能科学、合理地开展。

第一节　理财中的财务信息

要开始理财，首先要清楚自己的财务状况。总资产是多少，负债是多少，净资产是多少，每月收入多少，支出多少，剩余多少，财务状况是否合理等问题是在理财时必须清楚的，而记账可以帮你轻松地弄清楚这些烦琐的问题，所以学会记账是理财的第一步。

那么，如何迈出这关键的第一步呢？

要记录自己的财务情况和编制财务报表。如果没有持续的、有条理的、准确的财务记录，要理好财是不可能的。因此，在理财之初，详细记录自己的财务情况是十分必要的。一份好的财务记录可以使我们得到下列好处：

➢ 进行日常商业事务，比如按时偿付账单，及时缴纳公共事业费等。

➢ 了解自己的财务状况，方便进行各种财务决策。

➢ 掌握日常收支情况，有效改变不合理的消费行为，成为一个理性的消费者。
➢ 为理财活动提供基础信息，如自己编制的财务报表等。
➢ 对财务活动和财务过程进行监控，衡量接近目标所取得的进步等。

一、收入支出信息

（一）收入是指家庭收入，即指平时每月的收入

收入主要由经常性收入和非经常性收入构成，还可细分为工资薪金、自雇收入、奖金和佣金、养老金和年金、投资收入和其他收入。经常性收入是家庭每期获取的收入，如工资薪金、房租收入等，而收入的来源非常不稳定，比如投资性收入、购买彩票中奖等收入就是非经常性收入。显然，收入的高低和变动幅度将影响到家庭的消费水平和理财活动。

（二）支出是指家庭消费支出和理财支出，即指平时每月现金的付出

支出主要由经常性和非经常性支出构成，经常性支出主要是指生活中按期支付的费用，如住房贷款的按期归还。非经常性支出主要是指日常生活中不定期的费用支出，其金额没有确定的标准，如外出旅游的费用。

个人支出＝日用支出＋常用支出＋理财支出＋其他支出

个人收支结余＝个人收入－个人支出

增加家庭收支结余的方法只有两个：
➢ 增加收入的来源和渠道，即“开源”。
➢ 减少盲目消费和不合理消费，即“节流”。

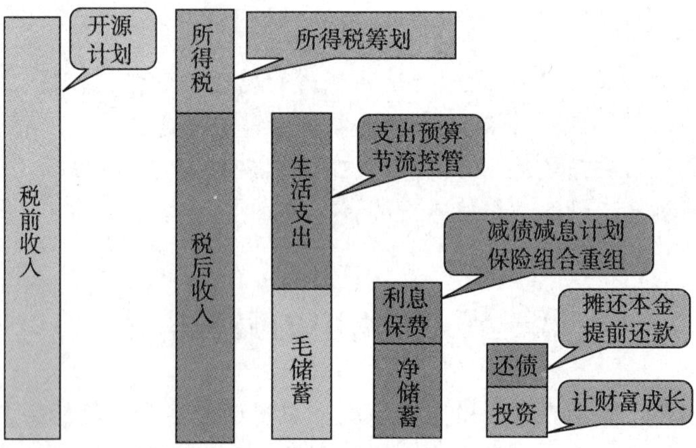

收入、支出与结余的关系

二、资产负债信息

（一）资产

家庭的资产包括金融资产、实物资产。

金融资产是指现金以及能够带来收益的金融投资，包括现金、银行存款、股票、债券、基金等。金融资产可以帮助实现家庭理财目标，在家庭理财规划中最为重要。

将这些资产再进行分类，可以划分为：现金及其等价物和其他金融资产。现金及现金等价物具体包括：现金、活期存款、其他类型银行存款、货币市场基金、活期宝、余额宝等。其他金融资产具体包括：债券、股票、基金、期货、人民币理财产品、保险理财产品、证券理财产品、信托理财产品等。

实物资产是指有具体实物存在形态的资产，包括动产和不动产，还包括家庭的大件物品或其他价值比较高的物品。根据家庭理财活动中资产的性质，实物资产可以分为奢侈资产和自用资产。奢侈资产是指那些满足家庭基本生活之外特殊需要的资产，如收藏品、珠宝、首饰等，这些资产不是家庭生活所必需的。奢侈资产一般能保值、增值，属于投资品。自用资产指那些生活中每天使用的资产，包括房屋、汽车、家具、家电、衣物等，这些资产是家庭生活的必需品，但一般不能给家庭带来收入和增值。

（二）负债

家庭负债就是指家庭的借贷资金，包括所有家庭成员欠非家庭成员的所有债务、银行贷款、应付账单等。负债分个人负债和企业负债。

个人负债主要是指个人作为债务人的各种贷款形式的负债，可以分为信用卡透支、消费贷款、创业贷款等。企业负债是指个人负有连带偿还义务的负债。

按照债务到期的时间不同，负债可以分为流动负债和非流动负债。流动负债是指 1 个月以内到期的负债，也包括当月要支付的长期负债如信用卡透支。非流动负债也称长期负债，是指 1 个月以后到期或者多年内每月都要支付的负债，如住房贷款。

（三）家庭净资产

家庭净资产是指家庭资产减去家庭负债后的净值。在工作时期的储蓄积累是净资产的主要来源。一般来讲，在家庭的成长期和成熟期净资产会不断增加，到退休后开始减少，因为退休以后的生活需要靠年轻时的积累资金支持消费。

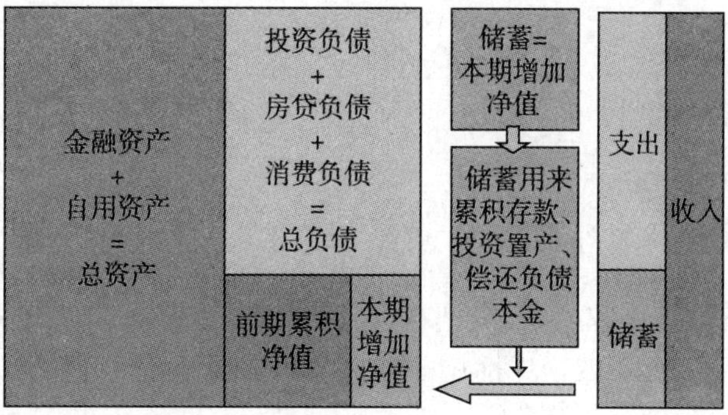

资产、负债与收支、支出的关系

三、社会保障信息

社会保障信息主要是指家庭参加的由政府强制实行的社会保障计划和企业实行的补充养老计划。政府实施的社会保障计划包括“五险一金”，具体是指社会养老保险、基本医疗保险、失业保险、工伤保险、生育保险和住房公积金。企业实行的补充养老保险计划主要是指企业养老年金保险。

四、风险管理信息

风险管理信息主要是指家庭商业保险保障的情况。该信息主要反映家庭的风险是否得到充分的控制和转移，包括家庭购买的财产保险、人身保险、责任保险等，也包括投保人、被保险人、保险公司、年缴保费和保险金额等。

五、遗产管理信息

家庭的遗产管理信息包括：客户是否订立了遗嘱；遗嘱的内容、形式是否合法；客户是否拟使用遗嘱信托的形式管理财产；客户目前对遗产的安排有无新的要求等。

第二节　理财中的非财务信息

除了财务信息之外的影响理财规划活动的信息，都是非财务信息，理财中的非财务信息包括客户的社会地位、年龄、投资偏好、健康状况、风险承受能力、价值观等。在理财规划活动中，非财务信息与财务信息同等重要。

一、个人的基本信息

个人的基本信息包括以下几个方面：

- 姓名和性别。
- 职业和职称。
- 工作的安全程度。
- 出生日期和地点。
- 健康状况。
- 子女的信息。
- 婚姻状况。
- 联系方式等。

二、个人的心理和性格特征

地域差异不同的地区，收入水平、收入渠道、消费水平、消费理念、消费习惯等具有明显的差别。北方人性格豪爽，生活中不拘小节，待人热情；南方人大多性情柔婉、细腻、精明、能干，生活中仔细谨慎。

实用主义者的特点是求真务实，完全忠于现实，生活第一，并且个性突出等。现实主义者比较相信物质和追求物质的需要，不相信那些浪漫的东西。行动主义者认为关键是永远不要停止思考和行动。理想主义者感兴趣的是事物的意义、关系和可能性，并基于个人的价值观念作出决定。

三、个人的风险偏好

一般来说，个人的风险偏好可以划分为保守型、轻度保守型、中立型、轻度进取型、进取型五类。个人的风险偏好和风险承受能力不同，决定家庭购买商业保险的比重、决定家庭投资组合的构建。表2—1是客户风险偏好与投资组合配置一般关系表。

表2—1　　客户风险偏好与投资组合配置一般关系表

类型	资产组合	增值潜力
保守型	成长性资产：30%以下 定息资产：70%以上	资产增值的可能性很小
轻度保守型	成长性资产：30%～50% 定息资产：50%～70%	资产有一定的增值潜力
中立型	成长性资产：50%～70% 定息资产：30%～50%	资产有一定增值潜力，资产价值亦有一定的波动
轻度进取型	成长性资产：70%～80% 定息资产：20%～30%	资产有较大的增值潜力，但资产价值的波动较大
进取型	成长性资产：80%～100% 定息资产：0%～20%	资产增值潜力很大，资产价值的波动很大

第三节　财务信息的整理与分析

整理和分析家庭的财务信息，是制定理财规划方案的前提。家庭财务信息分析准确，可以明晰家庭的财务状况，发现家庭理财活动中存在的问题，找出解决问题的途径。所以，理财的第一步就是收集并整理个人或家庭的财务信息，最有效的方法就是编制财务报表。

一、收入支出表

表2—2是家庭收入支出表的一般格式。在编制家庭收入支出表时，一般先编制客户家庭的月度收入支出表，也可以编制客户家庭的年度收入支出表。收入支出表分为三栏：收入、支出、结余。需要注意两点：第一，客户的收入指的是税后收入；第二，客户家庭的年度收支表和月度收支表要一致。

典型案例

范先生，今年34岁，是上海一家外资企业的市场总监，年税后收入20万元；太太是一家IT公司的人事经理，年税后收入15万元；投资收入为4万元，女儿8岁，同父母住一起。家庭的年支出情况为：日常生活费用8万元，偿还房屋贷款7万元，偿还汽车贷款2万元，养车费用3万元，孩子私立学费2万元，购买衣服等2万元，个人护理支出1万元，每年购买保险缴费3.6万元，购买车险开支4 600元，休闲娱乐支出2万元，其他支出3万元。目前家庭资产主要有：活期存款6万元，银行理财产品15万元（1年期限），10万元的货币基金，10万元的股票，6万元的余额宝，一套价值200多万元的商品房，一部价值20多万元的汽车。还有90万元的房贷、6万元的车贷，信用卡透支2万元。（截止日期：2015年6月30日）

二、编制家庭收入支出表

根据案例提供的信息，编写范先生家庭的资产负债表。

编制家庭收入支出表的方法：

第一步，在既定的时间段内（如一年、一个月）记入家庭的各项收入来源，比如工资、奖金、利息、租金等收入。该部分为家庭的现金流入。

第二步，整理该时间段内的各项现金支出，也就是通常所说的花费，对它们进行分类统计，按项填入家庭收入支出表。该部分为家庭的现金流出。

第三步，将现金流入减去现金流出，计算家庭在既定时间段内的盈余。若盈余为正，代表了家庭在该时间段内的储蓄和投资的金额，若盈余为负，则表明家庭储蓄的取出或借贷资金的金额。

三、收入支出表分析

收入支出表反映家庭一定时期的收入、支出与结余情况。家庭的收入、支出就像人的血液一样，当一个家庭的收入总是小于支出时，这个家庭实际上就已经破产了。家庭的收入支出表可以说明：

- 家庭现金流入的来源和流出的去向。
- 家庭的偿债能力。
- 家庭理财活动对财务状况的影响。
- 家庭的消费习惯和节约意识。
- 家庭的风险管理意识。

在分析收入支出表时应注意：要了解各项收入、支出项目在收入总额中所在的比例，充分理解现金流量的整体结构；重点关注那些对财务状况影响比较大的项目；要保证家庭有正的现金流，即收入大于支出。

心得体会

请你谈谈学习收入支出表的收获。

四、家庭资产负债表的编制

资产负债表反映客户个人资产和负债在某一时点上的基本情况。但家庭的资产负债表没有固定的格式，只要客户能够理解清楚就可以。

根据范先生家庭的财务信息，我们编制范先生家庭的资产负债表，如表 2—3 所示。

> 注明客户姓名等

表2—2　　家庭收入支出表　　单位：元

> 一定要注明奖金的单位，一般为人民币元。

客户：范先生的家庭　　**时间：2014年7月1日至2015年6月30日**

> 时间一定是一个期间，一般为一整年。

收入（税后）			
		数量	占总收入的比例
工资和薪金	姓名：范先生	200 000	52%
	姓名：范太太	150 000	38%
自雇收入(稿酬及其他非薪金收入)			
奖金和佣金			
养老金和年金			
投资收入	利息和分红	40 000	10%
	资本利得		
	租金收入		
	其他		
其他收入			
总收入		390 000	
支出			
		数量	占总支出的比例
房子	(1)抵押贷款支付	70 000	20%
	(2)修理、维护和装饰		
家电、家具和其他大件消费	购买和维修		
汽车	(1)贷款支付	20 000	14%
	(2)汽油及维护费用等	30 000	
日常基本生活开支	(1)日常生活开支	80 000	23%
	(2)通讯费、交通费用等		
	(3)外出就餐		
	(4)其他		
购买衣物开支	衣服、鞋子及附件	20 000	6%
教育开支	大人及孩子教育	20 000	6%
个人护理开支	化妆品、头发护理、美容、健身	10 000	3%
休闲和娱乐	度假、娱乐和休闲	20 000	6%
商业保险费用	(1)人身保险	36 000	10%
	(2)财产保险	4 600	1.3%
	(3)责任保险		
医疗费用	医疗费用		
其他项目		30 000	9%
总支出		350 600	
现金结余(总收入-总支出)		39 400	

> 收入支出表的主要项目，反映家庭收入的主要来源及结构。

> 收入支出表的主要项目，反映家庭资金的主要去处及结构，也能反映家庭的消费习惯和节约意识。

> 收入支出表的主要项目，反映家庭的储蓄能力。

表2—3　　家庭资产负债表　　单位：元

客户：范先生　　时间：2015年6月30日

资产				占总资产的比重
金融资产	现金及其等价物	现金及活期	60 000	3.26%
		余额宝	60 000	2.26%
		货币市场基金	100 000	3.77%
		定期存款		
	现金及等价物小计		220 000	8.30%
	其他金融资产	债券		
		银行理财产品	150 000	5.66%
		债券基金		
		股票及股票基金	100 000	3.77%
		房地产投资		
		其他		
	其他金融资产小计		250 000	9.43%
金融资产小计			370 000	13.96%
实物资产	自用房地产		2 000 000	75.47%
	汽车及家电		200 000	7.547%
	家具及家用电器			
	珠宝及收藏品			
	其他实物资产			
实物资产小计			2 200 000	83.02%
资产总计			2 650 000	100%
负债				
负债	信用卡透支额		20 000	0.75%
	消费贷款余额		0	
	汽车贷款余额		50 000	1.87%
	房屋贷款余额		900 000	33.96%
	其他			
负债总计			970 000	36.6%
净资产（总资产-负债）			1 680 000	63.40%

> 资产负债表的格式：客户名称、时间、单位。在这里，时间是一个时间点。

> 家庭资产负债表有三部分：资产、负债、净资产。负债是家庭欠别人的债务。负债按照其流动性来排列。

> 资产项目下有两项金融资产与实物资产。金融资产又分为现金类资产和其他金融资产。其排列依据也是资产的流动性。

> 实物资产为家庭提供使用价值，但一般不会带来收益。

> 负债是家庭背负的债务，意味着家庭未来消费的减少。

> 净资产是家庭真正拥有的资源，一般来说，净资产越高的家庭越富有。

需要注意的是，资产负债表中家庭资产价格的计价是根据资产的市场价格计算的。一般情况下，家具和家用电器无须记入资产负债表。

在家庭理财规划中，注意家庭资产的结构也十分必要：对于净资产占比较低的家庭，应注意扩大储蓄的方式提高净资产比率；若家庭的其他金融资产占比较低，实物资产占比过高，说明家庭资产的增值能力较弱。

编写家庭资产负债表有三步：

第一步，准备某一时点（如 2014 年 6 月 30 日）家庭所有资产项目，包括活期、定期、余额宝、活期宝、定期宝、投资账户余额以及家庭物品的市场价值，按项目填入资产负债表。

第二步，列出该时点家庭所有负债项目余额，按项目填入资产负债表。

第三步，将总资产减去总负债，得到家庭的净资产。净资产说明了家庭的最新经济状况。若家庭净资产为负，该家庭实际上已经破产。

心得体会

请你谈谈学习资产负债表的收获。

五、家庭财务状况的分析与评价

在分析家庭的财务报表时，为了更准确地分析客户的财务状况，在理财规划中，通常使用财务比率来分析客户的财务状况，并对客户的理财活动进行评价。

（一）财务指标

1. 流动性比率

流动性比率是家庭流动性资产与家庭每月支出的比值，主要反映家庭持有现金及等价物的数量多寡。

流动性比率＝流动资产/每月支出

一般而言，该指标的参考值为 3～6，即家庭持有现金类资产应保持三到六个月的正常开支。

从案例中范先生家庭的资产负债表（见表 2—3）中可以看出，范先生家庭的现金类资产包括现金及活期 6 万元，余额宝余额 6 万元，货币市场基金 10 万元，总计 22 万元。从范先生家庭的收入支出表可以看出，范先生家庭的年日常支出为房屋贷款、汽车贷款、汽车开支、教育开支、家庭基本生活开支等，总计 28.2 万元，月均开支为 28.2/12＝2.35（万元）。故范先生家庭的流动性比率＝流动资产/每月支出＝28.2/2.35＝12（倍），远高于参考值，说明范先生家庭持有的现金类资产过多。

2. 结余比率

结余比率是指一定时期内结余和税后收入的比值，它主要反映家庭通过节约当期消费，增加当期结余提高净资产水平的能力，也能反映家庭的消费习惯。

结余比率=年结余/年税后收入，参考值一般为30%。即收入的30%作为净资产进行积累。年结余、年税后收入来自客户收入—支出表中的年结余项目、总收入项目。

练一练：

1. 请你根据范先生家庭的收入支出表，计算范先生家庭的结余比率。
2. 范先生家庭的结余比率与参考值相比，处于什么状态？这说明范先生家庭在理财活动中存在什么问题？

3. 负债收入比率

对于有负债的家庭，每一时期都需要偿还债务。负债收入比率这一财务指标反映家庭短期偿债压力的大小，说明家庭偿还负债的压力是否合理。

负债收入比率=年偿还负债/年税后收入

为了保持家庭当期的生活质量，家庭的负债收入比率指标不宜过高。有关理财专家认为，家庭的负债收入比率的上限为40%。40%的负债收入比率意味着家庭年收入（月收入）的近一半要用于偿还负债，想想看，该家庭的偿债压力该有多大！

练一练：

1. 请你根据范先生家庭的财务报表，计算范先生家庭的负债收入比率。
2. 范先生家庭的负债收入比率与参考值相比，处于什么状态？

心得体会

请你谈谈负债收入比率的计算方法。

第一步：____________________

第二步：____________________

第三步：____________________

4. 负债比率

负债比率是家庭负债总额与总资产的比值，它用来衡量家庭的综合偿债能力。

负债比率=负债总额/总资产

该指标反映负债水平的高低。比如家庭的负债比率为20%，意味着家庭的总资产中，有20%的资产是靠负债获取的。专家认为，该指标的合理范围在30%～40%。如果家庭的负债风险太高，利息支出将会成为家庭的负担。

阅读材料

负债比率的孪生兄弟——清偿比率

在家庭理财中，还有一个财务比率也表示家庭的资产负债结构，它就是清偿比率。清偿比率是客户净资产与总资产的比值，这一比率反映客户综合偿债能力的高低。

清偿比率＝净资产/总资产

一般来说，客户的清偿比率应该高于50%，保持在60%～70%较为适宜。

清偿比率高于50%，则意味着家庭净资产是高于家庭负债的，家庭资产是正资产而非负资产。

练一练：

1. 请你根据范先生家庭的财务报表，计算范先生家庭的负债比率。
2. 范先生家庭的负债比率与参考值相比，处于什么状态？说明什么问题？

心得体会

请你谈谈负债比率的计算方法。

第一步：________________________________

第二步：________________________________

第三步：________________________________

5. 投资与净资产比率

投资与净资产率是指投资资产与净资产的比值，它反映家庭通过投资提高净资产规模的能力，也反映出家庭的资产结构是否合理。

投资与净资产比率＝投资资产/净资产

理财专家建议，该指标为50%左右较为合理。

如果该指标过低，说明家庭资产主要以实物资产为主，没有或很少有投资收益，家庭理财收入较低，资产成长性较弱。当然，投资与净资产比率也不宜过高，否则家庭的投资资产太多，投资风险较高。

投资与净资产比率的计算方法有三步：

第一步，在资产负债表中找到其他金融资产，该资产即为投资性资产，如若家庭有投资性的房产等，该房产也属于投资性资产。比如，案例中范先生的投资性资产包括债券、银行理财产品、债券基金、股票及股票基金、房地产投资等，共计25万元。

第二步，在资产负债表中找到家庭净资产。范先生家庭的净资产为168万元。

第三步，计算投资与净资产比率。范先生家庭的投资与净资产比率为：

投资与净资产比率＝投资资产/净资产＝25/168≈15%

目前，范先生家庭的净资产中，可投资资产占15%，意味着范先生家庭的生息资产少，自用资产高，投资性净资产少，但流动性较好。范先生家庭应该注意进行理财投资，获得稳健、具有成长性的理财收入。

6. 家庭保障比率

家庭保障比率是指家庭保障投入与家庭年税后收入的比值，它反映家庭对风险的控制态度和控制力度。

保障比率＝年保费/年税后收入

理财专家建议该比率为10%～20%。

如果该比率过低，说明家庭保险保障不足；若该比率过高，则意味着家庭投入过多的资源进行家庭风险管理。

练一练：

1. 请你根据范先生家庭的财务报表，计算范先生家庭的保障比率。
2. 范先生家庭的保障比率与参考值相比，处于什么状态？说明什么问题？

上述六个指标是家庭理财规划中财务分析的常用指标，每一个指标都能反映家庭在理财活动中某一方面的情况（见表2—4）。

表2—4　　范先生家庭财务分析结果表

序号	财务指标	计算过程	范先生家庭	专家建议值
1	流动性比率	流动资产/每月支出	12	3～6
2	结余比率	年结余/年税后收入	10%	30%
3	负债收入比率	年偿还负债/年税后收入	28%	小于40%
4	负债比率	负债总额/总资产	36.6%	50%以下
5	投资与净资产比率	投资资产/净资产	15%	50%
6	家庭保障比率	年保费/年税后收入	10.4%	10%～20%

（二）家庭财务状况评价

以范先生家庭为例，我们可以利用财务比率，对范先生家庭的财务状况进行评价。

➢ 家庭的流动性比率远高于参考值，说明范先生家庭的流动资产持有量过多。

➢ 结余比率远低于参考值，说明家庭的年储蓄率较低，净资产增长能力较弱。

➢ 负债收入比率低于参考值，说明范先生家庭短期偿债压力不大。

➢ 负债比率低于参考值，说明范先生家庭的综合偿债能力良好。

➢ 投资与净资产比率远低于参考值，说明范先生家庭的资产结构不甚合理，投资意愿不强，资产的增值能力有限。

➢ 保障比率在正常范围，说明范先生家庭注重家庭风险管理。

本章小结

本章对家庭的财务信息和非财务信息进行汇总归纳，财务信息包括收入、支出、结余、资产、负债、净资产。家庭财务信息汇集在家庭的收入支出表和资产负债表中。客户的年龄、家庭结构、风险偏好是重要的非财务信息。

资产负债表和收入支出表都有一定的格式和相应的要求，根据资产负债表和收入支出表中的相关财务信息，可以对客户的财务状况进行财务比率分析。常用的财务比率有流动性比率、结余比率、负债收入比率、负债比率、投资与净资产比率、家庭保障比率。

思考与练习

1. 家庭收入支出表通常由哪些内容构成，其格式有哪些要求？
2. 家庭资产负债表由哪些内容构成，其格式有哪些要求？
3. 复述家庭理财中常用的六个财务比率。
4. 请编制一份自己家庭的收入支出表、资产负债表。

实训设计

秦先生目前在某咨询公司任项目经理，月薪税后 1.5 万元人民币，年底约有税后 15 万元的奖金收入。秦太太是幼儿园教师，工作稳定，每月税后收入 4 500 元。二人目前均为 32 岁，2009 年结婚，2009 年 6 月首付 15 万元，采用等额本息方式贷款购买了一套总价 60 万元的 90 平方米的住房，贷款期限 20 年，购买当月开始还款，月还贷款 3 223 元。截至 2014 年 6 月，还有未还房贷本金 39.7 万元。2012 年，二人的儿子彤彤出生，给两人带来了很多快乐，但随之增长的还有日益增多的家庭支出。为了给儿子提供最好的生活条件，二人于 2013 年 1 月首付 30 万元，购买了一套总价 100 万元 120 平方米的三室一厅。同样采用等额本息贷款方式，贷款 20 年，购买当月开始还款，月还款 5 015 元。截至 2014 年 6 月，还有未还房贷本金 65.3 万元。两次贷款都是商业贷款，贷款利率 6%。此外，夫妻二人给彤彤报了钢琴和书法课程，培训班的费用加上各种日常开支，秦先生家庭的每月支出由以前的每月 4 000 元，变为了目前每月 7 000 元。二人有一辆市值 15 万元的经济型轿车。每月需养车等费用 1 500 元。

目前家庭有活期 10 万元，定期存款 20 万元，20 万元的国债。秦先生曾在 2006 年听朋友的推荐，投资了 10 万元的某偏股型基金，到 2013 年年底市值为 14 万元。此外，秦太太购买了某银行的理财产品 30 万元。预计二人的年投资回报率为 5%。

秦先生作为项目经理，平时应酬较多，平均每年需要 2 万元，秦太太是户外运动的爱好者，经常和朋友进行野外旅游，每年的外出和购买装备的费用需 1 万元。二人每年孝敬双方父母需 2 万元。

请你编制秦先生家庭的收入支出表和资产负债表，并计算秦先生家庭的六个财务比率。

第三章　职业、婚姻与理财

学习目标

知识点：

- 了解职业是人生最大的财富
- 了解婚姻是人生最重要的投资
- 了解职业规划的基本原则

能力点：

- 知道职业规划的重要性
- 能解释职业规划的方法
- 能说出婚姻理财的内容

导言

理财理财，财从何来？

财从我们的工作中来，从我们的职业中来，从我们的事业中来。从根本上说，大多数人都是通过职业的报酬来完成最初的财富积累，职业是一个人一生中最大的财富，理财首先要做好人生的职业规划。

婚姻是一个人一辈子最重要的一项投资，婚姻可能是你一生中最重要的财，也可能是你一生中最重的债。理财也一定要打理好人生中最重要的投资——婚姻。

典型案例

有一对兄弟，他们的家住在八十层楼上。有一天他们出去爬山，回家的时候，却发现大楼停电了！虽然他们背着一大包的行李，但看来没什么选择，于是哥哥对弟弟说："我们爬楼梯上去吧！"他们就背着一大包行李开始往上爬。

到了二十层的时候，他们开始累了。哥哥告诉弟弟说："包包太重了，这样吧，我们把它放在二十层，先爬上去，等电来了再坐电梯下来拿。"弟弟说："好，你真聪明！"

卸下了沉重的包袱，轻松多了。他们一路有说有笑地往上爬。但好景不长，到了四十层，两人实在累了，想到只爬了一半，往前看，竟还有四十层要爬，两人开始互相抱怨，指责对方不注意停电公告，才会落得如此下场。他们边吵边爬，就这样一路到了六十层。到了六十层，也许是累得连吵架的力气都没有了，哥哥对弟弟说："只剩二十层楼了，我们就不要吵了，默默地爬完吧！"

他们安静地继续走，八十层到了。到了家门口，哥哥摆出了一个很帅的姿势："弟弟，开门。"弟弟说："别闹了！钥匙不是在你那儿吗？"

他们把钥匙留在二十层的包包里了。

请思考：这个故事反映了人生的什么道理？想想自己的梦想是什么？最在意的是什么？

第一节　理好一生最大的财——职业

说起理财，人们首先想到就是股票、基金、房产、债券、保险等这些理财工具，往往会忽略人生最重要的理财项目——职业生涯规划。对大多数人来说，他们都是通过职业的报酬来完成最初的财富积累。所以，聪明人首先会理好自己一生中最大的财——职业规划。

一、人生的需求层次

财富和生活并不是绝对画等号的，人的需求和渴望也不仅仅是通过赚钱的过程和财富的增加来实现的。那么，人类的需求应该分为哪几个层次呢？

美国著名心理学家马斯洛认为，人类的需要从低到高可分为五个层次：生理的需要、安全的需要、社交的需要、尊重的需要、自我价值实现的需要。人类的需求是多层次，也是多元化的，而这些需求正是通过人生规划逐步去实现和满足的。

一个人凭借什么去满足自己的需求呢？可以肯定地说，一个人需要事业的成功来满足自己不同层次的需求。事业成功的程度决定了一个人人生需求的满足程度。

阅读材料

玻璃大王曹德旺

曹德旺（1946 年—），福耀玻璃创始人，中国的玻璃大王。1987 年成立福耀玻璃有限公司，目前是中国最大的汽车玻璃制造厂商，世界第六大汽车玻璃生产商，2009 年胡润百富榜第 56 名。

曹德旺热衷慈善，从 1983 年第一次捐款至今，累计个人捐款已达 50 亿元。2009 年，曹德旺更是宣布将曹氏家族持有的 70％股份用来成立慈善基金。2012 年 4 月 27 日，曹德旺因在 2011 年捐赠价值 35.49 亿元等值股票，而蝉联中国慈善排行榜"首善"称号。

9 岁才上学、14 岁就被迫辍学的曹德旺，在街头卖过烟丝、贩过水果、拉过板车、修过自行车，经年累月一日两餐食不果腹，在歧视者的白眼下艰难谋生，尝遍了常人难以想象的艰辛。

曹德旺说："我是从最底层上来的，这是我一生最大的财富。我最困难时，一天才赚 2 分钱。我结婚那天，才第一次穿上鞋，袜子还是我哥的。一包七分钱的香烟都买不起。""我一直认为，企业家的责任有三条：国家因为有你而强大，社会因为有你而进步，人民因为有你而富足。做到这三点，才能无愧于企业家的称号。"

曹德旺从一个普通乡下农民，到事业成功，他不但满足了自己的物质需求，同时，他也帮助很多人实现了美好的生活愿望。所以，事业成功，不但可以帮助自己，更多时候可以实现人生更高的价值：帮助别人，帮助社会。

二、职业规划

通过曹德旺的创业历程，人们可以发现，职业生涯发展的好坏，不仅能决定个人的生活品质，而且还能够影响其他人。那么，我们该如何理解职业生涯规划呢？

职业生涯规划是指个人发展和组织发展相结合，对一个人职业生涯的主观因素和客观因素进行分析、总结、测定，然后确定事业奋斗目标，并根据这个目标寻找到自己的职业，进而对这个职业进行规划。

职业规划有几点需要注意：

第一，个人的发展与组织的发展必须相结合。

每个企业都有很多这样的人，他们对眼前的环境不是很满意，所以他们在企业里混日子。这些人会说，将来我要自己创业，等我有了自己的公司，我再好好规划，好好干。

其实，这些人没有把自己当成自己的主人，而是把自己当成给别人打工的奴隶，他们做事情不是考虑自己有没有学到东西，有没有累积经验，而是得过且过，盲目混日子。

在个人职业规划上，一个人要养成良好的思维习惯和行为习惯。如果一个人在一个岗位上干不好，换一个岗位就能干好吗？所以，职业生涯规划的第一点告诉我们要想做好自己的职业生涯规划，首先应该把眼前的这个角色扮演好。

第二，职业生涯规划的定义告诉我们，应该对主观（自己）和客观（市场）因素进行分析之后，再去制定目标。有了目标之后，你还要落实，做好行动计划。也就是说，有了自己的职业生涯方向，你在人生的海洋里就可以驾船航行了。

职业生涯规划涉及的时间很长，涉及的范围很广，该从哪里入手呢？答案也很简单，明确目标、一步一步地规划，然后一步一步地执行。其实在职业生涯规划的过程当中，我们有很多非常好的例子。

《穷爸爸，富爸爸》系列作品的作者罗伯特·T·清崎很年轻的时候，就决定将来要做到财务自由。

罗伯特从 1977 年开始踏踏实实的创业，他经历了三次沉浮，在最艰难的时候，他带着妻子，住在朋友家的地下室里。1989 年，他终于实现了百万富翁的梦想。到 1994 年，他实现了财务自由的梦想。他在《财务自由之路》这本书里写道，挣钱需要一个梦想，然后是一系列的决定、快速学习的决心以及正确使用你的天赋的能力。

我们的职业生涯规划要分成几个阶段去规划和实行呢？

职业生涯规划一般分为三个阶段，第一个阶段是五年规划，也就是短期规划。很多人非常善于利用短期计划，比如说有许多毕业没多久的大学生，进入企业之后，他们就利用自己的短期计划，迅速了解企业的情况，然后迅速成为技术精英乃至工作主管。

但是，还有很多人，跟这些大学生同时进入公司，三年五年之后，他跟原来没什么两样，只是多了一些牢骚和不如意。短期计划对于实现中期和长期目标非常重要。短期职业规划有它的灵活性，就像投资，股票行情好，就投股票，黄金行情好了，就转向黄金。它的灵活性其实就是为了配合中长期计划的执行。

中期计划是指 10 年左右的计划，长期计划是指 20 年左右的计划。可能有人在想，短期计划还比较容易做，但是长期计划真的要做吗？答案是肯定的，长期的职业生涯规划，才是我们人生最重大的理财项目。

心得体会

三、职业生涯规划的三要素

一个人为了做好职业生涯规划，一定要分析自己职业规划的三个基本要素：爱好、性格和特长。

爱好应该是职业生涯规划考虑的首要因素。因为只有一个人喜欢这个行业，喜欢自己的职业，他才可能主动投入时间、精力去从事自己的工作，此时，他才可能有收获，才可能会取得成就。如果一个人不喜欢自己从事的职业，所有的工作都是在被动地接受，没用心做事自然不会获得好的结果。所以，当一个人决定从某项职业时，一定要问自己是否真的因为喜欢这个行业，还是抱着试试看的态度或其他原因。

性格是职业生涯规划要考虑的第二个因素。“江山易改，本性难移！”一个人的性格是很难改变的，但也并不是不可改变。通常性格被分为“外向、中性和内向”。比如，作为营销人员，职业决定了他的大部分时间是在和人打交道，因此外向的性格会比较好。

性格决定命运，在选择职业时，最好让自己所从事的职业与自己的性格类型相一致。

特长是职业规划考虑的第三个要素。特长是一个人现有专长和潜在专长的总称。特长也分为基础特长和专业特长。基础特长如沟通能力强、组织能力强等。专业特长如理财专长、计算机熟练、文档制作精美等。在市场经济条件下，职业人的流动性增强，改变外部环境的空间加大，因此如何最大限度地发挥自己的优势成为自我完善的核心。特长的发挥成为一个人取得成功的关键，在选择职业时，择世所需、择己所爱、择己所长、择己所利是职业规划成功的关键。

四、个人职业生涯规划的类型

很多人都是在工作了一段时间后，才意识到职业生涯规划的重要性。其实在他还没有意识到的时候，他的不少决定与行为就已经对他自己的职业生涯产生了影响。

在处理职业问题时，每个人采用的方法不尽相同。有学者将职业生涯规划类型分为三类，即依赖型、情绪型、理性型。

（一）依赖型

依赖型的职业规划就是对自己未来从事的职业毫无所知，对自己的兴趣、特长、优势、性格与职业类型之间的匹配不清楚，完全依赖父母、朋友、老师，或遵从书本与社会舆论选择从事的职业。

大部分中国学生从小只知道不断学习课本上的知识，在就业之前很少关注与职业有关的事情。加之学校、社会也缺乏相关的教育与资讯，导致很多人都不能正确处理可能影响到以后职业发展的问题，典型的表现为：在很多地方的高中，都会认为读文科的人比较笨，于是文理分科时，不少人明明喜欢文科，屈从于社会舆论会选择理科；填报大学志愿，听从父母、老师的安排，尽挑当时最热门的专业。

当问及他们选择大学专业的原因，最常见的答案就是“当初什么都不懂，父母帮我选的”，“觉得这个职业以后收入不错”，等等。

工作后很多人也想过怎样做好自己的职业规划，可无从下手。父母、朋友、书本说的都有道理，面对众多不尽相同的意见，当事人自己反而没了主意。

如果你不假思索地执行别人的建议，最终也要由你承担结果，毕竟只有你才可以对自己的职业生涯负责。所以说，在参考别人意见的同时，每一个人都要有自己的主见。每个人都要学会解决问题的思路方法，都要重视自己的职业规划。

典型案例

依赖性的职业规划

有一个女孩子李莹莹，高中学习的成绩特别好，在报考大学时，她爸爸妈妈说要报考医学院，因为医学院的毕业生工作好找，收入高，让人羡慕，还能给家人看病。不过，她对大夫的了解仅限于穿白大褂，给病人开药和打针。她顺利地考上了医学院。然而，谁也没有料到的是，她在医学院上课时，由于经常和尸体打交道，她经常会因紧张而晕倒。她咬牙坚持了一年多，始终不能适应，一年后她转换了专业。现在她在一家医院的药房工作，常常感到工作没有意思。

请你思考并讨论：

想想你是如何面对以下情况的：

文理科分班时，高考填写入学志愿时，大学时代学业、社会活动的安排等，你是听信于父母、朋友、老师，或是凭自己的兴趣，还是随心所欲?

选择工作时，你是挑热门的行业，薪资高的工作，还是只图轻松?

工作中，你是“做一天和尚撞一天钟”，还是在为自己的未来做准备?

（二）情绪型

情绪型的职业规划就是凭自己的直觉、一时的喜好做出改变工作、变换职业的决定。不少人都曾经在某一阶段凭喜好作出职业决定。譬如因为与同事关系处理不好而辞职、因感情受挫而辞职疗伤、因工作一时不顺而跳槽、因暂时收入不高追逐热门等。

这类人的职业规划，就像挖井一样，他们在人生的道路上，挖了许多井，但每一个井都没有挖出水，他们的职业生涯最容易出现的问题是职业生涯不连贯，频繁地转换工作岗位使他们在每一领域的积累都不多，很难成为某一领域的专业人才，也很难晋升到某一领域的中高层管理岗位上。

（三）理性型

当一个人对自己的职业生涯有明确的规划时，他会综合考虑个人与职场等因素，分析利弊得失，作出并执行相应的职业规划方案。因为当一个人具有一个较为清晰的职业规划时，他会非常清楚自己需要的是什么，他知道自己面对多项选择时该如何取舍，他将让自己的职业发展朝着既定目标有条不紊地前进。

这下面没有水，再换个地方挖。

除了少数运气好的人，大部分职场成功人士在规划自己的职业生涯时，都是非常理性的。他们会及时关注职业信息，充分了解自我，制定合适的目标，并为目标而不断努力。

阅读材料

选择与放弃

他曾经是清华大学的博士研究生，却主动申请退学，重新参加高考。2003 年，他再次考取清华大学，开始了本科阶段的学习。一出一进清华，究竟有着什么样的故事，放弃和选择之间，他又将告诉我们什么？

2003 年，重庆长寿区 23 岁的刘立早完成了自己的惊人之举：在中断清华大学的“直博生”（硕博连读）学业，重返重庆市长寿中学参加高考后，终于收到清华大学建筑系的入学通知书。

刘立早“坦白”：这样折腾，就是为了找到最适合自己的专业和职业，“今天，我可以宣告，我找到了！”

1998 年，刘立早以 612 分的高考考分，上了浙江大学的化学工程与工艺系。

2002年，大学毕业的刘立早，面临两个选择：第一，考研，换一个自己喜欢的专业；第二，被保送读清华化工反应工程专业“直博生”，5年毕业后，就是博士。

刘立早说，当时浙江大学考研可以选择的专业，都不是自己喜欢的，那时他就有了一种朦胧的感觉，觉得自己应该投身建筑专业。“还是因为对清华的崇拜，加上也没有更好的选择，所以我还是选择了去清华，但专业还是不理想。”带着莫名的遗憾，刘立早踏进了清华园。

第一个学期即将结束，导师把博士毕业论文题目交给刘立早，“我一下傻了！我用5年的时间要苦苦证明的，竟是一个我认为毫无用处的东西。”

刘立早开始了痛苦的思索：我到底该做什么？这就是我毕生追求的东西吗？

刘立早说，他仔细地分析了自己，在所有的科目中，他的形象思维很强，小时候学习书法、画画，都得过国家级奖。“我觉得一直萦绕脑际的那个想法开始清晰，我应该学那种和工科、文科、文学、艺术、绘画结合的学科，我是那样的料！”

于是，他下决心退学，参加高考，考进清华建筑系。

2003年，他以644分的高考成绩，实现了进入清华建筑系读书的愿望。

刘立早说，浙江大学那5年并未被浪费。浙大4年，他学会了调整和管理自己，还开阔了视野。4年中，有许多事件和机会，一次次触动他思考：有很多人，一生都在做自己不愿做或者不适合做的事，但他们一直没有找到，或者没有勇气去找，他很庆幸我只用了5年时间就找到了，这很值得！

刘立早最想对师弟师妹们说的话就是：填志愿应该填报你最喜欢、最了解的专业。你应该了解，你最喜欢的专业，哪所学校最强，这个专业在世界上目前的情况以及将来的发展等。我非常希望学校给高三学生开设一门了解专业和大学的专门的课程。我还想对师弟师妹们说，应该敢于“不”。

资料来源：央视网，2003-08-25。

请你思考：一个人这辈子是在自己不喜欢的专业和领域里苦苦挣扎呢，还是在自己喜欢的专业和领域里快乐生活呢？

三种类型各有利弊。依赖型最省时省力，但是将自己的命运托付给他人，终究是一件危险的事情；情绪型的职业规划短期内会让自己感到很爽、很满足，可是长期来看随机性太强，会存在较大风险；理性型职业规划考虑周全，但是要花费较多时间与精力。

心得体会

____

____

____

五、职业规划的方法

为自己制定一个科学的职业生涯规划，就是构筑自己人生的宏伟大厦。每个人都有属于自己的美好愿望，而职业生涯规划就是让自己每天做的事情和自己的美好愿望形成一个科学的、紧密的连接。

（一）确定志向

志向是事业成功的基本前提，没有志向，事业的成功也就无从谈起。俗话说："志不立，天下无可成之事。"立志是人生的起跑点，反映着一个人的理想、胸怀、情趣和价值观，影响着一个人的奋斗目标及成就的大小。所以，在制定生涯规划时，首先要确立志向，这是制定职业生涯规划的关键，也是你的职业生涯中最重要的一点。

阅读材料

新生活，从选定方向开始

在撒哈拉沙漠里有一个小小的村庄，它的名字叫比塞尔。比塞尔多年以前是一个不为人知、几乎与世隔绝的落后的小村落，当地的人很少走出村庄，外面的人也很少来到这个村庄。

后来有一个欧洲青年叫肯莱文，来到了比塞尔，他问当地人："你们怎么不到外面去看看？外面的世界很精彩！"

比塞尔人说："我们很想到外面去看看，但是我们不知道为什么就是走不出沙漠。"

肯莱文说："不可能啊?!"他自己走出沙漠只用了三天半的时间。

他对比塞尔人说："你看看，可以走得出去啊，你们怎么走不出去呢?"比塞尔人说："真是奇怪了，我们怎么总是走不出去呢?"

"这样，我跟你们的人走，他说怎么走我就怎么走，看看到底为什么走不出去。"

当地一个叫阿古特尔的青年，自告奋勇，愿意和肯莱文一起走。阿古特尔预备了两峰骆驼和半个月的粮食半个月的水。

第二天他们出发了，出发以后阿古特尔怎么走，肯莱文就跟着怎么走，三天、四天没有走出沙漠，七天、十天也没有走出沙漠。到了第十一天早晨，令肯莱文万分惊奇的是，他们又回到了比塞尔。阿古特尔说："你看，我说咱们走不出去吧，幸亏预备了这些水和粮食。"

肯莱文很是奇怪，怎么跟着他们的人就走不出去呢？他苦思冥想，晚上看着满天的星斗突然想明白了，原来比塞尔人不懂得使用任何导向工具，他们在茫茫几千平方千米的大沙漠中就是跟着自己的感觉走。

比塞尔人就是凭着自己的感觉，以为是往前走，但实际上是在绕圈子，最后又绕回到比塞尔。肯莱文发现了这个秘密，对阿古特尔说："你按我的方法走，保准你走出沙漠。你白天休息，晚上认准北斗星。"阿古特尔年轻力壮，心情迫切，按照这种方法三天就走出了沙漠。

后来他把外面的人带进来，把里面的人带出去。多年以后，比塞尔成了一个远近闻名的世外桃源、旅游胜地。当地人还在村子中央小广场上设了一个阿古特尔的铜像，因为他后来做了很多的工作，铜像的基座上写着一句话，对我们大家会有启示。

猜猜看，铜像的基座上写的一句话是什么?

（二）自我评估

自我评估的目的是认识自己、了解自己。因为只有认识了自己，才能对自己的职业作出正确的选择，才能选定适合自己发展的职业生涯路线，才能对自己的职业生涯目标作出最佳抉择。自我评估的内容包括自己的兴趣、特长、性格、学识、技能、智商、情商、思维方式、思维方法、道德水准以及社会中的自我等。

你觉得自己有潜能吗?

哈佛大学人类学家查尔斯认为，每个人都有七种潜在的能力：

➢ 非语言表达能力：利用肢体、情绪和智慧表达的能力。

➢ 说话能力：将谈话内容化繁为简的能力。

➢ 聆听技巧：通过聆听使别人感觉他很重要的能力。

➢ 沟通能力：冒险接受别人的观点并愿意执行的能力。

➢ 适应他人的能力：与不同的人友好相处的能力。你想别人怎样对待你，必先怎样对待人。这是待人的基本原则。

➢ 时间和空间的管理能力：如何在时间、空间资源有限的情况下实现目标的能力。

➢ 预测力：对事物敏锐觉察并正确判断的能力。

（三）职业生涯机会的评估

职业生涯机会的评估，主要是评估各种环境因素对自己职业生涯发展的影响。每一个人都处在一定的环境之中，离开了这个环境，便无法生存与成长。所以，在制定个人的职业生涯规划时，要分析环境条件的特点、环境的发展变化情况、自己与环境的关系、自己在这个环境中的地位、环境对自己提出的要求以及环境对自己有利的条件与不利的条件等。只有对这些环境因素充分了解，才能做到在复杂的环境中避害趋利，使你的职业生涯规划具有实际意义。环境因素评估主要包括：组织环境、政治环境、社会环境、经济环境。

（四）职业的选择

职业选择正确与否，直接关系到人生事业的成功与失败。据统计，在选错职业的人当中，有80%的人在事业上是失败者。正如人们所说的，“女怕嫁错郎，男怕选错行”。可见，职业选择对人生事业发展是何等重要。在选择未来从事的职业时，主要应考虑：性格与职业是否匹配、兴趣与职业是否匹配、特长与职业是否匹配、内外环境与职业是否相适应等。

（五）职业生涯路线的选择

在职业确定后，对向哪一路线发展，要作出选择。判断是向行政管理路线发展，还是向专业技术路线发展；是先走技术路线，还是先走行政管理路线……由于发展路线不同，对职业发展的要求也不相同。因此，在职业生涯规划中，须作出抉择，以便使自己的学习、工作以及各种行动措施沿着你的职业生涯路线或预定的方向前进。通常职业生涯路线的选择须考虑以下三个问题：想往哪一路线发展？能往哪一路线发展？可以往哪一路线发展？

（六）设定职业生涯目标

职业生涯目标的设定，是职业生涯规划的核心。一个人事业的成败，很大程度上取决于有无正确适当的目标。没有目标如同驶入大海的孤舟，四野茫茫，没有方向，不知道自己走向何方。只有树立了目标，才能明确奋斗方向，犹如海洋中的灯塔，引导你避开险礁暗石，走向成功。

目标的设定，是在继职业选择、职业生涯路线选择后，对人生目标作出的抉择。其抉择是以自己的最佳才能、最优性格、最大兴趣、最有利的环境等信息为依据的。通常目标分为短期目标、中期目标、长期目标和人生目标。短期目标一般为一至二年，短期目标又分日目标、周目标、月目标、年目标。中期目标一般为三至五年。长期目标一般为五至十年。

（七）制定行动计划与措施

在确定了职业生涯目标后，行动便成了关键的环节。没有达成目标的行动，目标就难以实现，也就谈不上事业的成功。这里所指的行动，是指落实目标的具体措施，主要包括工作、训练、教育、轮岗等方面的措施。例如，为达成目标，在工作方面，你计划采取什么措施，提高你的工作效率？在业务素质方面，你计划学习哪些知识，掌握哪些技能，提高你的业务能力？在潜能开发方面，采取什么措施开发你的潜能，等等，都要有具体的计划与明确的措施。并且这些计划应特别具体，以便于定时检查。

（八）评估与回馈

俗话说："计划赶不上变化。"是的，影响职业生涯规划的因素诸多。有的变化因素是可以预测的，而有的变化因素难以预测。在此状况下，要使职业生涯规划行之有效，就须不断地对职业生涯规划进行评估与修订。其修订的内容包括：职业的重新选择，职业生涯路线的选择，人生目标的修正，实施措施与计划的变更，等等。

第二节 管理好一生重要的投资——婚姻

阅读材料

娶个好女人，幸福三代人

比尔·盖茨在接受杨澜采访时，被问到他一生中最聪明的决定是创建微软还是大举慈善？他回答都不是，找到合适的人结婚才是！比尔·盖茨坚定地认为：女人决定了一个家族的未来。娶一个好女人旺三代，娶一个衰女人败六代。

而沃伦·巴菲特曾经也谈过，他认为人生中最重要的决定是跟什么人结婚，而不是任何一笔投资。

选择伴侣不仅是选择一个人，更是选择一种生活方式。女人决定了上一代人的幸福，这一代人的快乐，下一代人的未来。

一、管理好婚姻生活的重要性

随着现代人生活观念的改变，选择单身这种生活方式的人逐渐多了起来。但是，婚姻仍是绝大多数人的选择，是现代社会的主流生活方式。

婚姻是一个人最重要的投资，没有比幸福的婚姻更加幸福的生活了。美好的婚姻是理想生活的小舟，它承载着爱情、牵挂、理解和宽容，驶向幸福的彼岸，在航行的途中需要不断加油、加水、补给生活物品，还需要保养、维护、修理。

婚姻生活远比单身生活复杂，它不仅仅是夫妻二人的事情，还涉及双方父母、子女等家庭关系，甚至涉及亲戚、朋友等社会关系。

婚姻是人生需要管理好的最大、最重要的一笔投资，因为婚姻这项投资将伴随你的一生，管理好自己的婚姻，你会幸福一辈子，否则，纠纷、诉讼、烦恼就会时刻伴随你的左右。

理财专家刘彦斌曾经说过：婚姻可能是一生中最大的一笔“投资”，它有可能带来巨大的收益（美满的婚姻），也可能带来巨额的亏损（不幸的婚姻）。因此，在正式“投资”之前，首先要慎重选择合作伙伴（未来的配偶），其次要和合作伙伴界定清楚财产关系（婚前财产约定）。

二、睁大眼睛去恋爱

“男怕入错行，女怕嫁错郎。”说这句话的前提是，女人不工作，没有经济来源，家庭的全部收入来源于男人，因此男人就是女人的全部依靠。现代社会男女平等，女人和男人一样外出工作挣钱，许多女性甚至比男人挣钱多，因此，“男怕入错行”应该改为“男女都怕入错行”。而“女怕嫁错郎”应该改为“女怕嫁错郎，男怕娶错娘（姑娘）”。婚姻无论对于男人还是女人都非常重要，“同谁结婚”影响着夫妻双方（还有孩子）一生的幸福。

既然选择自己的终身伴侣如此重要，对于还未成家的年轻人来说，如何适合选择自己对象呢？

生活中有这样一句话：睁眼恋爱，闭眼结婚。恋爱期间要睁大眼睛，因为恋爱中的人总是把自己最好的一面展现给对方，而刻意地掩饰自己一些不好的习惯和缺点。所以在恋爱的时候，应该让被爱与激情冲昏了的头脑保持冷静，用心地分析她（他）的人品、性格和各种习惯癖好，看看她（他）到底是不是真的适合自己。

在恋爱期间，通过对方处事的方式、做事的习惯、处理问题的方法等考察对方，重点考察的不是房子、车子、老子、票子，而是考察对方是否身心健康，人品可靠，性格和谐，这些才是最重要的。

（一）心理是否健康

无论出身城市还是农村，若有心理问题，绝对要保持高度警惕。对一件事情执着偏激的人，对其他事情也可能如此；对一件事情耿耿于怀无法解消的人，遇到另一件刺激的事情也会产生类似心理。他现在追求你两情相悦，学业和事业也比较顺利，固然不会表现出不良情绪；但一旦未来生活中和事业中遇到其他麻烦，是否会产生刻骨的仇恨或者极端的情绪呢？

假如他狭隘多疑，你不一定能常年忍受被人怀疑的痛苦；假如他情绪过分压抑悲观，你也不一定能够让他走出抑郁，重归阳光。若发现他有心理素质方面的疑点，如果感觉问题严重，要在不刺激对方的前提下尽早撤离。

（二）是否善良和宽容

善良和宽容不像房子的面积、收入的高低那样容易量化，但却是考察婚姻对象的绝对关键指标。女人只有嫁给一个善良宽容的人，才能得到真正的安全感，因为善良，他会同情你，体贴你，关心你，而不会故意伤害你。因为宽容，你不会被苛求，不会每天在家感觉压力，犯了小错误之后他会体谅和包容。

反过来，娶一个善良宽容的女子，是男人的莫大福分。生活中总是有很多艰难，善良的女人总是体会家人的不易，而不是经常抱怨和指责。宽容的女人能容忍男人的各种小缺点，也能给孩子创造一个温暖、自由与和谐的家庭气氛。

（三）人生理想是否一致

夫妻之间志趣相投是婚姻幸福的重要前提条件。认真想一想，你需要一个什么样的爱人？是将来挣钱多、地位高，但是却没有时间照顾家庭的，还是对你恩爱体贴但事业心不那么强的？他是才华横溢一心钻营名利的，还是那种踏踏实实随遇而安的，还是爱旅游爱娱乐但不想特别努力上进的？

（四）亲友关系能否理顺

每个人的“外延家庭”范围不同，你和他（她）结婚，可能是就和他们那个村子或者那个大家族“结婚”。如果一方的经济收入和社会地位比较低，那么这些人可能走马灯一样到你家拜访，可能要求你帮他们动用关系找工作、看病、送孩子上学，可能要求你们帮他们盖房子买电器交学费等。他们来家里住时卫生习惯可能不好，给自己家庭的生活带来影响。

反过来，如果婚前双方财富实力悬殊，你能否忍受对方家庭的挑剔和傲慢？你是否愿意改变自己的生活方式和性格特点来达到他们的要求？如果你的亲友经常要求你和家人帮助，你是否会感觉到难堪，等等。

（五）家庭观念是否一致

对于家庭气氛，每个人的向往不同。有的人喜欢亲朋满座的热闹；有的人喜欢独往独来的清静；有的人热爱出差和旅游；有的人坚决恋家不出门；有的认为孩子成年就该独立；有的认为应当给孙子都买好房子才叫作尽职尽责；这些方面都应当在婚前协调好。

有些家庭特别重视亲友关系和同乡关系，而且爱面子的思想比较强。反之，有些家庭崇尚“君子之交淡如水”，亲友关系普遍比较冷淡，对你的家人也不够热情。你能否接受这种观念？

肯不肯做家务，会不会照顾人，是否有情调，是否和你容易沟通，是否尊重你的自尊心，是否善于在矛盾时首先妥协等，都是要考察的方面。在恋爱的时候这些问题可能并不明显，但婚后便可能成为矛盾和痛苦的重要来源。

（六）身体健康和家族病史

如果你确认自己希望要孩子，还建议考察一下对方家族病史和健康观念。有些疾病肯定是家族遗传的，比如血友病、多发性肠道息肉、色盲、遗传性精神疾患等。还有些疾病或体质有遗传倾向性，比如过敏性哮喘、乳腺癌、糖尿病等，家里如果有病史，孩子也比较其他人容易患上这些病。一些不妨碍生活的疾病史不必介意，但如果是比较严重的遗传病，还是早点考虑决策为好：是坚守爱情，不要孩子，还是为了后代的健康离开他，另寻爱情？

在健康意识不断增强的今天，很多女孩子还会考虑男士的健康观念：是否抽烟，是否酗酒，是否暴饮暴食，是否熬夜通宵达旦，是否爱好体育活动，等等。

如果你爱一个人，准备和他（她）过一辈子，就应当下定决心，接受他（她）的一切，并确定他（她）能够与你协调好这一切。

心得体会

三、用心经营好自己的婚姻

爱情是花前月下，玫瑰飘香，婚姻是柴米油盐，锅碗瓢盆！爱情需要激情，很幸福，婚姻需要经营，很辛苦！爱情是以“力比多”为物质基础，以想象为翅膀，以情感需要为领域，彼此倾诉、欣赏、偎依的一次人生飞行，而婚姻则是以经济为物质基础，以现实生活为车轮，以家庭责任为动力，彼此忍让、妥协、鼓励的长途旅行。

从很大程度上讲，婚姻更是一个需要用理性去呵护、需要用心去经营的范畴。经营好自己的婚姻，就是家庭最重要的“理财”活动。

婚姻是人生的重要一环，也是人生最重要的一项投资。但婚姻又不同于投资：投资赔了，损失的只是金钱，那是身外之物，还可以再赚；婚姻失败了，往往会影响一辈子的幸福。

所以婚姻理财对于我们来说就相当重要了。

（一）婚前理财

婚前理财主要包括婚前双方财务关系的处理和婚前财产约定与财产公证。

恋爱期间，双方要妥善处理好财务关系。理财和法律专家指出，在婚前，双方财务要采取 AA 制，避免一方对另一方产生财务依赖；恋爱期间要加强感情投入，减少经济投入；一般不要赠予对方过于昂贵的物品等。

当双方准备走入婚姻的殿堂时，双方如果能在结婚之前，对各自的经济状况、消费习惯、家庭负担和对婚后的理财问题都进行一番坦诚的交流，让彼此事先了解各自对未来婚姻理财的期望值，就可以大大减轻婚后很多不必要的失望感，减少很多婚后的争吵，免去了很多家庭矛盾。

“婚前财产约定”是对个人财产和生活方式的一种自我保护。“婚前财产约定”为双方做好了“以防万一”的准备，在双方离婚时可以免去很多不必要的争议，顺利解决离婚时的财产分配问题。

婚前财产公证很重要：婚前要做好婚后的财产约定，比如房产、汽车、股票、基金、债务等，是实行 AA 制，还是实行共有制；一旦分手，财产如何分割等；婚前要对未来家庭的财务管理情况进行约定，比如何时买房、何时购车，何时要孩子等；婚后如何处理双方父母的关系，如何处理双方亲戚的关系等。

阅读材料

婚前财产公证与爱情撞击

随着现代社会的变化快，很多新的事物走进了我们的生活，现代人的爱情也变得越来越现实，婚前的财产公证是为失败的爱情寻找一个庇护所，也是为个人的利益寻求一种保障。

如果婚姻是基于双方在相爱、信任之后产生一种亲情关系，那么，婚前的财产公证就显得有点多余了。假如两个人是从保持着正常的恋爱关系，感情也一直很稳定，又一起经历了风风雨雨的变迁，彼此非常尊重，在即将步入神圣的婚姻殿堂的时候，却非要为了财产分清你我，多少都有点伤害感情，也显得对未来婚姻生活缺乏信心。婚前财产公证面对着情与利的撞击，这在某种程度上也伤害着两个人的感情。

然而，每个人有其对婚姻的独特期望，有的人是因为相爱而结婚，有的人是因为家庭压力而结婚，也有的人是因为贪图对方的财产而结婚。婚前财产公证在某种程度上是对那些婚前财产拥有者提供了一个保护伞，而并不是为爱情提供保护伞！

婚前财产公证对婚姻观念造成了一定的冲击。婚前财产公证使越来越多的人在有了保护自己权利的同时，也使本来现实的现代爱情和婚姻关系变得更现实，它提醒人们，爱情并不是理想化的，它并不能排斥对现实生活的关注。现实婚姻并不是那么理想，它不会像我们所期望的那样发展，婚前财产公证与我国传统美德之间发生着碰撞，婚前财产公证面对着现实的撞击！在这一点上必须有个好的把握，理智地进行对待。

阅读材料

咨询婚前财产公证最多的三类人

北京市某公证处公证员陶某某常接到有关婚前财产公证的咨询。他坦言，三类人对婚前财产公证咨询得最多：

排在第一位的是双方都是正常婚龄的初婚男女。

这些人往往有现代先进的思想意识，会事先对双方今后的财产和事业有约束，避免出现不必要的纠纷。或者双方积蓄较少，靠一方或双方父母的资助购房结婚等。基于目前离婚率高，怕今后一旦分手财产分不清，引发烦琐的诉讼纠纷，因此事先通过公证的形式尽可能将财产控制在自己家里。

排在第二位的是一方或双方离异，准备再婚的人。

这样的人往往由于一次失败的婚姻已经在心理上产生畏惧，或者在财产分割上曾经吃过一堑，有了经验。

排在第三位的是一方财产特别巨大，两人收入悬殊的夫妻。

拥有特别多财产的那一方，担心婚姻不稳定，使财产缩水利益受损，因而预先做好防范准备。

陶某某介绍说，这两年婚前财产公证其实已经不算是新鲜事物了，因此咨询的人非常多，但是真正来办理公证的却少之又少。

“平时接待五六个咨询，能有一个真正办公证的就算不错了。”陶辉说，“有车有房、有股份的再婚精英人士一般是婚前财产公证的主力。”

是不是做公证费用太高，或手续烦琐呢？陶某某公证员说，办理婚前财产公证，无论涉及多少财产，公证费只需400元，可以说非常低廉，公证员帮助起草协议还都是免费的。办理婚前财产约定公证需要双方都亲自来办理，虽然一方有做公证的意愿，但是怕提出公证会影响感情，只得作罢。

资料来源：http：//www.gongzheng.com.cn/。

请思考：这三类人咨询婚前财产公证最多的原因是什么?

（二）婚后理财

婚后理财就是当事双方共同的事。夫妻双方要保持财务透明，一旦家庭有重大的支出项目、对外举债、对外担保等，夫妻双方应在协商的基础上决定。如果夫妻之间的财务信息不透明，实际上是婚中的重大风险，一旦有一方发生意外，就有可能让这个家庭的财产旁落他人，更可怕的是如果一方瞒着对方私自对外举债，一旦发生意外，则会使对方的生活陷入巨大危机。

不要私自为自己朋友、亲戚等的债务提供担保，除非夫妻双方协商后一致同意。否则，一旦朋友不能按时还债，你就成了债务人。

婚后双方的财务应有相对的独立，夫妻双方可以建立个人的“小金库”，但前提是不能影响家里的“大金库”。“小金库”的资金管理应该有一定的透明度，“小金库”中资金额度要有一定的限额。当“小金库”中的钱多到一定程度时，就应该向“大金库”回流，否则，一旦被对方发现，就会引发“家庭战争”。关于“小金库”大小的衡量标准，理财专家建议不应超过家庭存款的5%。

夫妻双方应对家庭的保险资产多加重视，在婚姻发生变故时妥善处置，尚在缴费期的保单切不可盲目中断，更不应随意退保。

夫妻双方是家庭的主人，家庭资产也应该由两个人共同管理。夫妻二人要共同参与制定家庭理财总体方案，确定夫妻二人在家庭理财中的分工，夫妻还要定期检查理财方案实施情况，对方案进行修订。

阅读材料

用经济学的眼光来看婚姻或者说发掘婚姻关系中的一些现象会很伤人的情感，但当人们感到经济原来像情感一样是维系家庭的重要支柱的时候，婚姻过程是一个公司经营过程这一本质也就不言自明了。

金钱、时间、精力、自由都是股东的投资，机会成本无限增长，而家庭纠纷就衍变成了无穷债务。在每一对两情相悦背后，都有看不见的市场竞争与优势互补；每一份稳定的婚姻背后，都涉及双方资本的产权重组和兼并收购。有朝一日，作为爱情的利润呈现负值，资不抵债，家庭就离破产不远了——离婚。

金钱从来不能与爱情画等号，但是如果学会用经济的理念来分析爱情，也许进入婚姻殿堂之后的爱情会走得更远。婚姻是人生的重要一环，也是人生最重要的一项投资。但婚姻又不同于投资：投资赔了，损失的只是金钱，那是身外之物，还可以再赚；婚姻失败了，往往会影响一辈子的幸福。

就像生意一样，婚姻也是需要经营的。很多人做生意时有永远用不完的精力和热情，但在面对婚姻时，却永远是听之任之、顺其自然的态度，仿佛结了婚就万事大吉了。其实，经营婚姻比经营生意复杂多了，所以更要有耐心、有智慧、有理性、有计划、有目标。

（三）妥善处理家庭事务

婚姻绝不是一次性投资就终生收益的低风险事业，而是需要长期高度关注、用心经营的甜蜜事业。丈量婚姻深度的不仅仅是爱情，而有彼此适应和彼此容纳的诚意，是双方价值观、家庭背景、出身和学识的良好融合。

经营好一段婚姻，最基本的做法是彼此真诚地沟通，相互支持。婚姻双方寻找一致的生活目标，时不时地表现出爱的行为，对爱人正面的肯定、欣赏、鼓励、称赞都会有效地帮助感情加温。比如，丈夫在换灯泡时不小心弄坏了椅子，如果这时候妻子埋怨加责怪，那么到头来，两个人的心情都不会好；如果妻子在确认丈夫安然无恙之后，说“亲爱的，幸亏有你，不然下次换灯泡时遭殃的就是我了！真是太感谢你了！不过下次你可一定要小心呀”，那么双方都会开心。夫妻双方的幽默感、一起大笑，也是避免婚姻失和的良方。

阅读材料

成熟男人做三匠

前不久，一同事结婚，邀请我参加并作为男方主婚人。

站在婚礼台上，我拿起话筒，先是祝贺两位新人百年好合、幸福美满、早生贵子，接着希望他们婚姻生活学做“三匠”：在夫妻生活中，不要斤斤计较，要学做“木匠”，睁一只眼闭一只眼；在与家人的关系上，不要想着改变什么，要学做“泥瓦匠”，多说些赞美的话，多说些让人爱听的话，和和稀泥也没什么错，因为你嫁（娶）了你的爱人，就等于嫁（娶）了他（她）的家人；在工作事业上，不要拈轻怕重，要学做“铁匠”，能挑重担，敢打硬仗，无论困难多大、任务多重，事业的成功是幸福的基础。

人们常说，美好姻缘天注定，但我觉得，有“木匠”的宽容、“泥瓦匠”的手段和“铁匠”的担当，也一定会有美满婚姻。

在经营婚姻的时候，有以下几个小策略：

➢ 对方的事业进步、修养提高、学历提升等良性变化，都会让配偶感到新鲜。

➢ 保持独立的个性。这是对自己负责的表现，把自己的所有的快乐和幸福依附于别人身上，将是危险的和痛苦的，也不要去尽力改变别人的个性。

➢ 注意对对方的欣赏和爱的表达。把消极的眼光换成积极的眼光，发现对方的优点，并恰当地表达爱。

➢ 构建共同的家庭梦想并一起为之奋斗。

阅读材料

关于爱情，您有几只眼？

民间有这样一句话：睁着眼睛谈恋爱，闭上一只眼睛经营婚姻，用第三只眼睛处理家庭事务。您认为有没有道理?

顾城有一句好诗：黑夜给了我黑色的眼睛，我却用它寻找光明。眼睛不仅是一扇窗，眼睛也是一颗心。我们应该学会运用自己的眼睛，让我们的爱情和婚姻更加幸福、融洽。

恋爱的两只眼，能确保我们找对那个相伴一生的人；结婚后闭一只眼，能保障我们的婚姻减少矛盾；家庭生活中的第三只眼，能够让我们更好地处理和解决繁杂细琐的家庭纠纷。

为什么要在婚姻里睁一只眼闭一只眼？我们知道，相恋的时候我们应该学会恋爱，而在婚姻里我们应该学会宽容。每个人都会有或多或少的不足之处，只要无伤大雅，只要不令我们难以接受，我们应该温柔地包容爱人身上的小毛病，要学会闭上一只眼，把他的一些缺点从眼前忽略掉。即使两个人再相爱，也难免磕磕绊绊，但是经常拌嘴争吵，会在不知不觉中一点一滴地损伤夫妻的感情。

睁着眼睛谈恋爱，闭上一只眼睛经营婚姻，这就足够了吗？当然不是，我们还要学会在家庭生活里找到第三只眼。这第三只眼睛，是让我们学会用一种局外人和旁观者的眼光，去对待自己婚姻里和家庭里发生的争执，让我们更加理智地处理矛盾和纠纷。

通常在面对一件事的时候，如果我们是当事人，我们的眼光就难免片断和主观，因为我们会把自己的委屈放大，而把错过归于对方。俗语说旁观者清，如果我们能把发生在自家身上和自己家里的事情，从一种旁观者的角度考虑，那么就会清晰明朗许多。在两个人各执一词不相上下的时候，如果彼此都能为对方考虑，站在对方的立场上出发，那么就会有更多的理解和包容，从而化解不快。

本章小结

本章介绍了人生的需求层次、职业生涯规划的三要素、个人职业生涯规划的类型及如何做好个人的职业规划；本章还介绍了管理好婚姻生活的重要性，如何选择自己的终身伴侣，如何经营好自己的婚姻。本章的重点内容是职业生涯规划的方法。

思考与练习

1. 为什么说职业是你一生最大的财富？你是如何理解的？
2. 职业规划的类型有哪些？你自己属于哪种职业规划类型？
3. 为什么说婚姻是一个人一生最大的投资？你是如何理解的？
4. 有人说，恋爱期间要增加感情投资，尽量减少经济投资，你认同吗？为什么？
5. 经营好自己的婚姻是一门学问，更是一门艺术，请谈谈未来如何经营自己的婚姻。

实训设计

请为自己做一份职业生涯规划。请注意，做职业生涯规划，不是为了好看，而是为了自己将来能少走弯路。

第四章　现金规划

学习目标

知识点：

- 理解资产的流动性
- 知道常用的现金规划工具
- 掌握货币市场基金
- 理解现金规划的重要性

能力点：

- 会用现金规划工具
- 会正确使用信用卡
- 能对家庭进行现金规划

导言

下面是某基金公司发给客户的一条短消息：10 000 元钱一天有多少收益？现金，零元；活期，不到 0.1 元；三个月定期，0.71 元，一年定期，0.82 元；××货币市场基金，×日收益 1.86 元，七日年化收益率为 6.93%，是活期的近 20 倍。××货币，享受定期收益，又有活期之便利，是短期闲置资金的理想去处。

第一节　现金规划

典型案例

王先生家庭的收入稳定，每个月的正常开支为 6 000 元。王先生有理财意识，但不知道具体如何做。比如，让他苦闷的是，他不知道家里该留多少钱，留得少些，害怕万一有事不够用；留得多些，都放在自己的银行卡里，收益太低了。如果你是刘先生的家庭理财规划师，你会给王先生提供什么样的理财建议？

现金规划是为满足个人或家庭短期需求而进行的管理日常现金及现金等价物和短期融资的活动。

现金规划涉及以下几个问题：

➢ 什么是现金规划？
➢ 为什么要进行现金规划？

➢“现金”的额度是多少？

➢“现金”都有哪些形式？

➢“现金”不够了怎么办？

现金规划是家庭理财规划中的重要内容之一，能否做好现金规划将对家庭理财规划方案的制定产生重要影响。现金规划的重要内容就是确定家庭持有现金及其等价物的额度，选择合适的现金规划工具和现金融资工具。

在个人理财规划中，科学的现金规划，有助于家庭所拥有的资金既能满足日常消费支出，又能满足家庭储蓄计划的实施。

一、现金规划

现金规划是为了确保家庭有足够的现金来支付计划中的和计划外的费用，这是对于家庭日常的、日复一日的现金和现金等价物的管理。比如，人们面临着失业、工作能力的丧失、医疗或意外灾害等各种风险，一旦有紧急情况发生，手边的现金可以帮助你渡过难关。

在各种类型的金融资产中，现金是最具流动性的资产，它可以随时换回家庭需要的商品和劳务，支付各种到期的债务。然而，持有现金没有任何收益，持有短期的金融工具，比如活期存款、定期存款、货币市场基金等金融工具，收益率又极低，所以，家庭为了应对日常生活开支，就需要持有一定量的现金及其等价物。

对于一个家庭来说，手头持有的现金及等价物的总量过多，资金的收益率就较低，资金的效率就受到了影响；家庭持有现金及其等价物的总量过少，家庭可能无法应对流动性的需求。

在家庭的理财规划中，良好的现金规划既能够使家庭所拥有的资产保持一定的流动性，满足家庭支付日常家庭生活费用的需要，又能够使流动性较强的资产保持一定的收益。一般来说，在现金规划中有这样一个原则，即短期需求可以用手头的现金来满足，而预期的或者将来的需求则可以通过各种类型的储蓄或者短期投、融资工具来满足。

二、影响现金规划的因素

（一）家庭收入与支出的不同步

对于一个家庭来说，家庭的收入、支出是不同步的。从家庭的生命周期与理财的关系来看，单身期，是一个人的学习阶段，没有经济收入，但有大量的学习费用产生；家庭形成期、家庭成长期到家庭成熟期，家庭的收入逐年增加，财富不断积累；而到了退休期，家庭的收入会大幅下降，而支出却会增加——在漫长的老年生活中，不可避免的是疾病的增加和生活自理能力的下降，届时需要花钱看病，购买医药及相关的服务。

从小的方面来说，在某一时期，家庭的收入与支出也是不同步的。比如，家庭的日常支出是经常性的，家庭的应急支出是偶然性的，而家庭的收入却是按月（按年）进行的，家庭收入和支出同时实现的可能性很小。收入与支出之间的间隔期限越短，家庭需要持有的现金及其等价物的量就越少，与此相反，家庭收入与支出之间的间隔期限越长，家庭就需要预留越多的现金及其等价物。

（二）对金融资产流动性的要求

1. 交易动机

个人或家庭通过现金及现金等价物进行正常的交易活动。由于家庭的收入和支出在时间上无法取得同步，家庭就需要持有足够的现金及其等价物来维持日常生活开支的需要。家庭出于交易动机所拥有的现金及其等价物的量取决于家庭的收入水平、消费水平、生活习惯、收入获得的周期等。一般来说，家庭的收入水平越高，交易数量越大，收入获得的周期越长，家庭所需要持有的现金及其等价物的量就越多。

2. 谨慎动机

谨慎动机又称预防动机。谨慎动机是指为了预防意外支出而持有一部分现金及现金等价物的动机，如个人为应对可能发生的事故、失业、疾病等意外事件而需要提前预留一定数量的现金及现金等价物。家庭持有现金及其等价物的谨慎动机出于收入和支出的不确定性。一般来说，家庭成员的风险偏好越保守，家庭收入的波动性越大，家庭的收入水平越高，出于预防动机而持有现金及其等价物的量就越多。

3. 投机动机

投机动机是指人们根据对市场利率变化的预测，需要持有货币以便满足从中投机获利的动机。因为货币是最灵活的流动性资产，具有周转灵活性，持有它可以根据市场行情的变化随时进行金融投机。出于这种动机而产生的货币需求，称为货币的投机需求。

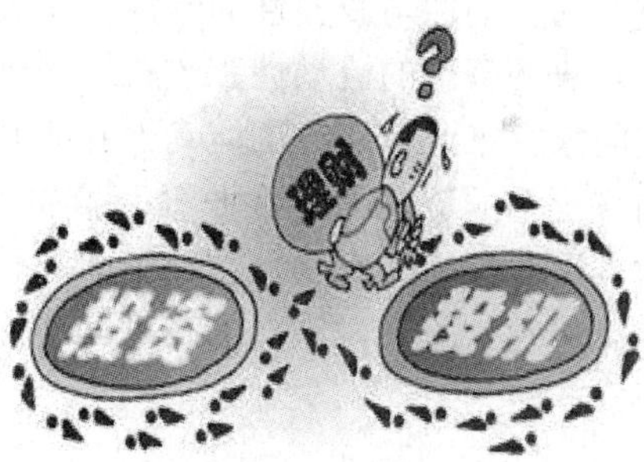

（三）持有现金及其等价物的机会成本

对于金融资产来说，通常流动性和回报率是呈反方向变化的，高流动性意味着较低的收益。现金及其等价物具有很高的流动性，其收益率也相对较低。由于机会成本的存在，持有收益较低的现金及其等价物，就意味着失去了持有收益率较高的投资工具的机会。如果一个家庭持有大量的现金及其等价物，虽然该家庭的资金具有很好的流动性，但该家庭的资金收益损失就会很大，持有现金的机会成本也会很高。因此，一个家庭持有多少现金，要在资本的流动性和收益之间进行权衡。

心得体会

请谈谈你的家庭持有现金的动机主要有哪些。

____

____

____

三、现金或现金等价物的额度

通常情况下，一个家庭都会持有一定量的现金及其等价物，以应对家庭的日常开支和不时之需。倘若一个家庭没有适量的现金及其等价物，一旦该家庭突遇收入突然中断或支出突然暴增的情况，该家庭的资金使用就会捉襟见肘，致使家庭陷入一时的财务困境。

在个人理财规划中，家庭预留的，以备家庭日常开支和不时之需的现金及其等价物，称为紧急备用金。紧急备用金就是为了应对家庭成员失业或失能导致的工作收入中断，或因意外伤害或身心疾病等原因导致暂时的收入减少对家庭生活的影响。

家庭紧急备用金的多少一般用流动性比率来衡量。流动性比率是流动资产与月支出的比值，它反映客户支出能力的强弱。

流动性比率＝流动性资产/每月支出

其中，流动性资产通常是指家庭资产负债表中的"现金及其等价物"项目。

资产的流动性与收益性通常成反比关系。在家庭理财中，理财规划师要根据家庭的具体情况，兼顾资产的流动性和收益性来确定紧急备用金的持有量。对于职业稳定度高、收入稳定的家庭来说，资产的流动性并非其首要考虑的因素，因而可以保持较低的流动性比率，而将更多的资产配置在收益更高的金融工具上，获取更高的收益；对于职业稳定度低、收入没有保障的家庭，首要考虑的是资产的流动性，这类家庭就需要保持较高的流动性比率。通常情况下，家庭的合理流动性比率应保持在3～6倍。

课堂练习　　**流动性比率的计算**

胡女士与丈夫都是35岁，儿子今年9岁。全家每个月的生活费用为3 000元，每月房贷还款额为1 500元，儿子每年的特长班费用为6 000元。胡女士家庭目前有活期存款120 000元，定期存款120 000元，货币市场基金80 000元，股票110 000元。该家庭目前的流动性比率是多少？

流动性比率＝流动资产/每月支出

＝(120 000＋120 000＋80 000)/(3 000＋1 500＋6 000/12)＝64(倍)

四、现金规划的原则

在家庭理财规划中，现金规划是家庭理财规划的基础，现金规划方案是否科学合理将对家庭整个理财规划方案的制定产生重要影响，甚至会影响其他理财目标的实现。

一般来说，家庭现金规划的原则为：家庭短期的资金需求可以用手头现金来满足，家庭预期和未预期的资金需求则可以通过各种类型的储蓄或短期融资工具来满足。

家庭的日常生活费用支出，比如买菜、买米等生活费用；水电费、交通费、通讯费等，可以以现金、活期储蓄的方式来满足；家庭预期到的人情往来费用，家用电器的购买、大件消费品的购买等所需的资金，以及家庭为了应对因意外、疾病等所导致的超支费用，应对家庭经济支柱暂时失业、转换工作导致的收入中断等资金，可以以定期储蓄、货币市场基金、债券基金等方式来满足。

专家支招：

理财就需要精打细算！在各种“宝宝”还没有出生之前，专家总结现金规划的理财经验：三天之内要用的钱，放在口袋里好了；三周之内要用的钱，存个活期好了；三个月之内要用的钱，存个定期好了；三年之内要用的钱，购买债券基金好了。自从互联网金融中各种“宝宝”出生后，专家的经验是：三天之内要用的钱，就放在口袋里；一年之内要用的钱，就放在手机上（活期宝、余额宝）。

练一练：

针对本节的案例，请你为王先生的家庭确定流动性比率，确定王先生家庭的现金持有量。

心得体会

____

____

____

第二节　现金规划工具

典型案例

王先生2013年2月为孩子准备了50万元的留学费用，但孩子的留学手续在2013年的10月份才办好，在这期间，王先生一直把50万元资金放在他的信用卡里。如果你是理财规划师，你能帮助王先生处理这笔资金吗？

在家庭理财规划中，现金规划的目的是保证家庭预留适量的紧急备用金，在保证紧急备用金流动性的前提下，又要使该流动性较强的紧急备用金保持一定的收益。理财规划师在选择现金规划工具时，应以流动性为主要考虑的因素，在此基础上兼顾收益性。

现金规划工具包括一般性工具和融资性工具。其中一般性工具包括现金、相关储蓄产品、货币市场基金等。现金规划的融资工具包括信用卡融资、其他银行融资方式、保单质押融资、典当融资等。

一、现金规划的一般性工具

（一）现金

现金是现金规划的重要工具。与其他的现金规划工具相比较，现金作为家庭的紧急备用金具有两个突出的特点：

➢ 现金最具流动性，是普遍接受的交易手段和支付手段。

➢ 持有现金没有收益，甚至是负收益。

在不兑现信用货币制度下，如果货币当局能够保持物价的稳定，没有出现通货膨胀，持有现金就没有收益。然而，通常情况下，由于通货膨胀的存在，持有现金不仅没有收益，反而会贬值。2012 年，我国的通货膨胀率大约为 3.5%，在 2011 年末可以用 100 元购买的一篮子商品，在 2012 年末就需要 103.5 元了。在这种情况下，家庭之所以愿意遭受持有现金的损失，就是为了追求现金的流动性。

（二）相关的储蓄品种

银行的相关储蓄品种，也是现金规划的重要工具。目前，国内储蓄机构的储蓄业务一般包括：活期储蓄、定活两便储蓄、整存整取、零存整取、整存零取、个人通知存款和整存零取等。

1. 活期储蓄

活期储蓄是一种没有约定存取日期，随时可取、随时可存，也没有存取金额限制且比较灵活的一种储蓄。

活期储蓄是居民储蓄存款中最基本和最重要的一种形式，适用于所有的客户，其资金运用灵活性较高。一般来说，活期储蓄适于居民小额的随存随用的生活零用结余存款，以供家庭的日常开支。

活期储蓄业务办理手续简便，个人凭身份证可以直接到储蓄机构柜台办理。活期储蓄的人民币业务 1 元起存，港币、日元、美元、欧元等起存金额不低于 1 美元的等值外币。办理好活期储蓄业务后，储蓄机构发给储户存折或借记卡，储户凭折（卡）在开户后随时存取。

2. 定活两便储蓄

定活两便储蓄是客户一次性存入人民币本金，不约定存期，支取时一次性支付全部本金和税后利息的一种储蓄存款。定活两便储蓄仅限人民币，起存金额低，一般 50 元起存。定活两便既有活期储蓄之便利，又可以获取定期之收益，利息按实际存期长短计算，存期越长，利息率越高。

当存款天数达到或超过整存整取的相应存期（最长的存期为一年）时，利率按支取当日挂牌该定期整存整取存期利率档次下浮一定比率确定，不分段计息，存款天数达不到整存整取的最低存期时，按支取当日挂牌活期利率计算利息。存期与利率的具体计算办法为：存期不满三个月，按活期计息，存期三个月以上不满半年的，按三个月定期存款利率打六折计息；存期半年以上，不满一年的，按半年定期存款利率打六折计息；一年以上无论存期多长，均按一年期存款利率打六折计息。上述各档次均不分段计息。

由于定活两便储蓄方便灵活，收益较高，手续简便，利率合理且存款期限不受限制，比较适合有较大结余额度、在不久的将来需要随时全额支取的客户。

理财规划师在现金规划实务操作中，选用定活两便储蓄作为现金规划的工具时，要注意确保客户到支取日时，存期大于或等于3个月，避免客户的利息损失。

3. 整存整取

整存整取是一种有储户选择存款期限，整笔一次性存入，到期一次性支取本息的定期储蓄。整存整取的起存金额低，多存不限。一般来说，人民币50元起存，港币50元、日元100元、其他币种为原币种10元起存。整存整取的存期有多种选择，人民币的存期有三个月、六个月、九个月、一年、二年、三年和五年；外币的存期有一个月、三个月、六个月、一年、二年。整存整取到期凭存单支取本息。

整存整取的利率较高，存期越长，利率越高。储户还可以根据本人意愿办理定期存款到期约定或自动转存业务。如果客户急需资金，亦可办理提前支取。未到期的定期存款，全部提前支取的，按支取日挂牌公告的活期存款利率计付利息；部分提前支取的（存期内只能部分提前支取一次），提前支取的部分按支取日挂牌公告的活期存款利率计付利息，剩余部分到期时按开户日挂牌公告的定期储蓄存款利率计付利息。当客户逾期支取时，其逾期部分按活期利率计息。

整存整取是我国普通居民常用的储蓄形式，也是传统的现金规划工具。这种储蓄方式较适合于那些一次性收入较高，未来支出日期和额度又比较确定的客户。

4. 零存整取

零存整取定期储蓄简称零存整取，是一种事先约定每月固定存入金额和约定存期，到期支取本息的定期储蓄。零存整取的适用面较广，可以积零成整，有计划性、约束性、积累性地积攒财富，并获取相对较高的收益。

零存整取的起存金额较低，一般5元起存，存期分一年、三年、五年，存款金额由储户自定，每月存入一次，中途如有漏存，应在次月补存，未补存者，到期支取时按实存金额和实际存期计息。这种储蓄方式可以帮助客户养成坚持“储蓄”的理财习惯，比较适合刚刚参加工作，需要逐步积累每月结余的客户，也适合“月光族”家庭进行投资资金的积攒。

5. 个人通知存款

个人通知存款是指存款人在存入款项时不约定存期，支取时需提前通知金融机构，约定支取日期和金额方能支取存款的一种储蓄方式。无论存款的实际期限有多长，按储户提前通知时间的长短划分，个人通知存款可分为1天通知存款与7天通知存款两个档次。1天通知存款必须提前1天通知约定支取存款，7天通知存款必须提前7天通知约定支取存款。通知存款的币种为人民币。个人通知存款的最低起存金额为5万元，最低支取金额为5万元，每次通知支取金额，通知后剩余的未通知金额必须不低于最低起存金额。

客户凭有效身份证件办理通知存款，开立存单时要注明“通知存款”字样。通知存款存入时，客户自由选择通知存款品种，但存款凭证上不注明存期和利率，按支取日挂牌公告的相应利率和实际存期计息，利随本清。客户一次全部支取通知存款时，由银行收回存单，办理销户手续；客户部分支取通知存款时，留存资金要高于最低起存金额；未支取部分若低于通知存款起存金额，则予以清户。

个人通知存款的存款额需一次性存入，但可以一次或分次支取。由于个人通知存款的存款利率高于活期储蓄利率，存期灵活、支取方便，能获得较高收益。适用于有大额、存取较频繁的客户。

6. 整存零取

整存零取定期储蓄是指个人将其所有的人民币一次性存入银行，与银行约定存期和支取期，分期支取本金，到期支取利息的一种定期储蓄。这种储蓄起存金额 1 000 元，存期分为一年、三年和五年；约定的支取期（取款间隔）有一个月、三个月、半年。如客户在到期日没有领取，以后可以随时领取。整存零取不得部分提前支取。利息在期满结清时支取。

整存零取定期储蓄具有计划性强的特点，可以帮客户获得较高的利息收入。这种储蓄方式比较适合有整笔大额款项收入，需要在一定时期内陆续支取使用的客户。当然也适合家长为远在外地求学的孩子管理生活费用。

（三）货币市场基金

货币市场基金是一种功能类似于银行活期存款，而收益却高于活期存款的低风险投资产品，是重要的现金规划工具。

货币市场基金具有以下几个显著的特点：

- 本金安全。
- 流动性好；资金到账速度快，T+1 或 T+2 就可以取得资金。
- 投资成本低，货币市场基金通常不收取申购、赎回费用，资金进出非常方便。
- 投资门槛低，每次申购的金额起点为 1 000 元。
- 净值为 1 元。货币市场基金单位的资产净值是固定的，永远是 1 元。
- 收益率远高于活期，成为短期中抵御通货膨胀的工具。
- 货币市场基金的收益按天计算，复利计息，分红免收所得税。

货币市场基金是家庭进行现金规划的理想投资工具，适合绝大多数家庭的现金管理。

（四）活期宝、余额宝

1. 活期宝

活期宝是天天基金网推出的一款针对优选货币基金的理财工具。现阶段，充值活期宝（即购买优选货币基金）的收益最高可达活期存款的 11～73 倍，更超越一年定存，相对其他传统交易通道实行的 T+1 赎回确认到账方式，“活期宝”支持 7×24 小时随时取现，快速到账，民生银行全程保障交易资金安全。

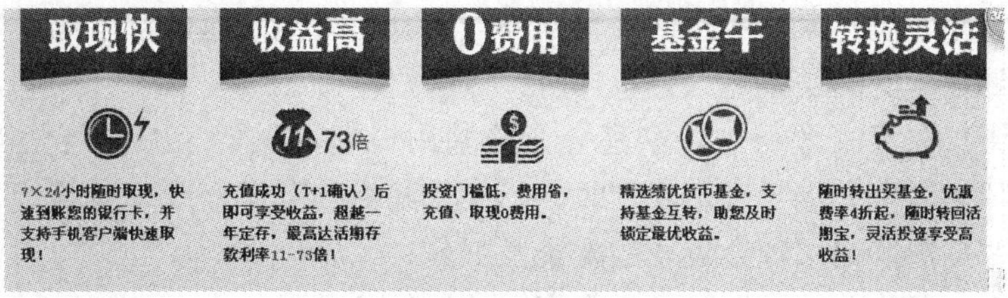

活期宝的优势

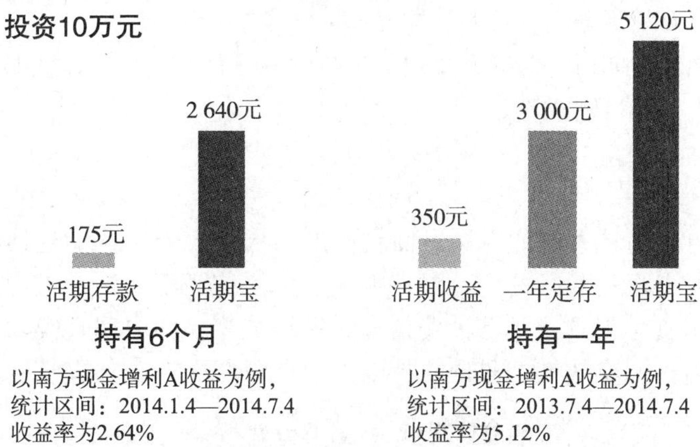

活期宝与传统储蓄的收益对比

课后练习：通过互联网比较活期宝与银行活期存款的优劣。

2. 余额宝

余额宝是支付宝打造的余额增值服务。把钱转入余额宝即购买了由天弘基金提供的增利宝货币基金，可获得收益。余额宝内的资金还能随时用于网购支付，灵活提取。支持支付宝账户余额支付、储蓄卡快捷支付（含卡通）的资金转入。目前，余额宝不收取任何手续费。

余额宝的优势在于：用户转入余额宝的资金不仅可以获得收益，还能随时消费支付，非常灵活便捷，赚钱花钱两不误。

练一练：

针对本节的案例，请你为王先生家庭的 50 万元做一个短期的规划，要求该资金既能有较高的收益，又能保证孩子的签证一旦办好，可以随时使用该笔资金。

心得体会

二、现金规划的融资工具

讨论：在某些时候，家庭会有未预料到的支出，此时，家庭的现金额度又不足以应付这些支出。遇到这样的问题该怎么办？你有什么高招？

借钱，没错！在家庭理财中，家庭会充分利用短期的融资工具进行短期融资。事实上，理财规划师在为家庭进行现金规划时，不仅要重视已有现金及现金等价物的管理和使用，还要帮助客户选择使用现金规划的融资性工具。

随着银行业、保险业的发展和个人融资需求的日益增强，个人融资开始在金融市场上占据一席之地，个人融资方式也日趋多样。

目前，适宜于现金规划的融资方式主要包括以下几种：信用卡融资、其他银行短期融资、保单质押融资、典当融资等。

（一）信用卡

1. 信用卡

信用卡已不再是高端人群的专属，而是更加大众化、个性化的生活理财工具。信用卡是银行或其他发卡机构发行的，给予持卡人一定授信额度，持卡人可在授信额度内先交易后还款的信用支付工具，具有消费信贷、转账结算、存取现金等功能。信用卡的正面有发卡银行的名称、有效期、号码、持卡人姓名，背面有磁条、签名条等信息。

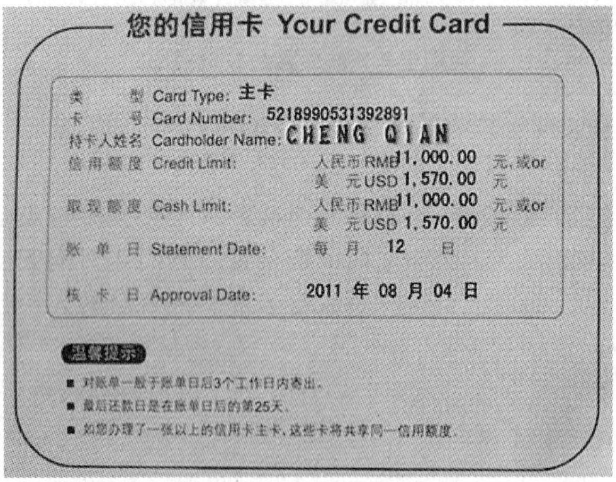

2. 信用卡的相关术语

“持卡人”指向发卡银行申请信用卡并获得卡片核发的个人。

“授信额度”指发卡银行根据申请人的资信状况等为其核定、在卡片有效期内可使用的授信限额。

“透支”指持卡人使用发卡银行为其核定的授信额度进行交易的方式，包括消费透支、

取现透支、转账透支和透支扣收等。

“记账日”指发卡银行将持卡人交易款项或根据规定将费用、利息等记入其信用卡账户的日期。

“账单日”指发卡银行定期对持卡人的交易款项、费用等进行汇总，结计利息，计算出持卡人应还款额的日期。

“到期还款日”指发卡银行规定的信用卡持卡人应偿还其全部应还款额或最低还款额的最后日期。

“免息还款期”指信用卡持卡人除取现透支、转账透支交易外，其他透支交易从银行记账日起至到期还款日（含）之间可享受免息待遇的时间段。

“全部应还款额”指截至当前账单日，信用卡持卡人累计经发卡银行记账但未偿还的交易款项，以及利息、费用等的总和。

“最低还款额”指发卡银行规定的信用卡持卡人在到期还款日（含）前应偿还的最低金额，包括累计未还各类交易本金、费用及利息的一定比例、超过账户信用额度的欠款金额、发卡机构规定的持卡人应该偿还的其他欠款金额以及以前月份最低还款额未还部分的总和。

“超限费”指信用卡持卡人累计未还交易金额超过发卡银行为其核定的授信额度时，按规定向发卡银行支付的费用。

“滞纳金”指信用卡持卡人未能在到期还款日（含）前偿还最低还款额，按规定向发卡银行支付的费用。

练一练：

观察交通银行的信用卡，请说出该信用卡的相关术语。

3. 信用卡的功能

（1）免息透支。信用卡可以先消费，后还款，可以透支一定的消费金额，享受一定的免息还款期，持卡人根据自己的资金状况，在免息还款期内一次还款，也可以免息分期还款。这种循环信用让持卡人资金周转更加灵活。

持卡人需要注意的是，并不是所有信用卡的透支额都是免息的。发卡银行对信用卡持卡人为偿还最低还款额和超信用额度用卡行为，分别按最低还款额未还部分、超过信用额度部分收取 5%的滞纳金和超限费。

典型案例

关于信用卡最低还款额的利息计算

根据央行的规定，信用卡每个月最低还款额应为所有应还款额的 10%。比如，1 000 元的账单，最低只要付 100 元就可以了，其他的款项下个月再还。你可别偷笑，从 1 000 消费发生的那天起，直到还清所有账款的那一天，“未还清的部分”每天付万分之五的利息，别小看这个数字。日息万分之五，年息超过 18%，赶上高利贷了，所以各家银行纷纷发卡。

- CHENG QIAN 的账单日为每月 12 日，到期还款日为每月 28 日；
- 4 月 12 日银行为 CHENG QIAN 打印了本期账单包括了他从 3 月 5 日至 4 月 12 日之间的所有交易账务；
- 本月账单周期 CHENG QIAN 仅有一笔消费——3 月 30 日，消费金额为人民币 1 000 元；
- CHENG QIAN 的本期账单列印“本期应还金额”为人民币 1 000 元，“最低还款额”为 100 元；

不同的还款情况下，张先生的循环利息分别为：

(1) 若张先生于 4 月 28 日前，全额还款 1 000 元，则在 5 月 12 日的对账单中循环利息为 0 元。

(2) 若张先生于 4 月 28 日前，只偿还最低还款额 100 元，则 5 月 12 日的对账单的循环利息为 21.3 元。具体计算如下：

1 000 元×0.05%×30 天 (3 月 30 日—4 月 28 日)+(1 000 元−100 元)×0.05%×14 天 (4 月 28 日—5 月 12 日)，循环利息为 21.30 元，本期应还款：121.30 元。

(2) 免息分期付款。免息分期付款是指信用卡的持卡人，在进行大额消费的时候，对于该笔消费金额则可以平均分解成若干期来进行偿还，而且不用支付任何额外的利息，手续同普通刷卡消费一样。

(3) 预借现金。持卡人使用信用卡可以透支取现。要清楚的是，信用卡的取现额度与信用额度是不一样的。信用卡取现额度是银行信用卡中心核定的，持卡人可以一次提取现金的最高额度，取现额度包含于信用额度之内。比如，中国建设银行的龙卡，某持卡人的信用额度为 20 000 元，持卡人的每次取现额度为 2 000 元，每天最多可以取现 2 000 元。

需要注意的是，虽然可以使用信用卡提取现金，但是在非紧急情况下，持卡人尽量不要使用预借现金的功能，因为使用信用卡预借现金功能的代价是很高的。第一，使用信用卡预借现金没有免息还款期，从你提取现金的当天就开始计算利息。第二，预借现金利息很高，日息万分之五，而且是复利。第三，手续费很高，手续费一般是 1%以上，最高

200 元/次，一次性收取。

再提请持卡人一下：慎重使用信用卡预借现金功能，一旦使用请务必尽快还款，避免支付高额利息。

（4）支出管理。大多数持卡人经常忽略信用卡的支出管理、分析的功能。对于持卡人来说，每到还款日之前，银行就会寄来持卡人的消费明细记录，包括持卡人的消费时间、地点等。持卡人可以对自己的消费记录进行分析，从中找出不合理的支出，进而对自己的消费开支进行规划，以控制自己的冲动消费。

（5）建立信用。持卡人通过提前消费、按时还款，不仅可以享受信用卡给其带来的提前免息消费的好处，还能为持卡人尽早建立个人信用。对个人来说，建立“信用”的开端始于向银行借钱。越早借钱，才能越早在银行建立借款记录，为建立个人“信用”打基础。

按时还贷，再借不难。即使是有借有还，但却未按期偿还，同样也不会帮助持卡人建立起良好的个人信用。只有按时还贷，良好个人信用才能建立。

（二）银行短期贷款

当一个家庭的流动性紧张时，可以利用商业银行短期贷款来解决家庭短期的资金需求。目前，多家商业银行推出了个人信用消费贷款、个人住房抵押贷款、凭证式国债质押贷款、存单质押贷款等业务。

平安银行推出的无担保、无抵押个人信用贷款，具有无须担保，申请容易，放款快，轻松还等优势，是短期融资的便捷工具。

（三）存单质押

存单质押融资是当借款人急需使用资金，而自己的存单还未到期时，借款人可以把存单质押在借款的银行获取银行短期资金的融资行为。贷款利率按照中国人民银行规定的同期贷款利率计算，贷款期限不足 6 个月的，按 6 个月的法定贷款利率确定；期限在 6 个月以上 1 年以内的，按 1 年的法定贷款利率确定。如借款人提前还贷，贷款利率按合同利率和实际借款天数计算。

（四）保单质押融资

所谓保单质押贷款，是保单所有者以保单作为质押物，按照保单现金价值的一定比例获得短期资金的一种融资方式。目前，我国存在两种情况：一是投保人把保单直接质押给保险公司，直接从保险公司取得贷款，如果借款人到期不能履行债务，当贷款本息达到退保金额时，保险公司终止其保险合同效力；二是投保人将保单质押给银行，由银行支付贷款于借款人，当借款人不能到期履行债务时，银行可依据合同凭保单由保险公司偿还贷款本息。

当然，只有具有现金价值的保单才能用来融资。此外，保单质押贷款的期限和贷款额度有限制。保单质押贷款的期限较短，一般不超过6个月。最高贷款余额不超过保单现金价值的一定比例，各个保险公司对这个比例有不同的规定，一般在70%左右。

目前保单贷款的利率参考法定贷款的利率，同时，保险公司和银行根据自身的情况，具体确定自己的贷款利率。

（五）典当融资

根据2005年2月9日颁布的《典当管理办法》，典当是指“当户将其动产、财产权利作为当物质押或者将其房地产作为当物抵押给典当行，交付一定比例费用，取得当金，并在约定期限内支付当金利息、偿还当金、赎回当物的行为”。

办理出当与赎当，当户均应出具本人的有效身份证件。当户为单位的，经办人员应当出具单位证明和经办人的有效身份证件；委托典当中，被委托人应当出具典当委托书、本人和委托人的有效身份证件。出当时，当户应当如实向典当行提供当物的来源及相关证明材料。赎当时，当户应当出示当票。所谓当票，是指典当行与当户之间的借贷契约，是典当行向当户支付当金的付款凭证。当物的估价金额及当金数额应当由双方协商确定。房地产的当金数额经协商不能达成一致的，双方可以委托有资质的房地产价格评估机构进行评估，估价金额可以作为确定当金数额的参考。典当期限由双方约定，最长不得超过6个月。

典当当金利率，按中国人民银行公布的银行机构6个月期法定贷款利率及典当期限折算后执行。典当当金利息不得预扣。典当期内或典当期限届满后5日内，经双方同意可以续当，续当一次的期限最长为6个月。续当期自典当期限或者前一次续当期限届满日起算。续当时，当户应当结清前期利息和当期费用。典当期限或者续当期限届满后，当户应当在5日内赎当或者续当。逾期不赎当也不续当的，为绝当。当户于典当期限或者续当期限届满至绝当前赎当的，除须偿还当金本息、综合费用外，还应当根据中国人民银行规定的银行等金融机构逾期贷款罚息水平、典当行制定的费用标准和逾期天数，补交当金利息和有关费用。

心得体会

谈谈你对现金规划融资工具的理解。

____

____

____

第三节　制定现金规划方案

典型案例

王先生夫妇二人开了一家餐厅，月收入 50 000 元，家庭的月度正常开支为 10 000 元。王先生在银行有 10 万元的活期，有 20 万元的一年定期，三年定期 20 万元，债券基金 50 万元。王先生听了理财讲座后，觉得也需要对他自己的家庭做一份现金规划，请你协助王先生制定一份现金规划方案。

第一步，明确家庭现金规划的意义。

现金规划是家庭理财规划的首要环节。建立家庭备用金是现代社会家庭成员正常生活的基础，可以避免因家庭成员失业、收入暂时中断、意外疾病事故或其他突发事件对家庭正常生活的冲击，保障家庭成员安心地工作和生活。家庭现金储备一般为家庭月度正常开支的 3～6 倍。

第二步，确定王先生家庭的现金及其等价物的额度。

王先生家庭的现金及其等价物包括有 10 万元的活期，20 万元的一年定期，三年定期 20 万元，总计有现金资产 50 万元。

第三步，确定王先生家庭的月度正常支出。

案例中可以看出，王先生家庭的月度正常开支为 10 000 元。

第四步，计算家庭的流动性比率，确定家庭正常的现金额度。

王先生家庭的流动性比率为：

流动性比率＝流动资产/每月开支＝50 万/1 万＝50 倍

家庭合理的流动性比率为 3～6 倍，王先生家庭的流动性比率为 50，远远高于正常值。说明家持有的现金类资产过多，资金的效率低下。

第五步，制定现金规划方案。

考虑到王先生家庭有自己的生意，日常开支的波动范围较大，建议王先生家庭的流动性比率保持在 10 倍。王先生家庭应该持有现金类资产的额度为 10 万元。具体做法是：王先生 10 万元的活期，其中 1 万元还以活期存款的形式持有（也可以考虑活期宝、余额宝），购买 9 万元的货币市场基金，另外在办一张信用额度为 10 万元的信用卡，以备应急之需。等20万元一年定期和20万元的三年定期到期后，根据家庭的理财目标，进行合理的投资。

现金类资产	收益率（%）	规划前	收益（元）	规划后	收益
活期	0.35	10万元	350	1万元	35
货币市场基金	4.5（预期）	0	0	9万元	4 050
一年定期	3	20万元	6 000	暂时保留，到期后处理	
三年定期	3.75	20万元	7 500	暂时保留，到期后处理	
收益对比			350		4 085

王先生家庭的10万元活期，规划前，每年能产生350元的利息，同样数额的现金资产，规划后能产生4 085元的收益，收益是规划前的4 085/350＝11.67倍，收益增加了1 167%。这样，既能满足王先生家庭的日常需求，又能产生很好的收益。

看来“你不理财，财不理你”，这句话是真的！

心得体会

练一练：

请为你自己（你的家庭）做一份现金规划方案。

本章小结

现金规划是为了满足短期资金的需求，家庭对日常持有的现金及现金等价物和短期融资活动进行的管理活动。良好的现金规划既可以使家庭的资产具有一定的流动性，满足家庭支付日常费用的需要，还能使流动性较强的资产保持一定的收益。

流动性比率是衡量家庭现金持有量是否合理的指标。一般家庭的流动性比率在3～6倍。

现金规划中所指的现金等价物是指流动性比较强的活期储蓄、各类银行存款、货币市场基金、互联网金融创新型的产品如余额宝、活期宝等。现金规划的融资性工具包括信用卡、短期商业贷款、存单质押贷款、保单质押贷款、典当融资等。

现金规划的流程包括明确家庭的月度开支，确定家庭的流动性比率，确定现金持有额度，选择现金规划工具，出具具体的操作方案。

切记这部分钱是满足家庭短期需求的，不可挪作高收益高风险投资，一定要重视资金的流动性。

思考与练习

1. 家庭为什么要做现金规划？家庭持有现金类资产的动机有哪些？

2. 家庭现金规划的一般性工具有哪些？

3. 你喜欢使用活期宝、余额宝，还是货币市场基金、银行存款作为现金规划工具？为什么？

4. 常用的现金规划的融资性工具有哪些？你喜欢哪一个？为什么？

实训设计

刘科长今年40岁，国家公务员，理财上很保守。刘科长家庭月收入为8 000元，月度正常开支为5 000元。家庭持有的资产包括活期2万元，一年定存5万元，三年定存5万元，货币市场基金5万元，余额宝3 000元，股票型基金8万元，股票12万元。请你给刘科长家庭做一份现金规划方案，并为其演示规划前后的利益对比效果。

第五章　消费规划

学习目标

知识点：

- 了解冲动消费与理性消费
- 掌握结余比率
- 理解住房负担比、财务负担比
- 掌握等额本金还款法、等额本息还款法

能力点：

- 会计算家庭的结余比率
- 能计算家庭的住房负担比、财务负担比
- 能说出等额本金还款法的优劣
- 能说出等额本息还款法的优劣

导言

历览前贤国与家，成由勤俭破由奢。——李商隐

奢侈会破坏人们的心灵纯质，因为不幸的是，你获得愈多，就愈贪婪，而且确实总感到不能满足自己。——安格尔

不念居安思危，戒奢以俭；斯以伐根而求木茂，塞源而欲流长也。——魏徵

自古至今，古今中外，无数事例告诉我们，勤俭节约是美德，奢侈浪费是恶行。居家理财也是一样。勤是让家庭开源，增加收入，俭是让家庭节约，理性消费，杜绝浪费。

第一节　理性消费与财富积累

阅读材料

勤与俭

在中原的伏牛山下，住着一个叫吴成的农民，他一生勤俭持家，日子过得无忧无虑，十分美满。相传他临终前，曾把一块写有“勤俭”两字的横匾交给两个儿子，告诫他们说：“你们要想一辈子不受饥挨饿，就一定要照这两个字去做。”

兄弟俩分家时，将匾一锯两半，老大分得了一个“勤”字，老二分得一个“俭”字。

老大把“勤”字恭恭敬敬高悬家中，每天“日出而作，日落而息”，年年五谷丰登。然而他的妻子却过日子大手大脚，孩子们常常将白白的馍馍吃了两口就扔掉，久而久之，家里就没有一点余粮。老二自从分得半块匾后，也把“俭”字当作“神谕”供放中堂，却把“勤”字忘到九霄云外。他疏于农事，又不肯精耕细作，每年所收获的粮食就不多。尽管一家几口节衣缩食、省吃俭用，毕竟也是难以持久。有一年遇上大旱，老大、老二家中都早已是空空如也。他俩情急之下扯下字匾，将“勤”、“俭”二字扔在地上。这时候，突然有纸条从窗外飞进屋内，兄弟俩连忙拾起一看，上面写道：“只勤不俭，好比端个没底的碗，总也盛不满！”“只俭不勤，坐吃山空，一定要受穷挨饿！”兄弟俩恍然大悟，“勤”、“俭”两字原来不能分家。吸取教训以后，他俩将“勤俭持家”四个字贴在自家门上，提醒自己，告诫妻室儿女，身体力行，此后日子过得一天比一天好。

心得体会

消费规划，说得通俗一些，大到个人购房置地，小到吃饭穿衣，一切与花钱消费有关的事项都可以归入消费规划的范围；从专业的角度看，消费规划是对个人、家庭的消费资源进行合理的、科学的、系统的管理，使个人、家庭在整个生活过程中保持消费资源的财务收支平衡，最终达到平衡家庭即期消费和未来消费的过程。

一、消费支出规划

消费支出规划主要是基于一定的财务资源下，对家庭消费水平和消费结构进行规划，以达到适度消费、稳步提高生活质量的目标。

家庭消费支出规划能帮助家庭合理安排消费资金，树立正确的消费观念，节省成本，保持稳健的财务状况。如果消费支出缺乏计划或者消费计划不得当，家庭很可能支付过高的消费成本，严重者甚至会导致家庭出现财务危机。

家庭消费支出包括住房支出、汽车消费支出、信用卡消费支出等内容。

影响家庭财富增长的重要原则是“开源、节流”，在家庭收入不能增加的情况下，如何做好消费支出规划对一个家庭整个财务状况具有重要的影响。

消费者在外界因素促发下，进行的事先没有计划或者意识的购买行为，就是冲动消费。比如，家庭成员到超市购物，原本就没有购买酒品的计划，但突然发现超市有红酒促销，价格只有平时的一半，于是就购买了两瓶。这就属于冲动消费。大减价的促销活动很容易造成冲动消费。

冲动型消费有以下几个显著的特征：

➢ 多为非必要性消费，而非购买当日之需；
➢ 多为外部消费环境所激发，而非取决于商品本身；
➢ 多为群体性消费，而非单独的消费行为；
➢ 多为情绪异动时的消费，而非常态下的消费。

“即便是理性的消费者，也有冲动的一面”，但无论如何，在理财实践中，抑制冲动消费是非常重要的。

阅读材料

抑制冲动消费的方法

下面这些技巧不会总能避免你花钱，但它们会从你的预算中消除大量不必要的支出。

1. 做好购买预算，在预算范围外的商品，绝不轻易购买。

2. 牢记你的目标和梦想，其次才是你的虚荣心和自我享受所需要的现金和信用卡。

3. 购买前，再考虑一下。数到十然后再考虑一下你是否购买。想想你的理财目标，问问你自己这次购买是否真的契合它。

4. 不带信用卡或者带够刚好需要的现金。如果你手中有钱或者钱包里有信用卡，你会比身上没带钱或信用卡时更容易买东西。

5. 避开容易花钱的处境。充满着各种促销宣传的环境，非常容易诱导你把兜里的钱放进商家的口袋。

6. 与节俭的人在一起。近朱者赤，近墨者黑。理财也是这样。

7. 记录你的开支。每周或每月，看看你花掉的每一分钱，数数哪些是不必要的。想想如果这些钱用来投资会怎么样。

8. 我现在真的需要这个东西吗？无论何时你再评估一下，购买的欲望可能就消失了。

9. 建立一个“等待期”。在看完上面几点后如果你仍然准备买，那么在买之前等待一段时间。在作出购买决定之前给你自己 24 小时。走出商店，回家，睡一觉。如果第二天你仍然认为这次购买时值得的，那么去买下它。

讨论：你有没有冲动消费的经历？请给朋友们讲一讲。

二、理性消费——财富积累的重要保证

理性消费是消费者不依赖任何惯性或心理上的因素，不形成攀比消费等盲目行为，而是根据自己的知识和经验做出合理的购买决策，其消费水平与家庭收入情况相适应。

该买的买，不该买的坚决不买，这是理性消费的核心。如果一件商品只在购买时候有欲望，购买后却没有实际使用价值，或使用价值极低，就不是理性消费。

理财无非就是“开源、节流、护本”。理性消费就是节流，就是控制家庭开支，让家庭财富得到积累。做到理性消费，只需要在购买物前做到以下几点：

第一，做好家庭支出预算。一般来说，预算是在家庭成员冷静思考之后做出的，而且做出预算到实际购买有一段时间，家庭成员可以充分考虑预算的合理性。

第二，实际用到的买，实际用不到的杜绝购买。所以在购买商品的时候要认真思考一下，这件物品对自己来说有没有用，值不值得购买。

第三，控制好自己的情绪，杜绝情绪化消费。很多人有这样的感受，当情绪糟糕时，也是人最不理性的时候，许多人会用购物的欲望和行动来满足自己的情绪，这当然是不对的。

第四，出门只带少量现金，杜绝银行卡消费。这个是最直接的办法，对于容易冲动消费的人来说，尤其如此。

第五，家庭成员要养成定期储蓄、杜绝“月光”的好习惯。领到工资后，把当月的储蓄留下，剩下的钱用来消费，即把每月定额储蓄当作理财的任务。理性消费的意识和习惯是需要养成的。

讨论：在理财中有两个等式：(1) 消费＝收入－储蓄，该等式反映了富人的理财相关；(2) 储蓄＝收入－消费，该等式反映了穷人的消费模式。你是如何理解这两个等式的？

三、理性消费的标准——结余比率

在家庭理财中，有一个重要的、衡量家庭节约意识的财务指标——结余比率。

结余比率＝年结余/年税后收入，该比率反映家庭通过结余提升净资产的能力。一般情况下，家庭的节约比率在30%～40%较为合理。

该比率可以通过户家庭的收入支出表来计算。具体计算方法见第二章的相关内容。

心得体会

第二节　购车规划

汽车是现代文明的标志。汽车已经进入家庭，给人们的生活带来了便利。

一、汽车的效益

拥有一辆属于自己的汽车，已经不是什么奢望的事情。拥有自己的私家车，能给家庭带来哪些效益呢?

- 扩大生活半径。
- 提升出行效率。
- 出行更舒适。
- 在朋友面前有面子。
- 办事效率提升。
- 使生活更有品位。
- ……

二、汽车的使用成本

汽车为家庭带来消费效用的同时，家庭也需要为拥有汽车支付相应的费用，以拥有一辆 10 万元的汽车为例，看看家庭需要为汽车支付的年成本是多少（20 000 千米）。

- 汽车保险（交强险、30 万三责险、车损险）合计约 3 900 元。
- 车船税 300 元。
- 汽油费 12 000 元。
- 保养费用 3 000 元。
- 过路费 3 000 元。
- 违章罚款等 500 元。

看看拥有一辆汽车的年成本是多少吧，粗略计算一下，一辆汽车一年的费用大约为 22 800 元。且慢，这还不是拥有汽车的全部成本，如果算上折旧（年折旧 10 000 元），购车 10 万元资金的机会成本的话，10 万元资金一年的机会成本保守估计应该在 4 000 元左右，拥有一辆 10 万元家庭轿车的年成本为 36 800 元。

以 36 800 元/年的成本，换来拥有家庭轿车为你带来的快捷、便利、舒适、体面等，你觉得性价比如何？毕竟家庭汽车是一件昂贵的消费品，而且它会一直“要吃、要喝、要保健、要美容……”

购车之后每年将有一笔不小的现金流出。如果家庭没有充足的收入来源，这笔现金流会给家庭带来沉重的财务压力。

讨论：汽车已经进入家庭。根据汽车的年成本和汽车为家庭带来的效用，你认为什么样的家庭可以购买汽车？为什么？

三、制定购车规划方案

日益高涨的物价和生活开销占据了人们不小的费用，这让一些迫切想买车的家庭很是头疼。如果家庭全款买车有一定难度的话，不妨考虑一下通过车贷方式进行购车，毕竟车贷使每个家庭的购车更加轻松，尤其是对于刚刚参加工作的单身汉、刚刚组成家庭的小夫妻来说。

汽车是家庭的大件消费品，所以，第一，在购车前，家庭成员一定要认真讨论，做好详细的财务预算，讨论的切入点一般可以是：家庭决定拿出多少银子买车；每月拿出多少钱养车；汽车贷款的月偿还额是多少等。（按照美国的消费习惯，一般月偿还贷款占家庭收入 30%以下，是属于不影响现有生活质量的提前消费方式。）在我国，一般常见车型的月均养车费用如表 5—1 所示。

表 5—1

车辆价格（元）	代表车型	月均花费（元）
3 万～15 万	奥拓、赛欧、东风风神、polo 、捷达	1 000～1 500
15 万～35 万	帕萨特、本田雅阁、别克君威	2 500～3 500
35 万～80 万	奥迪、宝马、奔驰	4 000～8 000

第二，还要了解一些汽车市场的形势。汽车是消费品，价格走势永远是下滑曲线，选择一个合理的节点进行购买是非常必要的。

第三，选择几款和你要付出的资金相接近的产品进行比较。最好是列出表格，写在纸上，比较的内容主要有：

- 安全性；
- 舒适性；
- 外观；
- 经济性；
- 两厢还是三厢；
- 内饰；
- 配置；
- 售后服务。

第四，试乘试驾与服务体验。确定了几款车型之后，试乘试驾与服务体验是非常关键的一步，主要体验驾驶的操控性、加速性能、空间大小、静音性能等。

第五，确定购买时机和付款方式。有许多朋友喜欢全款购车，购车前东拼西凑，甚至把家里的紧急备用金都用上了。其实，充分利用汽车贷款，选择合适的还款方式，是经济、合理的理财行为。

下面以 GMAC 车贷（上海通用汽车金融）为例，说明购车融资方案。

GMAC 共提供 5050 金融方案、等额本息金融方案和年轻人计划金融方案共 3 种金融购车方案。

5050 金融方案

5050 金融方案需要支付 50%的首付，贷款期限为 12 个月，申请人拥有至少三个月或以上的良好信用记录，并且提供自有的房产或担保人的房产证明即可。

航天圆通　美亚　新凯　天马　宝龙　威旺

比亚迪　北京汽车　北汽制造　宝骏　长城　长安轿车

长安　长安商用车　长丰　江西昌河　川汽野马　东风

东风风神　大发　帝豪　东南　大迪　福田

汽车价格	首付比例	贷款期限	贷款利率	月供
81 800 元	50%	12 个月	5.40%	3 509 元

等额本息金融方案

这项金融方案提供多种贷款组合，而首付最低可降至 20%，不过客户利率为 4.53%。不同的首付比例，客户的利率浮动变化也比较明显，45%的首付比例客户可享受最低 0.89%的利率优惠，贷款期限最长为 48 期。同样，等额本息金融方案需要提供购买人自有房产或担保人的房产证明。

首付比例（%）	20	25	30	35	40	45
贷款利率（%）	4.53	4.00	3.39	2.69	1.86	0.89

这项方案最长可达 48 期的贷款期限，极大地降低了消费者的购车压力，如果年轻人前期资金较为充裕的话，只需要支付首付的 45%，即可享受最低 0.89%的利率优惠，平均下来的月供费用非常之低。

年轻人计划金融方案

从方案名称上看显然就是为年轻人准备而来的。确实，这项金融方案的购车门槛较前两项低一些，无须提供房产和担保为购买者提供了相当具有诱惑的条件。同样提供了多种贷款组合，首付最低需要支付 30%，客户利率为 6.36%。贷款期限为 36 个月，最低利率优惠同样为 0.89%。申请人需要提供最近六个月或以上的良好信用记录。

超低的首付比例为前期资金不宽裕的消费者缓解了很大压力，并且申请的条件也最轻松。

招行贷款利率零利率、零手续费，真正做到无忧虑贷款

除了GMAC金融车贷，招商银行也推出了招商金融贷款计划，又称为招商银行车购易，覆盖了全国38个省会及重要城市。首付低至30%，并且12期分期业务可享受零手续费和零利率的优惠，可以真正做到无忧无虑贷款，优惠力度十分大。

资料来源：http：//product. xgo. com. cn。

心得体会

请谈谈你对家庭贷款购车的观点。

____

____

____

第三节　住房规划

一、家庭住房规划的重要性

现如今，越来越多的家庭通过住房贷款购买了房子。相应地，住房支出在家庭消费支出结构中所占的比重越来越高。合理规划住房支出，节约购房成本，减轻房贷压力，成为人们越来越关心的问题。住房规划就是对家庭购房支出进行合理安排，避免家庭背上沉重的房贷负担或导致家庭整体生活质量的下降，防止家庭成员因为购房而沦为“房奴”，防范家庭产生债务危机，从而影响家庭理财目标的实现。

二、家庭住房消费与住房投资

根据购房的目的不同，住房支出可分为住房消费和住房投资两类。

住房消费是指居民为取得住房提供的庇护、休息、娱乐和生活空间的服务而进行的消费，这种消费的实现形式可以是租房也可以是买房。按照国际惯例，住房消费价格常常是用租金价格来衡量的（对于自有住房的则用隐含租金来衡量）。

住房投资是指将住房看成投资工具，通过住房价格上升来应对通货膨胀、获得投资收益以希望资产保值或增值。也有一些家庭是在投资于住房的同时也消费着所投资的住房，在购买住房时消费目的和投资目的并存。

三、购房 PK 租房

对于住房消费的家庭来说，该种消费形式可以是租房也可以是买房。究竟是买房还是租房，对于家庭来说可是个大问题。

住房消费怎样更划算？关键是要算清楚购房与租房的经济账。一般来说，初入职场的年轻人，特别是刚毕业的大学生选择租房比较划算；工作流动性较大的人群，在工作尚未稳定的时候适合租房；收入不稳定的人群，购房后的还贷压力较大，也适合租房；对准备结婚的新人来说，租房也是不错的选择。

很多人都在为买房子的事烦恼，如果能换一种心态，改买为租，可能所有的负担就会烟消云散。

适合购房的家庭包括：收入稳定、经济实力雄厚的家庭；置业升级愿望强劲的家庭，可以卖掉旧房买新房，满足对生活品位追求的家庭。

阅读材料

租房与买房的经济账

假设面积为100平方米的两居室房产价值60万元，首付三成，每个月有自由支配的闲钱4 000元。

一、买房：10年花77万多元拥有一套房

向开发商买房，首付三成需18万元，贷款42万元，10年还清。贷款利率为6%，月供4 662.86元，10年本息共计还款55.954 3万元（其中，贷款本金42万元，利息13.954 3万元）。此外，购房需缴纳1 000元的手续费、0.5‰的印花税、1.5%的契税和3%的物业维修基金、评估费（购房总价0.2%）、保险费（购房总价乘以贷款年限乘以0.1%乘以50%）、公证费（贷款额乘以0.03%）、抵押登记费100元等共计约3.47万元。

将购房费用累计起来，买这套房子的成本包括现金21.47万元（含首付18万元、税费3.47万元），再加上10年还款55.954 3万元，一共花了77.424 3万元，即10年后，用77.424 3万元拥有了一套属于自己的、100平方米的房子。

二、租房：10年后纯收入69.87万元

假设用同样的钱租一套房，为便于计算，将租房人手上的21.47万元用作储蓄，并将每月4 662.86元钱拆开。假设月租金1 200元，剩下的3 462.86元仍然用作储蓄。

其中，21.47万元存10年，按目前固定存款利率5%计算，10年后总额34.2万元（其中本金21.47万元，利息12.74万元）。此外，每月3 452.86元仍按银行存款（3%）计算，10年后总额约为48.4万元（其中本金41.4万元，利息7万元）。

将上述资金相加，即是租房者10年后拥有的资金总额48.4+21.47=69.87（万元）。

在这个例子中，买房与租房的区别在于：投入同样的资金，10年后购房者拥有了一套100平方米的住房，租房者则手握69.87万元的资金。购房与租房哪个划算，要比较的是这套当年价值60万元的房子是否增值至69.87万元。10年中，房价只有上涨16%，购房者与租房者战成平局；如果房价涨幅小于16%，则买房者不划算；如果房价下跌，买房者亏得更多。

讨论：你将来成家的时候，是购房还是租房？请谈谈你的观点。

四、家庭购房应注意的问题

家庭应该根据自己的实际情况，确定购房目标，即何时购房，购买多大面积的住房，购买价格为多少的房屋；采用何种房贷等。在考虑上述问题时，家庭要注意：

- 不必盲目求大，大房子，首付多，贷款多，物业费用多，采暖、空调费用高；
- 无须一次到位，房屋也会不断更新，看看二十年前的房子就知道了；
- 量力而行；房屋贷款占房屋总价的70%以下，房贷月供不超过家庭收入的30%；
- 要考虑住房环境，孩子小时离幼儿园、学校近，老时离公园近、离医院近等。

五、购房的财务决策

(一) 衡量家庭购房能力的财务指标

在购房前，家庭成员首先要了解自己家庭的财务状况。住房的购买能力可以用以下几个常用指标来衡量：

- 可负担首付款。

可负担首付款＝目前净资产在未来购房时的终值＋
目前到未来这段时间内年收入在未来购房时的终值×
年收入中可负担首付比例的上限

- 可负担房贷。

可负担房贷＝以未来购房时年收入为年金的年金现值×
年收入中可负担贷款的比率上限

- 可负担房屋总价。

可负担房屋总价＝可负担首付款＋可负担房贷

- 购房负担比。

$$购房负担比=\frac{房屋月供款}{月税后总收入}$$

房屋月供款占借款人税后月总收入的比率，一般不应超过25%到30%。

- 财务负担比。

$$财务负担比=\frac{年偿债支出}{年税后总收入}$$

家庭的财务负担比一般应控制在40%以下。

(二) 贷款方式选择

目前我国住房消费信贷主要有住房公积金贷款、商业性贷款以及组合贷款。

1. 个人住房公积金贷款

个人如果缴存了住房公积金，就可向公积金管理中心申请住房公积金贷款。但住房公积金贷款的贷款利率最低。住房公积金贷款的贷款期间不超过30年，贷款期间，遇到法定利率调整，公积金贷款利率也会做相应调整。

2. 个人住房商业性贷款

也叫住房按揭贷款，俗称“按揭”。未缴存住房公积金的人可以申请商业银行个人住房担保贷款，条件相对宽松，利率相对较高，期限最长不超过 30 年。各大银行都提供此类贷款，办理时，家庭成员需向申请银行详细了解。

3. 个人住房组合贷款

公积金贷款有最高限额的限制，如果购房款超过这个限额，不足部分要向银行申请住房商业性贷款。这两种贷款合起来称为组合贷款。

（三）还款方式的选择

现在银行提供的还款方式很多，有等额本息法、等额本金法等。

等额本金还款法是指在贷款期限内按月偿还贷款利息和本金，其中每月所还贷款的本金相等，每月还款利息不等。该还款方法前期还款多，后期还款少，适用于目前收入较高但预计将来收入会减少的人群，如退休前人员，或还款初期还款能力较强，并希望在还款初期归还较大款项来减少利息支出的借款人。

等额本息还款法是指在贷款期限内每月以相等的金额平均偿还贷款本金和利息的还款方法。这是最常见的一种还款方式，还款操作相对简单，等额支付月供也方便贷款人合理安排每月收支，适合收入稳定的家庭，如公务员、教师等。

典型案例

张先生购买了一套总价 50 万元的新房，首付 20 万元，贷款 30 万元，利率为 8%，期限为 30 年。

（1）如果采用等额本息方式，每月还款额为多少？第一个月所还本金为多少？第一个月所还利息为多少？一共还多少本金？一共还多少利息？

（2）如果采用等额本金法，第一个月还多少本金？第一个月还多少利息？一共还多少本金？一共还多少利息？

具体的计算方法有以下几种：使用专业的理财计算器、利用年金系数表、使用 Excel 软件、利用互联网等。

等额本息还款法

利用 Excel 软件，输入相关信息，可以求出每期还款金额为：PMT＝2 149.29

首月所还利息＝300 000×6%÷12
＝1 500(元)

首月所还本金＝2 149.29－1 500
＝649.29(元)

一共还的本金＝300 000(元)

一共还的利息
＝2 149.29×240－300 000
＝762 464－30 000
＝215 829(元)

等额本金还款法

贷款本金为 300 000 元，还款期数为 20×12＝240（期）

每期还款本金＝300 000/240＝1 250(元)

首月偿还利息＝300 000×6%÷12
＝1 500(元)

末月所还利息＝1 250×6%÷12
＝6.25(元)

首月所还本息＝1 250＋2 000＝3 250(元)

一共还的本金＝300 000(元)

一共还的利息＝(1 500＋6.25)×240÷2
＝180 754(元)

通过对比可以看出，等额本息还款法每月还款额度都相等，全部还款后所偿还的利息较多，等额本金还款法前期还款压力较大，后期还款压力逐渐减轻，全部还款后所偿还的利息较少。两种还款方式的具体对比可以参考图 5—1 和图 5—2。

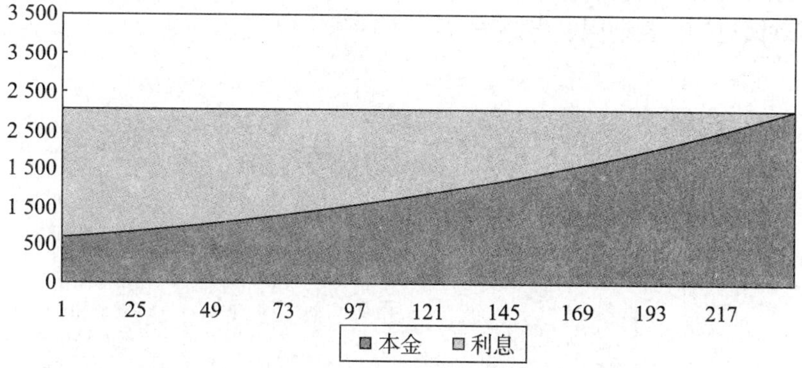

图 5—1 货款 30 万元、20 年期，等额本息还款法中本金、利息变化图

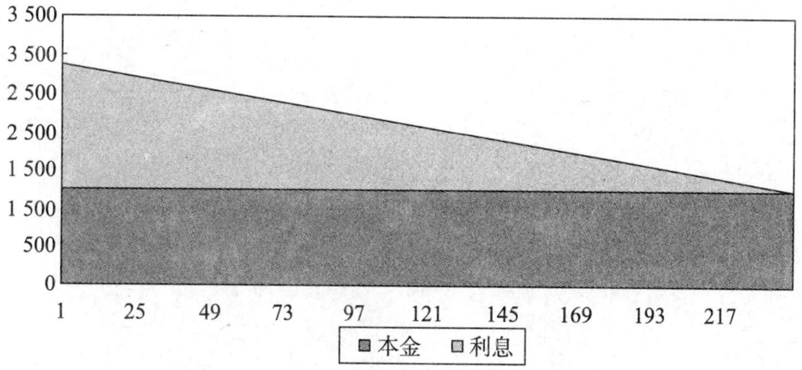

图 5—2 货款 30 万元、20 年期，等额本金还款法中本金、利息变化图

讨论：请你谈一谈等额本金还款法和等额本息还款法的优势和劣势。

本章小结

开源节流是理财的核心，家庭消费规划就是节流，结余比率是衡量节流能力的财务指标。每个人都可能冲动消费，要想达成家庭的理财目标，控制家庭成员的消费行为非常重要。在家庭购买汽车、房屋时，要用住房负担比、财务负担比等指标来分析家庭的购买压力和偿还能力。利用融资购买汽车、住房时，要精心计算，选择适合家庭具体情况的还款方式。等额本息、等额本金是两种常用的还款方式。

思考与练习

1. 消费规划对家庭的重要意义有哪些?
2. 冲动消费的表现有哪些? 如何避免冲动消费?
3. 分析家庭汽车的成本和效用，讨论家庭应该购车还是打车。

4. 解释住房负担比、财务负担比、等额本金还款法、等额本息还款法的含义。

实训设计

请根据你自己的情况和经济条件，制定一套可行的购车、购房计划，包括购车、购房的时间、贷款渠道、贷款期限、还款方式。

第六章　保险规划

学习目标

知识点：

- 理解保险规划
- 了解保险规划的内容
- 掌握保险产品条款

能力点：

- 能解释保险规划的基本原则
- 能运用保险条款
- 能针对不同客户资料进行保险规划

导言

有一座华丽的宅邸，住着个大富翁，他吃的是山珍海味，穿的是绫罗绸缎。可是，他并不开心，每天晚上总是做噩梦，因为他担心万一他的财产失去了，他就会过穷人的生活。一天早晨起来，他听见土地公公在唱歌，他就把他的苦恼对土地公公说了，土地公公说："这样，你把你的金子分一袋给我，我保证在你生病或遇到其他风险事故时给你五袋金子，在你老了的时候，每月都给你半袋金子。"富翁同意了。从此，他再也不做噩梦了——财富重要，让财富安宁更重要！

请讨论："土地公公"提出的承诺，其实质是什么？如果你是富翁，你会同意"土地公公"的提议吗？

第一节　保险——家庭理财中的"备胎"

一、家庭保险规划的重要性

近十几年来，随着社会经济、文化的发展，人们在进行家庭理财的过程中，保险在家庭理财中占据的份额逐步攀升。伴随着"酸雨"、"雾霾"、"三聚氰胺"、"癌症村"、"飞机失联"等与环境污染、水污染、食品安全、意外事件等有关的新词汇、新事件的出现，越来越多的普通百姓的风险意识开始觉醒。

保险既可作管理风险的有效手段，又能成为理财工具，因此，借助保险对家庭风险进行管理成为家庭理财中不可缺少的重要内容。那么，什么是保险？它与家庭理财又有什么关系呢？

二、保险

保险是指投保人根据合同约定，向保险人支付保险费，保险人对于合同约定的可能发生的事故因其发生所造成的财产损失承担赔偿保险金责任。通常情况下，保险用于补偿被保险人因自然灾害或意外事故所造成的损失，或者是当个人因死亡、伤残、疾病或者达到合同约定的年龄期限时，由保险公司承担给付保险金责任的一种商业行为。

有一句俗语：天有不测风云，人有旦夕祸福。人的一生不可避免地面临着“生、老、病、死、残”的风险。生即是生活风险，就要“吃、穿、住、行”，就需要生活费用，否则就会陷入困境之中；老即是长寿风险，长寿虽好，但如果退休后无稳定的收入来源，那么长寿也会成为一种负担；病即是医疗费用风险，如今高昂的医疗费用很容易让人“一病回到解放前”；死即是早亡的风险，家庭支柱若发生早亡，家庭收入就会中断或减少，其余成员的生活可能无以为继；残就是意外伤残的风险，让人承受精神和金钱上的双重打击。

任何一种风险的发生都是不幸的，但保险能在家庭遭遇不幸时为其他成员带来安慰和帮助，减少损失。因此，保险规划是家庭理财中的一个重要内容。

三、保险理财

按照家庭理财风险管理优于追求收益的基本原则，家庭理财方案中有三个基本的部分：消费理财、保障理财和投资理财。这三个基本部分使个人理财的结构呈“金字塔”状，如图 6—1 所示。消费体现了人们的最基本的理财需求，处于底层；保障是次于消费理财的理财需求，处于中间层；投资是满足人们的最高理财需求，处于顶层。

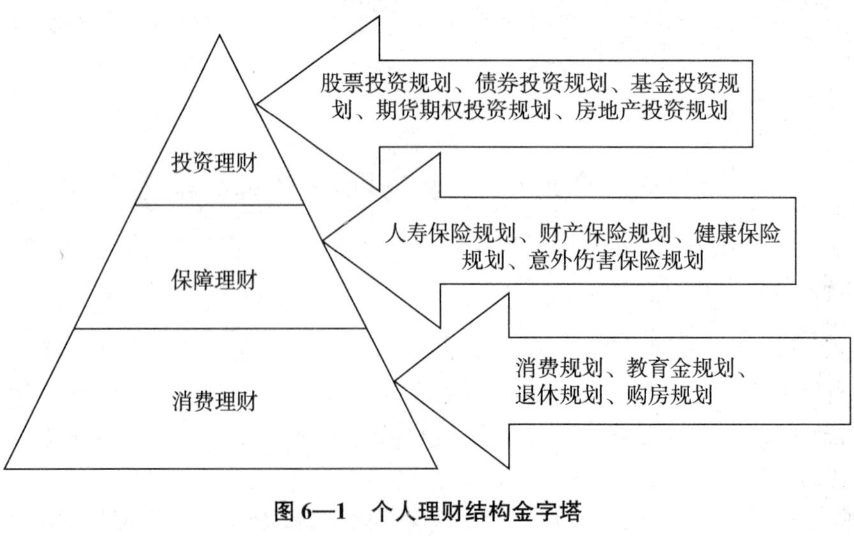

图 6—1　个人理财结构金字塔

保险理财规划是个人理财不可缺少的重要组成部分，处于家庭理财结构中的第二层，对人们起到护财的作用，使财务和人身获得保障。

阅读材料

安然创始人借保单避债

安然公司曾是一家位于美国得克萨斯州休斯敦市的能源类公司。2001 年宣告破产前，安然拥有 21 000 名雇员，是世界上最大的电力、天然气以及电讯公司之一。2000 年，其营业额披露为 1 010 亿美元。公司连续六年被《财富》杂志评选为“美国最具创新精神的公司”，然而，真正使安然公司在全世界声名大噪的，却是这个拥有上千亿资产的公司 2002 年在几周内破产，持续多年精心策划，乃至制度化系统化的造假丑闻。安然欧洲分公司于 2001 年 11 月 30 日申请破产，美国本部于 2 日后同样申请破产保护。

安然有限公司创始人肯尼斯莱为自己留足了后路。据报告显示，2000 年他花费 400 万美元购买了多种类型的年金保险。肯尼斯莱夫妇 2007 年起每年可以领取保险公司支付的年金约 90 万美元。由于国家规定特定人寿保险金和年金给付受到法律保护，所以，即便肯尼斯莱夫妇宣布破产，债权人也无权要求用这笔巨额年金来抵缴债务。通过合理的保险规划，即使投资失败，宣告破产，他们仍然能够生活无忧。

请讨论：对于肯尼斯莱夫妇来说，保险规划的基本意义是什么?

阅读材料

没买保险的明星

◆ 柯受良：工作危险无人承保，家人遭受经济困局

柯受良没买保险，而且柯受良性格豪爽，不善理财，因此他收入虽多，却没什么积蓄。而且，柯受良从事高危险的特技活动，鲜少有保险公司愿意承保。就算有保险公司愿意承保，保险金也是偏高，所以他一直没有保险。再加上他在北京的投资入不敷出，柯受良几乎没有积蓄。现在，柯受良的两个孩子正在就学，柯受良死后其家人的经济就出现了问题。

◆ 侯耀文：生前没买过保险，突然去世，300 万元的贷款谁来还?

侯耀文去世之后，有关他的遗产分配问题一直是外界关注的焦点。当谈到遗产问题，杨全明透露说：在玫瑰园守灵的时候，他确实听到侯耀华谈过遗产问题。他说家中的遗产主要是玫瑰园的别墅。这栋别墅以 700 万元买入，现在按市场价能值 1 300 万元左右。可有两个问题：第一，到目前为止，这栋别墅仍然欠着 300 万元的款项没付，这 300 万元谁来付？谁又有能力付？即使有人有能力付清，玫瑰园别墅的物管费极高，按侯耀文这栋别墅的面积，一个月仅物管费就要 1 万元，谁又付得起？第二，如果没有人有能力还清债务，物业马上会来封门，到时法院就会将别墅卖出抵债。

购买保险的明星

◆ 张国荣：张国荣逝世，美国友邦保险公司批出超过 3 000 万元的赔偿

据了解，张国荣早在10多年前通过AIA区域总监连炎辉买入保险，先后涉及4张保单，其中一张保单的最高赔偿额约高达780万港元。有消息指，人寿赔偿已在日前批出，金额总值在3 000万元至4 200万元，当中仍未计算张国荣可能向其他公司购入的保单。

◆ 梅艳芳：保险帮其过难关

患上绝症，梅艳芳的医疗费用十分昂贵，虽说她名下有跑马地山村道利华阁、快活阁、毓秀大厦，以及寿山村道恒安阁复式单位等4间房产，总价达3 180万港币。但因为梅艳芳每月承担的医疗费高达5万港元，并且还需要长期治疗，她肩上的担子并不轻松。

好在梅艳芳未雨绸缪，曾买过多份人寿保险。其中一份经由上山诗钠购买的保险，保额更是高达200万美元，而其多年前和张国荣托连炎辉购买的保险也超过了千万元。

资料来源：和讯网，2009-06-02。

阅读材料

南京富人百万买保险为避税　天价保险缴150万元起

李先生经营着一家贸易公司，在商场上打拼得越久，他越觉得风险难料。前不久，他听说市场上有一种年缴上百万的保险产品，不仅有保障功能，能获得分红，而且有保全资产的功能。李先生对此很感兴趣。

做生意就是“人在江湖”

经商多年，经历了起起伏伏，事业也曾有过低谷，如今公司已经发展成一家中型企业，运营也十分稳定。

经历了2008年的金融危机，李先生经意识到有些风险是不可控的。

从那时起，李先生开始关注保险。“我一开始是买的投资类的保险，我想把我的钱做点其他配置，能保障又有收益，后来听说有保费很高的保险，保本的，而且以后如果我不在了，我的孩子也能继承，不需要缴遗产税。”李先生说，更重要的是，一旦公司运营出现了问题，保单仍然很安全，不会被抵债。“可以说，给我儿子提供了一个保障。”

天价保险缴150万元起

事实上，由于一单保费很高，各家保险公司一直都热衷于推出高端保险。中国人寿推出的一份高额保险计划5年缴费最低150万元，且上不封顶。中国平安、中德安联等险企也在今年推出了高端险产品。

中国平安一位资深人士告诉记者，这种高端保险产品以分红险为主，一单一两百万元的情况也挺多。他说：“从最近的情况来看，接受这种保险的人群比例虽然很小，但正在提高。”从销售情况看，购买高端保险的人群主要为私营企业主和企业高管。“普通百姓买保险注重的是保障，富人则更强调资产保全和转移，而大额保险产品就有这样的功能。”

破产了还有保单在

李先生最看重保险能规避遗产税这个优势。新华保险一工作人员介绍，虽然我国还未开征遗产税，但早有传言，且国外遗产税税率高达40%，因此不少富人认为数十年后不知道会不会开征。“有些人为了尽量多地把资产都留给孩子，就会选择买保险。”

中国平安的上述资深人士还告诉记者，除了能规避目前还没成形的遗产税，很多富人还看重保险的“特权”，“如果你的企业破产了，有负债，那么所有的资产都要抵债，唯有保险是绝对保险的，保单是不会被拿来抵债的。”不仅如此，保单还能抵押贷款，拥有融资功能。不过，根据2004年最高人民法院发布的《关于人民法院民事执行中查封、扣押、冻结财产的规定》，不能冻结查封的8项财产中，并不包括保险资产。这意味着，保险产品虽可以避债，但遇到冻结查封时，也不能幸免。

资料来源：新浪财经，2010-08-25。

阅读材料

泰国国王的失业保险

曾任泰国国王的帕拉贾德希波克一生中最值得称道的事情之一，就是他在地位声望达到巅峰的时候，对自己命运的清醒预测。1925年，帕拉贾德希波克登基，当上了泰国国王。执政之后，政绩平平，无所建树，他终日担心害怕有朝一日被政敌废黜，成为一个一贫如洗的贫民。

为防不测，他同时向英国和法国的两家保险公司投保失业保险，那两家保险公司虽然都从未办理过以国王作为被保险人的失业保险，但谁也不愿意错过这一扩大公司影响的机会，欣然接受了投保，开出了保险金额可观的保险单。事实的发展证明了帕拉贾德希波克并非杞人忧天，1935年他被迫放弃了王位。

成为平民的前国王虽不能再享受一国之君的荣华富贵，但也无穷困潦倒之虞，靠着两家保险公司为他支付的丰厚的失业保险金，他安然度过了退位后的6年余生。

资料来源：和讯网，2009-06-02。

心得体会

第二节　保险规划工具

一、人寿保险

（一）人寿保险

生与死是自然的生理过程，本是客观存在，但是自从人类文明产生，人们知道了生与死的区别后，就毫不犹豫地将死亡定为人类在生存方面的最大威胁。生命的降临伴随着血亲关系的建立，死亡的降临，自然就无法避免地给亲人带来难以弥补的伤痛。然而，亲人的逝去带来的是否只有精神上的损失？从客观的角度来说，死亡意味着劳动力的灭失，对一个家庭来说，如果死者是家中的有效劳动力，也就是能挣钱的人，那么其死亡带给家人的除了无法弥补的精神伤痛外，无疑还有财产的损失，甚至可能给家人带来继续生存的困难。认识到死亡的风险，人寿保险应运而生。

人寿保险是以被保险人的生命作为保险标的，以被保险人的生存或死亡为保险事故，当发生保险事故时，保险人对被保险人履行给付保险金责任的保险。最初的人寿保险仅指死亡保险，是为了保障由于不可预测的死亡所可能造成的经济负担。

随着社会的发展，人们更希望生存、长寿，生存和长寿所需要的不确定性支出成为新的人身风险，因此，人寿保险中引进了储蓄的成分，对在保险期满时仍然生存的人，保险公司也会给付约定的保险金，这就出现了生存保险以及将生存和死亡相结合的两全保险等。

（二）定期寿险

寿险是以被保险人死亡为保险金给付条件的死亡保险。按照保障时间的不同分为定期寿险和终身寿险。

定期寿险是指以在特定保险期间内死亡为保险金给付条件的人寿保险。特定的保险期间一般以特定的保单年度或是特定的年龄表示。只有被保险人在合同约定的特定期限内发生死亡事故，保险人才给付保险金；如果被保险人在保险期限届满时仍然生存，保险合同即行终止。

定期寿险保险期限较为灵活，长短皆可，如1年、5年、10年、20年或者到某年龄为止。定期寿险大多具备续保选择权，也就是说保险期满后，被保险人可通过续保选择权延长保险期限。由于定期寿险属于消费型保险，不具备储蓄因素，没有现金价值，因此保险费用较低。

由于定期寿险只提供某一特定期间的保险保障，保费低廉，因此适合收入较低但保障需求较高者，如包括家庭经济状况较差，子女较小需要抚养，自己又是支撑家庭经济的人；在特定期间内对被保险人生命具有合同上经济利益关系的人；短期内从事较为危险但急需保障的人；暂时失业者等。

讨论：除了上面所说的几种情况外，还有哪些人需要购买定期寿险?

（三）终身寿险

终身寿险是一种不定期的死亡保险，保险期间为被保险人终身，自合同生效日起，至被保险人死亡为止。由于人死亡的必然性，保险人最终必然要支付受益人保险金，因此终身寿险具有一定的储蓄性质。

由于终身寿险以被保险人死亡为保险金给付条件，因此被保险人死亡的必然性造成保险金给付的必然性。

既然终身寿险中保险人必定要承担给付保险金的责任，那么其合同必定具有储蓄性，也就是说，终身寿险保单具有现金价值，这就保证了保单持有人既可以中途退保领取退保金，也可以在保单的现金价值限额内进行贷款。

终身寿险的缴费方式包括趸缴和分期缴付，其中分期缴付又可以分为5年、10年、15年和20年等。

同定期寿险一样，终身寿险保险金通常也是由受益人领取，其主要目的是保障被保险人死亡后其受益人的基本生活状况，因此，终身寿险同样适用于家庭经济负担较重者。但是，具有储蓄性质的终身寿险保险费率相对高于定期寿险，因此，终身寿险更适用于中高收入阶层。

讨论：从寿险产品保障目的来看，30年定期寿险与终身寿险有何异同?

（四）两全保险

两全保险又称生死两全保险，即在保险期间内，无论被保险人生存或是死亡，保险人均给付保险金的一种人寿保险。由于被保险人不是在保险期限内死亡，就是生存至保险期届满，因此，与终身寿险相似，保险金的给付具有必然性。

两全保险具有责任全面，兼具保障与储蓄双重功效的特点。两全保险适合交费能力强，未来特定时期有确定资金需求（如养老、孩子教育等），资产保全的家庭。

（五）投资型人寿保险

投资型保险最早产生于1956年的荷兰，源自消费者希望自己的寿险保单也能够享有投资的机会，接着英国于1961年、美国于1976年、日本于1986年、中国大陆于1999年发行各自的第一张投资型保单，中国台湾则于2000年发行第一张投资型保单。

1. 投资型寿险

投资型寿险又叫创新型寿险，是指与投资挂钩，兼有投资和保障双重功能的保险，是保险人为适应新的保险需求，增加产品竞争力而开发的一系列新型的保险产品。除传统的保险账户外，它还为客户设置了投资账户，提供保障与投资双重服务。

与传统寿险只具有保障或储蓄的功能不同，投资型寿险兼具保障和投资两种功能。保单持有人的利益直接与投资回报率挂钩。保单持有人拥有获得所有投资利益的权利，当投资表现好时，保单持有人享有所有的回报；反之，当投资表现差时，保单持有人则要承担投资风险。

投资型保险的投资账户是单独设立的。保险公司将收取保费的部分或全部放入投资账户进行专业投资操作。一般而言，保险公司将投资账户分为稳健型、成长型和进取型等不同类型以供不同风险偏好的客户进行选择，不同的投资账户可以投放不同的投资工具。

投资型保险对投保人有更高的透明度。投保人在任何时候都可以通过电脑查询其保险单的保险成本、费用支出以及独立账户的资产价值，使投保人明明白白地消费，确保投保人的利益。

2. 投资型寿险的种类

（1）分红保险。

分红保险是指保险公司将其实际经营成果优于定价假设的盈余，按一定比例向保单持有人进行分配的人寿保险。分红保险既能为被保险人提供风险保障，又能使投保人分享保险公司经营成果，既有传统险种的保障功能，又有储蓄、分红功能，其优势较为明显。

（2）投资连结保险。

投资连结保险是一种将寿险与投资相结合的人寿保险，它包含保障功能并至少在一个投资账户拥有一定资产价值。人寿保险公司将客户缴纳的保险费分成保障和投资两个部分，设立保障账户和投资账户。投资账户划分为等额单位，单位价值由数量及投资账户中资产或资产组合的市场价值决定。投资资金通过投资专家投资运作，风险由保单持有人自行承担。

投资连结保险的投资账户是单独设立的。保险公司将收取保费的部分或全部放入投资账户进行专业投资操作。一般而言，保险公司将投资账户分为稳健型、成长型和进取型等不同类型以供不同风险偏好的客户进行选择，不同的投资账户可以投资不同的投资工具。投保人可以自由选择投资账户，投资风险完全由投保人承担。

(3) 万能险。

万能保险是一种缴费灵活、保险金额可调整、非约束性保险。保单持有人在交纳一定量的首期保费后，可以根据自己人生不同阶段的保障需求和财力状况，选择在任何时间支付任何金额的保险费，并且任意提高或降低死亡给付金额，只要保单积存的现金价值足够支付以后各期的成本和费用就可以了。

万能保险是风险保障与投资并存，介于分红险与投资连结险间的一种投资型寿险。所缴保费分成两部分：一部分用于保险保障，另一部分用于投资账户。设置保障和投资额度的主动权在投保人，投保人可根据不同需求进行调节；账户资金由保险公司代为投资理财，投资利益上不封顶、下设最低保障利率。

二、意外伤害保险

(一) 意外伤害保险

人身意外伤害保险是指当被保险人在合同有效期内因意外伤害导致的身故或残疾为保险金给付条件的保险。由于人身意外伤害保险承保的是意外伤害，那么，首先需要明确什么是意外伤害。

通常来说，意外伤害是指在被保险人没有预见或违背被保险人意愿的情况下，突然发生的外来致害物对被害人的身体明显、剧烈的侵害的客观事实。意外伤害包括"意外"和"伤害"两个构成要件。只有在意外条件下发生伤害，才构成意外伤害，两者缺一不可。

讨论：张先生步行回家途中，路边楼上广告牌突然掉落，将张先生头部砸伤。张先生此次受伤属于意外伤害事故吗?

(二) 意外伤害保险的保险责任

1. 意外伤害保险保障项目

死亡保障：被保险人因遭受意外伤害死亡时，保险人给付死亡保险金。

残疾保障：被保险人因遭受意外伤害残疾时，保险人给付残疾保险金。

医疗费用保障：被保险人因遭受意外伤害支出医疗费时，保险人给付医疗保险金。意外伤害医疗保险一般不单独承保，而是作为因意外伤害死亡或残疾的附加险承保。

停工保障：被保险人因遭受意外伤害丧失或暂时丧失劳动能力，不能工作时，保险人给付停工保障。

死亡和残疾是意外伤害保险的主要承保内容，是意外伤害保险的基本项目。医疗费用保障、停工保障，甚至包括丧葬费给付等属于意外伤害保险派生项目，一般不单独承保。

2. 意外伤害保险保险金给付

(1) 死亡保险金额的给付。

人身意外伤害保险中，死亡保险金的数额由合同规定，若被保险人在保险有效期内因发生保单规定的意外事故而死亡，保险人按照保险合同规定的数额如数向受益人给付保险金。

死亡保险金额给付要注意以下几点：

- 当保险人承担身故保险金给付责任后，保险责任即告终止。
- 如果在死亡给付保险金之前，已经给付过伤残保险金，则应当从死亡保险金中扣除已支付的伤残保险金。
- 如果被保险人因意外事故而被依法宣告失踪或死亡，保险人给付死亡保险金后，被保险人生还，则被保险人应当向保险人退还死亡保险金。

➢ 如果意外伤害保险中附加了医疗保险，则保险人在给付保险金时，应当分别计算医疗保险金与死亡或伤残保险金。

(2) 残疾保险金的给付。

残废保险金的数额由保险金额和残废程度两个因素确定。残废程度一般以百分率表示，残废保险金数额的计算公式是：

残废保险金=保险金额×残废程度百分率

人身意外伤害保险的保险金额是保险人给付保险金的最高限额，即保险人给付每一被保险人的死亡保险金和残疾保险金，累计以不超过该被保险人的保险金额为限。当一次意外伤害造成被保险人身体若干部分残疾时，保险人按保险金额与被保险人身体各部位残疾程度百分率之和的乘积计算残疾保险金；如果各部位残疾程度百分率之和超过100%，则按保险金额给付残疾保险金；被保险人在保险期限内多次遭受意外伤害保险时，保险人对每次意外伤害造成的残疾或死亡均按合同中的规定给付保险金，但给付金以累计不超过保险金额为限。被保险人的身体损伤在医疗终结时间内彻底治愈的不予伤残给付；在医疗终结时间结束后仍不能痊愈，留有不同程度后遗症的，可按180天时的有效鉴定，对照给付标准给付伤残保险金。

(3) 医疗保险金的给付方式。

在综合性的人身意外伤害保险中，被保险人因遭受意外伤害事故支出医疗费用时，由保险人按合同约定予以补偿。

医疗费用的补偿设置免赔额条款和共保比例条款。即在免赔额以上部分由保险人和被保险人共同承担。比如假设章女士购买的意外伤害保险中，医疗给付条款列明免赔额为100元，共保比例为90%。王先生于保险期内因意外住院治疗共花费2 100元，则保险人应给予赔付1 800元。

医疗费用给付的范围包括治疗费、药费、抢救费、住院费等。一般意外伤害保险条款在医疗费用给付范围方面都有明确规定：被保险人因遭受意外伤害在县级以上（含县级）医院或本公司认可的医疗机构诊疗所支出，且符合当地社会医疗保险主管部门规定可报销的医疗费用。

讨论：意外伤害保险设置免赔额和共保比例条款的目的是什么?

3. 意外伤害保险种类

(1) 基本型意外伤害保险。

以死亡和伤残的基本保障作为意外伤害保险保险金给付条件，不具体规定事故发生的原因和地点。这类意外伤害保险是为被保险人在日常生活中因一般风险导致的意外伤害而提供保障的一种保险。这类险种的主要特点是保险费率低而保障程度高，投保人只要交纳少量的保险费，即可获得较大程度的保障。

(2) 综合型意外伤害保险。

综合型意外伤害保险是指保险人除了承担被保险人因意外伤害的身故保障、残疾保障之外，还提供意外伤害医疗保险金，即在普通意外伤害保险的基础上扩大了保障范围的一种保险。它具有投保范围广、保障全面的特点，既保障意外死亡，又保障意外伤残和意外伤害医疗。

（3）意外伤害保险衍生产品。

随着社会的发展和人们对保险产品需求的扩大，目前市场上除了这类最普通、最原始的意外伤害保险外，还衍生出旅行保险（包括境外旅行保险）、航空意外保险、含有骨折保险责任的意外保险、意外伤害医疗费用保险、意外伤害门诊费用类保险以及意外伤害收入补贴保险等。

经典案例

李某患高血压病已近20年时间，2004年8月他为自己购买了一份意外伤害综合保险，同年12月的一天，李某突然死亡，医院出具的证明中注明死亡原因为脑出血突发。李某的家人拿着保单和医院的各种收据到保险公司要求理赔，被保险公司拒绝后大吵大闹，任凭保险公司怎么解释，突发脑出血不属于意外险的理赔范围，但患者家属怎么都听不进去，对保险公司的拒赔始终无法理解。

保险不是什么都能装的“筐”，并非投保了一种保险，无论发生了什么，保险公司都能赔。投保人投保了什么类型的保险，出险后就能得到什么样的理赔。这里，李某仅购买了意外伤害保险，该险种条款所规定的意外伤害事故有三个条件：必须是突然的、不可预见的和由外来原因引起的。

李某虽然属于突发性死亡，但并不是由于外来原因引起的，而是他本人的疾病所致，所以不属于意外险的责任范围。

资料来源：意外保险网。

讨论：如果李某是在下楼梯时不慎摔倒，引发脑出血后死亡，保险公司赔不赔？

三、健康保险

（一）健康保险

健康保险是指保险公司通过疾病保险、医疗保险、失能收入损失保险和护理保险等方式对因健康原因导致的损失给付保险金的保险。健康保险以身体内部疾病引起的治疗作为保险事故。

健康保险承保责任范围主要包括两个方面：一是因为疾病或意外事故所产生的医疗费用，二是疾病或意外事故所导致的收入损失。因此，疾病保险（重大疾病保险）、医疗保险构成了健康保险的主要内容。

（二）疾病保险

1. 疾病保险

疾病保险是指以合同约定的疾病发生为给付保险金条件的保险。疾病保险并不考虑被保险人的实际医疗费用支出，而是依照保险合同约定给付保险金。疾病保险是健康保险的重要组成部分。

疾病保险对所承保的疾病有一定的限制性，即该疾病必须是由人体内部的某种原因引发的，由某个或多个器官或组织异常，甚至某个系统病变而导致功能异常，从而出现各种病理表现的情况，比如感冒引起的咳嗽、肺炎等。另外，因遗传等原因造成的先天性疾病以及由于人的衰老等胜利自然现象所引起的诸如视力减退、记忆力下降等必然疾病，疾病保险不予承保。

我国保险市场所售疾病保险中，重大疾病保险占有重要地位。

2. 重大疾病保险

所谓重大疾病保险，是指以合同约定的重大疾病为保险对象，以疾病发生为给付保险金条件的疾病保险。当被保险人罹患合同约定的疾病时，无论是否已经发生医疗费用，或发生了多少费用，都可获得保险合同约定额度的赔偿。

重大疾病保险所保障的“重大疾病”通常具有以下三个基本特征：一是“病情严重”，会在较长一段时间内严重影响到患者及其家庭的正常工作与生活；二是“治疗花费巨大”，此类疾病需要进行较为复杂的药物或手术治疗，需要支付昂贵的医疗费用；三是不易治愈，会持续较长一段时间，甚至是永久性的。

（三）医疗费用保险

医疗费用保险是指以保险合同约定的医疗行为的发生为给付保险金条件，为被保险人接受诊疗期间的医疗费用支出提供保障的保险。

医疗费用保险以被保险人为了治病所发生的各种医疗费用为保障目的，其所包含的医疗费用主要包括：医生的门诊费用、药费、住院费用、护理费用、医院杂费、手术费用、各种检查费用等。

医疗费用保险有一些特殊的条款：

（1）费用补偿条款。

医疗费用保险是人身保险当中唯一一个符合费用补偿性的保险。当被保险人发生医疗费用损失时，保险人对其损失进行赔偿，赔偿额度以被保险人所付医疗费用为限。费用补偿包含两层含义，首先，有损失，才能有赔偿；其次，损失多少，赔偿多少，被保险人所获赔偿总额不能超过其医疗费用损失。也就是说，如果被保险人因病花费了5 000元，那么他最多只能得到5 000元的赔付，而不能因为买了保险，就获得高于他医疗费用损失的补偿。

（2）观察期条款。

合同签署之后到合同生效前的一段时间。被保险人在观察期内所支出的医疗费用保险人不予赔付。医疗保险当中的观察期是观察被保险人是否在投保之前就患有疾病，一般为30～60天。观察期内所患疾病，被推定为是被保险人投保之前就已患病，保险人不予承保。

（3）免赔额条款。

免赔额是指保险公司不予赔付的一部分金额，医疗保险中的免赔额通常为100～500元，在免赔额以内的医疗花费需要被保险人自己承担。

（4）共保比例条款。

共保比例是指医疗费用超过免赔额的那一部分，按照医疗合同约定的一定比例，由保险人与被保险人共同分摊的一种保险偿付方式。例如，如果共保比例为80%的话，那就表明，保险人只对医疗费用负担80%，另外20%则由被保险人自己负责。

（四）医疗保险的种类

医疗保险按照保险金的给付性质分为费用补偿型医疗保险、定额给付型医疗保险和综合医疗保险。

医疗费用保险是指根据被保险人实际发生的医疗费用支出，按照约定的标准确定保险金数额的医疗保险。

医疗补贴保险是指保险公司按照合同规定的补贴标准，对被保险人进行赔付，赔付额与实际医疗费用的多少无关。医疗补贴保险是为了弥补被保险人因疾病带来的收入损失而存在的。

综合医疗保险既涵盖住院引发的费用报销，又包括收入损失的补贴，是综合性健康医疗保险。

四、年金保险

（一）年金保险

年金保险是在被保险人生存至合同约定的期限，由保险人按照合同约定的金额、方式，在约定的期限内，有规则、定期地向被保险人给付保险金的保险。一般来说，年金保险以被保险人的生存为给付条件，如果被保险人于保险期间内死亡，则保险人不承担保险金给付责任且不予退还保费。投保生存保险的主要目的是在一定时间后被保险人可以领取一笔保险金以满足未来消费开支，带有强制储蓄性。

（二）商业养老保险

“养儿防老”是中国人朴素的心理传统，然而，随着“421”家庭的潮涌，希冀子女养老越来越不现实。这种倒金字塔的结构，实在让塔尖人不堪其重。

要认识商业养老保险，就必须要了解商业养老保险的五大关键词：年金保险、领取方式、领取时间、保险期间和保证领取。

(1) 年金保险。

目前，保险市场上绝大多数商业养老产品，都是限期缴费的年金保险，即投保人按期缴付保险费到特定年限时开始领取养老金。如果年金受领者在领取年龄前死亡，保险公司或者退还所缴保险费和现金价值中较高者，或者按照规定的保额给付保险金。

(2) 领取方式。

商业养老保险通常有定额、定时或趸领三种方式。趸领是在约定领取时间，把所有的养老金一次性全部提走的方式。定额领取的方式和社保养老金相同，即在单位时间内确定领取额度，直至将保险金全部领取完毕。社保养老金是以月为单位时间，而商业养老保险多以年为单位，如平安人寿的长青终身养老年金保险等，都采取按年给付的方式。定时，自然就是约定一个领取时间，根据养老保险金的总量确定领取的额度，例如确定要15年领取完毕养老金，那么保险公司将根据养老金总额，确定每年可以领取的具体额度。

(3) 领取时间。

我国法定的退休年龄为女性55周岁，男性60周岁，社保养老金即是按照这两个年龄段进行领取。相比之下，商业养老保险的领取时间则灵活得多，提供了领取时间的多种选择，并且在没有开始领取之前还可以更改。年金领取的起始时间通常集中在被保险人50、

55、60、65周岁这四个年龄段，也有更早或更晚的。

（4）保险期间。

所谓保险期间，简单来说就是从保险合同生效到终止的时间跨度。在被保险人正常生存的情况下，保险期间将直接关系到养老金领取的时间长度。目前，定期和终身的养老保险产品都非常多。

（5）保证领取。

养老金是以被保险人生存为给付条件的一种保险，为避免被保险人寿命过短损失养老金的情况，不少养老保险都承诺10年或者20年的保证领取期。也就是说，若被保险人没有领满10年或20年的保证领取期，其受益人可以继续将保证年期内的余额领取完毕。

作为社会养老保障的有力补充，商业养老年金需求量相对较大。由于养老年金独有的储蓄性质，其费率相对较高，因此一般来说，购买养老年金保险的需要满足下列条件：

首先，年龄不宜太大，一般以50周岁以下为宜，越年轻越好。虽然有些养老保险产品允许的投保年龄较高，但投保年龄过大时，需缴付的保险费也相应较高，对已接近退休年龄的投保人较为不利。但若经济能力允许，年龄较大也可投保养老年金。

其次，有足够的收入。相对其他人身保险而言，商业养老保险保费高昂，负担较重，尤为适合收入较高的商业人士。

（三）教育保险

教育保险，顾名思义，是以为孩子准备教育基金为目的的保险。也可以说它用保险的办法协助父母为其子女积累教育费用，起到了强制储蓄的作用。教育金保险是分多次给付的，回报期相对较长，一般都是在孩子上初中、高中或大学的特定时间里才能提取教育金。教育金保险投资年限通常到孩子18岁为止，也就是最长18年。由于投资年限越短保费越高，从投入产出比来看，越早投资越划算。

教育金保险是针对少年儿童在不同生长阶段的教育所需提供相应的保险金。但是，随着市场需求发展，教育险也有了一定的发展变化，除了有提供高中、大学、研究生几个阶段的教育基金的传统教育险外，还有教育保险将创业基金、婚嫁基金甚至养老基金包含在内。

典型案例

刘先生在儿子刚出生时为其投保了10万元保额的教育金保险，并附加了10万元保额的儿童重疾险，年缴保费10 132.5元，缴费期至儿子18岁。保险利益为：孩子18岁至21岁期间，每年可领3万元的大学教育金，22岁可得6万元的深造金，25岁保险期满还可领取8万元的创业金，28岁保险期满还可得4万元，此外还有10万元的重疾保障。

儿子3岁时，刘先生不幸意外身故，生前缴纳的保费共计约2万元。由于教育金保险具有保费豁免功能，在投保人刘先生不幸身故后，将豁免以后的各期保费，保险合同依然有效，仍可保证为儿子在18岁至28岁提供共计30万元的资金用于教育，还可以为其28

岁前患上重大疾病提供10万元的医疗费。

讨论：教育金保险适合哪些家庭购买？

五、财产保险

（一）家庭财产保险

家庭财产保险简称家财险，是指面向城乡居民家庭并以其住宅及存放在固定场所的物质财产为保险标的，以意外事故造成的损失为保险责任的财产保险，强调保险标的实体性和保险地址的固定性。

家财险是个人和家庭投保的最主要的财险险种之一。一般而言，家财险的保险标的主要包括自有居住房屋，室内装修、装饰及附属设施，以及室内家庭财产（如家用电器、床上用品、衣物、室内装潢及家具等其他生活用品）。需要指出的是，并不是所有家庭财产家财险均予以承包，对某些特殊商品家财险是不予承保的，主要包括以下五类财产：(1) 金银、珠宝、首饰、古玩、货币、古书、字画等价值太大或无固定价值的珍贵财物；(2) 货币、储蓄存折、有价证券、票证、文件、账册、图表、技术资料等无法确定价值的非实际物资；(3) 违章建筑、危险房屋，以及其他处于危险状态的财产；(4) 摩托车、拖拉机或汽车等机动车辆及手机等无线通讯设备和家禽家畜；(5) 食品、烟酒、药品、化妆品，以及花、鸟、鱼、虫、树、盆景等。

家财险的保险金额与保险期限都与人身保险有很大的不同。首先，家财险的保险金额的确定依据为财产的实际价值，并按照保险单上规定的保险财产项目分别列明。其次，家庭财产保险保险期限较短，通常普通家财险保险期限为一年，还本型家财险保险期限则为三、五年不等。

保险财产在保险单列明的地址由于下列原因造成的损失，负责赔偿：(1) 火灾、爆炸；(2) 雷击、冰雹、雪灾、洪水、崖崩、龙卷风、冰凌、泥石流和自然灾害引起地陷或下沉；(3) 空中运行物体坠落、外界物体倒塌；(4) 暴风或暴雨使房屋主要结构（外墙、屋顶、屋架）倒塌；(5) 存放于室内的保险财产，因遭受外来的、有明显痕迹的盗窃、抢劫；(6) 其他列明的自然灾害：龙卷风、洪水、海啸、地面突然塌陷、崖崩、泥石流、突发性滑坡、雪灾、雹灾、冰凌；(7) 外界建筑倒塌（保险建筑自行倒塌不赔）；(8) 暴风、暴雨造成房屋主要结构倒塌；(9) 施救所致的损失和费用。

家庭保险财产由于下列原因造成的损失，不负赔偿责任：(1) 地震、海啸及其次生灾害；(2) 战争、军事行动、暴动、罢工、没收、征用；(3) 核反应、核辐射或放射性污染；(4) 被保险人或其家庭成员的故意行为或重大过失；(5) 保险财产本身缺陷、保管不善、变质、霉烂、受潮、虫咬、自然磨损。

（二）汽车保险

汽车保险又叫机动车辆保险，是以汽车车辆本身及其第三者责任为保险标的，保险人负责赔偿被保险人因自然灾害或意外事故所造成的汽车车辆损失及对第三者经济责任的一种财产保险。这里的机动车辆除汽车外，还包括摩托车、拖拉机、专用机械车、特种车等。

汽车保险分为基本险和附加险。基本险包括车辆损失险（简称车损险）、机动车辆交通强制保险（简称交强险）、第三者责任险（简称三责险）。其中交强险属于法律规定的强制性保险，必须购买。车损险与三责险可选择性购买。附加险中全车盗抢险、自燃损失险、玻璃单独破碎险、新增设备损失险等险种属于车损险附加；车上人员责任险、车上货物责任险、无过失责任险、车上货物掉落责任险等附加险依附于三责险而存在（见表 6—1～表 6—3）。

表 6—1 车辆损失险及其附加险简介

	险种名称	险种内容
基本险	车辆损失险	以机动车辆本身为保险标的，当保险车辆在被保险人或其允许的驾驶人在使用过程中，遭受保险责任范围的自然灾害或意外事故，造成保险车辆本身损失时，保险人依照保险合同的规定给予赔偿。
车辆损失附加险	全车盗抢险	保险车辆被盗窃、抢劫、抢夺，经出险当地县级以上公安刑侦部门立案证明，满三个月（人保 60 天）未查明下落的全车损失。 保险车辆全车被盗窃、抢劫、抢夺后，受到损坏需要修复的合理费用。 保险车辆在被抢劫、抢夺过程中，受到损坏需要修复的合理费用。
	自燃损失险	因保险车辆电器、线路、供油系统发生故障或所在货物自身原因起火燃烧造成本车的损失。 发生保险事故时，被保险人为防止或者减少保险车辆损失所支付的必要的、合理的施救费用。
	玻璃单独破碎险	投保了本保险的汽车在使用过程中，发生本车挡风玻璃或车窗玻璃单独破碎，保险人按实际损失计算赔偿。
	新增设备损失险	因发生基本险条款所列的保险事故，造成车上新增加设备的直接损毁，保险人在保险单该项目所载明的保险金额内，按实际损失计算赔偿。

表 6—2 第三者责任险及其附加险简介

	险种名称	险种内容
基本险	第三者责任险	保险车辆在被保险人或其允许的驾驶人使用过程中，因意外事故致使第三者遭受人身伤亡或财产的直接损失，保险人依照保险合同的规定给予赔偿。三责险保险金额分为 5 万元、10 万元、20 万元、50 万元、100 万元及 100 万元以上 1 000 万元以下六档。

续前表

	险种名称	险种内容
第三者责任险附加险	车上人员责任险	发生意外事故，造成保险车辆上人员的人身伤亡，依法应由被保险人承担的经济赔偿责任，保险人负责赔偿。
	车上货物责任险	发生意外事故，致使保险车辆所载货物遭受直接损毁，依法应由被保险人承担的经济赔偿责任，保险人负责赔偿。
	无过失责任险	保险车辆与非汽车或行人发生交通事故，造成对方的人身伤亡或财产直接损毁，保险车辆方无过失，且被保险人拒绝赔偿未果，对被保险人已经支付对方而无法追回的费用，保险人按照《道路交通事故处理程序规定》和出险当地的道路交通事故处理规定标准，在责任限额内计算赔偿。每次赔偿实行20%的免赔率。
	车上货物掉落责任险	被保险人或其允许的合格驾驶人员在使用保险车辆过程中，所载货物从车上掉落致使第三者遭受人身伤亡或财产的直接损毁，依法应当由被保险人承担的经济赔偿责任，保险人在保险单所载明的本保险赔偿限额内负责赔偿。

表 6—3　　机动车辆交通强制保险简介

险种名称	险种内容	赔偿限额
机动车辆交通强制保险	交强险规定在中华人民共和国境内（不含港澳台地区），被保险人在使用被保险机动车过程中发生交通事故，致使受害人遭受人身伤亡或者财产损失，依法应当由被保险人承担的损害赔偿责任，保险人按照交强险合同的约定负责赔偿。	(1) 死亡伤残赔偿限额为 11 万元。 (2) 医疗费用赔偿限额为 1 万元。 (3) 财产损失赔偿限额为 2 000 元。 (4) 被保险人无责任时，无责任死亡伤残赔偿限额为 1.1 万元；无责任医疗费用赔偿限额为 1 000 元；无责任财产损失赔偿限额为 100 元。

阅读材料

五花八门的保险

在欧美一些国家，人身保险五花八门，只要你舍得花钱，身体上的任何一个部位都可以投保。

头发投保：美国歌星约翰·丹华与保险公司签订了防止秀发脱落的保险合同，每年交纳保险费 19 万元，直到 45 岁为止。到那时，他可以从保险公司拿到 1 000 万美元的保险赔偿金。

嘴唇保险：英国的密利斯·戴维斯，是世界上著名的小号演奏家。他把自己的双唇看作一宝，于是他向保险公司买了 50 万美元的保险。

脑子保险：英国著名的喜剧演员伯利斯，为使自己专管记忆台词的脑器官永远不出毛病，向保险公司交了极高的保险费。

鼻子保险：英国著名的香水配制专家菲利朗，可以分辨出 2 500 种不同的香味，即使在空旷的森林里，他也可以闻出3小时前有人吸烟的味道，能准确地说出是何种香烟的烟味。当他为世界社会名流、大富豪配制香水时，还分析他喜爱的花朵、食物的气味，以配制出最能适合其性格、气质的香水。为此，他向伦敦一家保险公司为自己的鼻子投保，保险金额高达500万美元。

眼睛保险：天生一双美丽的眼睛，能为她的主人带来许多机遇和运气。好莱坞明星伊丽莎白·泰勒有一双紫色的眼睛，被人们认为足以“倾国倾城”。她很钟爱自己的眼睛，因为这双眼睛不仅带来了观众，还带来了金钱。为了保护她们，她为自己的眼睛买了100万美元的保险。

手指保险：钢琴王子理查德·克莱德曼用50万美元保手指。来自法国的“钢琴王子”理查德·克莱德曼的一曲《秋日的私语》在中国风靡一时，令多少人为之沉醉。人们欣赏他那颀长的身材、潇洒的发型、英俊的面容，更爱慕那双在琴键上跳跃自如地弹奏出美妙音乐的修长的手。而理查德·克莱德曼自己更认为他的事业和前途全部在他那双手上，于是为自己的双手投保了50万美元的保险。理查德·克莱德曼表示：“这并不是说我的手指有多么的高贵，我只是觉得，如果突然有一天遭遇意外的话，我只是想有一丝安慰，仅此而已。”

资料来源：搜狐理财。

第三节　保险规划的流程与方法

一、家庭保险规划的流程

保险规划是个人理财规划中很重要的一环。要做好一个家庭的保险规划首先就要明确四个问题：(1) 该家庭需要什么样的保险？(2) 需要多少保额的保险？(3) 该家庭能够承担多少保费？(4) 保险期限应如何选择？

基于这四个问题，我们总结保险规划流程包括如图6—2所示的步骤。

二、家庭保险规划需求分析

(一) 家庭需要什么样的保险

1. 与生命相关的风险与损失

(1) 死亡损失。

死亡的损失主要包括两点：其一是亡者的费用；其二是亡者死亡所带来的收入损失。

死亡的费用一般包括丧葬时逝者服装、整容、遗体存放、火化和安葬的一系列费用，葬礼过后帮死者偿还债务的费用以及进行死者遗嘱安排费用等。

逝者死亡也意味着家庭收入的减少。在做寿险规划分析时，我们最为关注的是逝者的死亡给家庭收入状况造成什么样的影响。如果逝者是家庭经济收入的主要贡献者，那么其死亡必将对家庭经济状况造成巨大影响，使得生存的其他家庭成员产生一些经济和保险需求。这些需求主要体现在抚养孩子的费用、配偶的生活费用以及赡养老人的费用等方面。

(2) 健康损失。

健康损失主要包括医疗费用和收入损失两项。医疗费用主要有住院费用、手术费用、精神健康费用、康复理疗费用以及长期护理费用等。收入损失则是指人们因为疾病暂时或

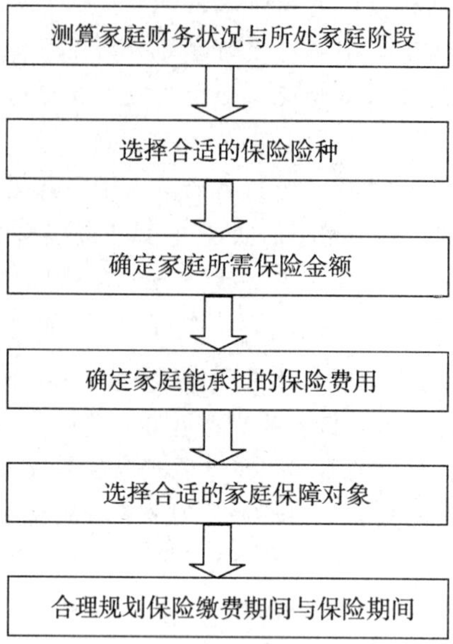

图 6—2　家庭保险规划流程图

永久不能工作所带来的收入损失。

（3）退休消耗。

退休所带来的首先肯定也是收入的减少。中国目前的养老金替代率仅为 50%左右。每一对夫妇退休时，收入将会下降 50%。第二项是支出水平的维持。据估计，一对夫妇要维持退休前的生活水平，就需要保持退休前收入水平的 70%～80%。这样，除非进行适当安排以提供充足的收入来源，否则，退休必然意味着生活水平的下降。

2. 保险需求的定性分析

在分析保险需求时，首先应明确保险客户在家庭中的地位、责任、作用以及经济贡献等，然后估算出其面临的各种风险可能产生的最大费用需求。家庭处在不同的阶段，其保险需求也不尽相同。比如单身期的青年与成家生育后的父母由于其所承担的家庭责任不同，保险需求就有很大差别。在家庭生命周期的不同阶段，家庭财富积累及消费也不相同，表 6—4 给出了不同家庭阶段的保险需求。

表 6—4　　家庭生命周期保险需求分析表

人生阶段	时间	收入水平	消费特点	保险需求	险种建议
单身期	从工作到结婚，2～5 年	收入水平较低，增长速度较快	日常花销为主且花销较大	家庭责任为父母，保险需求不旺	定期寿险、意外伤害保险
家庭形成期	从结婚到生子，1～5 年	收入水平逐步上升，有一定的财产积累	家庭建设支出比例加大	一家之主责任增加，保险需求主要为死亡和意外	意外伤害保险、定期寿险、终身寿险

续前表

人生阶段	时间	收入水平	消费特点	保险需求	险种建议
家庭成长期	从生子到孩子工作，18～22年	个人收入稳定增长，家庭财富迅速增加	子女教育经费，房贷等固定资产偿贷费用，医疗保健费用	以自身死亡保障、积累子女教育基金、积蓄医疗、养老基金为主	意外伤害保险、定期寿险或终身寿险、重大疾病保险、教育保险、适当的养老保险
家庭成熟期	子女参加工作到退休，一般为5～10年	个人收入稳定在较高水平，家庭财富积累至巅峰	子女创业基金、医疗保健费用	医疗保险、养老保险、理财型保险需求上升	健康保险、养老保险、理财型保险
退休期	退休以后	收入降低，家庭财财富逐渐减少	医疗保健费用	医疗保险，养老保险，以稳健理财型保险需求为主	稳健理财型保险、对已有保险的调整

阅读材料

如何选择合适的保险产品？

没有最好的保险产品，只有最合适的保险产品。不同保险产品保障目的不同，保障目的相同的产品由于保险公司和保障重点的差异，其保险费率也存在较大差别。因此，应根据家庭保险需求状况和保费负担额度的状况选择合适的寿险产品，争取在既定的保费负担下，获得最合理的保障。

那么，如何选择保险产品呢？在选择保险产品类型时，首先需要了解各类产品的性质和特征，然后需要确立好寻求保障的目标，最后再将二者结合起来选择符合目标的可行的产品组合。在进行保险产品选择时，应注意以下两点：

（1）消费型和储蓄型产品的选择。

保险产品选择时，应慎重选择消费型和储蓄型保险。

消费型保险即投保人与保险人签订合同，在约定时间内如发生合同约定的保险事故，保险人按原先约定的额度进行补偿或给付；如果在约定时间内未发生保险事故，保险公司不返还所交保费。消费型保险一般价格较低，各类产品从一年几十元至数百元保费不等，用以应对各类突发风险。即使在缴纳过程中经济收入暂时中断，此保障在期内依然有效，无续期缴费压力。

储蓄型保险与消费型保险相对应，除了基本保障功能之外，还有储蓄功能，如果被保险人保险期内不出保险事故，则在约定的时间，由保险人返还一笔钱给保险收益人。与消费型保险相比，相同保障下的储蓄型保险通常费率较高，但有还本保障。

对于收入不高的家庭或个人而言，想要在自己的经济承受范围之内做好商业保险保障规划，尽量少花保费多得保障，那么在险种选择上，应该偏向消费型产品。比如处于单身期和家庭形成期的人多数财富积累不足，但又存在死亡风险，建议选择定期寿险放弃终身寿险。由于经济能力有限，在没有多少钱可用于购买商业保险的情况下，选择消费型产品，虽然缴纳的保险费会慢慢消费殆尽，不发生保险事故甚至无法拿回“本钱”，但被保险人却获得了保险期间内的有效保障，已经达到了“保险”的目的。

相对而言，对于家庭收入较高，以理财或者转移财富和合理进行遗产规划为主要目的的家庭或个人而言，终身寿险或是分红型两全保险是更为合理的选择。

(2) 同种产品的选择。

不同险种的保险保障不同。但是，相同险种的产品也会存在差别。这些差别主要不是体现在费率的不同，而是在于条款的差别。因为中国保监会对产品的费率有严格的控制，好比各家银行存款利率没有明显差别一样。费率相同的情况下，各公司为了建立自己的比较优势，条款偏重点自然不同。

选择不同公司的保险产品时，着重要看的内容除了保险责任外主要还包括责任免除的多少以及常见条款的运用，比如是否包含有保费豁免条款、保单贷款条款，消费型保险还要注意是否含有保障续保条款等。

（二）家庭需要购买多少金额的保障

明确所需险种之后，量化保险需求，确定所需保险金额是每位已购买或想要购买保险的人必须考虑的问题。一般情况下，常用两种方法帮助人们确定需要多少金额的保险（主要指保障型保险的金额），比如生命价值法、倍数法、家庭需求法等。

1. 生命价值法（资本化价值法）

生命价值是指家庭成员不幸离去给家庭造成的净收入损失，就是个人未来收入或个人服务价值在扣除个人生活费用之后的资本化价值。例如，王先生年税后收入 12 万元，如果发生意外事件导致收入中断的话，那么仅凭其妻子的收入应付整个家庭每年 5 万元的生活费开销就会变得捉襟见肘，这时候对于王先生的保险保障就要充分考虑这种情况。衡量年收入资本化价值的基本步骤是：

(1) 确定个人的工作或服务年限；

(2) 估计未来工作期间的年收入；

(3) 从预计年收入中扣除税收、保险费及自我消费，得到净收入；

(4) 选择适当的贴现率计算预期净收入现值，得到个人经济价值。

练一练：

王先生今年 35 岁，年税后收入 15 万元，每年自己消费 6 万元，其余贡献给家人。假如贴现率为 5%，请计算王先生的生命价值。

2. 倍数法

所谓倍数法，其实是一种经验总结，是以家庭年收入的一定倍数来计算家庭所需保障金额，其优势是简单明了，操作方便。根据家庭状况的不同，方法不同。

(1) 双十定律。

“双十定律”是目前最为常用的简易确定保险保额的参考原则。所谓“双十定律”，指的是“保险金额确定为家庭年收入的十倍”及“总保费支出为家庭年收入的10%为宜”。以“双十定律”确定的保险金额可以保障被保险人遭遇不测后，该家庭大约十年内不会由于被保险人的死亡出现生存困难。以“双十定律”确定的保费则较为符合家庭合理支出细则。“双十定律”并非一成不变，也可根据现实家庭状况进行调整。比如，可根据家庭对保险费用的承担能力不同，选择调整相对的保险金额的额度为年收入的8～12倍。

(2) 7—7法。

7—7法指一个标准家庭大约需要某个主要家庭成员（家主）7年薪水的70%，才能缓解由于他或她身故所带来的经济压力，因此用此经验方法来估计家庭的人寿保险需求。即：

保险保额＝被保险人当前年收入×7×70%

这里的标准家庭是指有双亲和孩子的家庭，选择薪水的70%则是扣除了家主维持自身生存的费用支出。

例如，某家庭为标准家庭，经济支柱姜先生年收入为4万元，那么姜先生购买人寿保险所需要的死亡保额为196 000元（40 000×7×70%＝196 000元）。

(3) 非标准家庭保险需求。

假设家长总是希望孩子能享受良好的高等教育，户主所需人寿保险的死亡保险金额为家长当前年收入的4倍，再加上孩子数量与当前年收入的乘积。

需要注意的是，无论选择哪种方法来测算，都要基于通胀率、收入增长率、投资收益率等很多假设条件，因此保险的测算并非绝对，任何精确周到的测算都不能一劳永逸，需要根据预算制约、目标调整、财务缺口、退休年龄变化等家庭实际需求进行调整。例如，计算当一方发生不幸时，给家庭带来多大的资金缺口，这些缺口一般包括：子女独立前的生活教育费用；另一方过渡时期的生活费用；父母赡养及医疗费用；房贷及其他债务等。

练一练：

根据所给材料分别运用四种方法分析姜先生家庭所需寿险保额。

勾先生，34岁，月收入4 500元，年终奖金3万元。妻子常女士32岁，月收入3 000元，年终奖金1万元。勾先生家庭每月日常开支4 000元左右，另有置装费用每月平均1 000元。

（三）确定家庭能负担的保险费

要确定年缴多少保费来满足自身保险需求，首先要明确自己每年愿意且能够拿出多少资金进行保险保障。要确定家庭能够负担的保险费金额，可以从以下几个方面入手：

(1) 确定家庭每年可节余的资金总额；

(2) 明确可节余资金总额中计划用于投资、保障的资金额占节余总额的比例，从而确定家庭每年用于投资的资金。

(3) 决定能够购买保险保障的金额总量。

当然，保险费用的选取也有简单的计算方法，比如根据前文所讲“双十定律”，家庭保险费用可定位为家庭年收入的10%。这一数额同样可根据实际情况调整，如低收入阶层家庭购买保险，则保险费用的比率可以调整为家庭年收入的8%。

（四）合理规划保险期限与缴费期限

1. 保险期限的选择

在保险期限的选择上，很多人存在误区就是“保险期限的选择越长越好”。其实这是错误的。过长的保险期限没有实际必要，例如对于固定保险金额的保险来说，保障到70岁和保障到80岁，虽然可以多保障10年，但考虑到通胀因素，相同保额的实际保障能力是急剧萎缩的。一名30岁的投保人，投保20万元保额，70岁和80岁发生事故赔付一样，但按照5%通胀率计算，70岁的实际保障能力仅为2.8万元，而80岁的实际保障能力为1.7元，几乎没有效果，只是心理安慰而已。另外，同等情况下过长的保险期限导致高昂的保费。以定期寿险和终身寿险为例，定期寿险可能只保30年，终身寿险能保终身，但费用却相差接近3倍以上。因此，家庭要根据自身的情况，合理选择保险期间。

2. 缴费期限的选择

缴费期限的选择主要针对购买期缴保费的保险产品而言。一般情况下，购买保险产品，尤其是健康险时，建议尽量选择较长的缴费期限。原因主要有三点，其一是同等保额下，缴费期限越长，每期所缴金额越低，可以降低投保人缴款压力；其二是绝大多数期缴保险产品采取的是均衡费率，一旦产品选定，每年保费数量是固定的，延长缴费期限可以抵制通胀压力；其三是很多保险产品设有保费豁免条款。例如李先生为儿子购买一份具有保费豁免条款的两全保险，保险金额30万元，年缴保费1万元，缴费期间20年。两年后该保险合同依然有效，且李先生免交以后各期保费。

阅读材料

更需要保险的四种家庭

不同的人生阶段，寿险需求不同。相同的人生阶段，不同的家庭状况寿险需求也不同。有四种家庭更需要人寿保险。

1. 单引擎家庭

单引擎家庭是指夫妻双方只有一方有收入，是家中唯一的经济支柱，一旦出险，家中失去经济来源，生活将面临无以为继的危险，财务安全度低，最需要寿险。

正常的家庭如果失去了经济支柱，剩下的一方即便之前是家里的“剩闲”，此时此刻也能坚强地站起来，发挥出巨大的潜能。但单引擎家庭就完全不一样了，所有的家庭责任以及经济负债都压在了一个人的肩上，孩子的抚养教育、老人的赡养及医疗费用、其他形式的负债等完全靠一个人的收入来支撑。

对于单引擎家庭中的单亲家庭来说，尤其要注重寿险的需求。该类家庭保险的重点就是未来收入保障，保障计划不仅要全面，还要保额充足，保费支出尽量压低，以留出足够的可支配现金用于其他方面的财务规划。相对高额的意外险、高额定期寿险以及高额定期重疾是这些家庭的首选。

2. 存在债务缺口的家庭

如果一个家庭有大量房贷、车贷或其他借款，存在债务缺口，那么一旦因为各种人生风险致使收入中断，偿债压力就会骤升，这些家庭就需要保险维护被保险人出险后其余家人的正常生活。在这样的家庭家中，经济支柱的人寿保险、重大疾病保险所需额度应该适当提高。

3. 家主为工商个体、私营业主的家庭

家主都是老板，他们之中很多人有车、有房，在平常人眼里，做生意很赚钱。他们普遍都具有这么一些特点：比白领们的工作时间更长、更忙碌、更费心、更艰辛；经营难以规模化、系统化；收入不稳定、波动性强；没有参加社会保险，“裸奔”者居多；资金用于生意周转，手上存留现金并不多；生活饮食规律性不强。

所以，他们主要面临三大问题：义不容辞的家庭责任、难以抵御重大风险的脆弱的家庭财务、过劳致死或疾的健康威胁，该类家庭的保障重点就是针对这三大问题制定相应的方案。对于非常成功的中小企业主，还需将资产保全纳入考虑范围。

4. 有或计划有小孩子的家庭

有小孩子的家庭需要准备教育费用，以保障下一代的成长。例如，像在北上广这样的大都市，供养一个子女从幼儿园到大学毕业的基本费用是50万元左右甚至更多。

心得体会

第四节 制作家庭保险规划方案

一、家庭保险规划应注意的问题

制作家庭保险规划应注意以下几个方面的问题。

（一）保费支出要量力而行

随着人们理财意识的增强，越来越多的人认可保险在家庭中的重要性，并购买了商业保险。但是，家庭应该拿出多少钱来购买保险，成了很多人的困惑。有人认为保险是个好东西，既有保障，又能升值，因此“好事不嫌多”，结果过多保费支出给家庭财务带来了沉重的压力，成为名副其实的“险奴”。

其实，购买保险也需要我们量力而行。一般来说，保费支出的多少要根据家庭的收入支出、保险需求等多个因素来确定，不能一概而论。按照通常的做法，一个家庭每年的保费支出应以年收入的10%左右为宜。对于家庭收入特别低或者特别高的家庭，则可根据自身情况，调整这一比例。如果保费太少，可能购买不到足够的保障；如果保费支出过多则会影响家庭的正常生活。为了有效防止保费支出压力过度，投保者可以每两年对自己和家人的保单进行“体检”式回顾，根据自身财务状况的变化，查漏补缺，调整完善自己的保险规划。

（二）保险金额的确定要因人而异

一个家庭应该需要多少人寿保险呢？这个问题对每个已经拥有或即将购买保险的人来说都是非常重要的。和保费支出一样，保险金额特别是寿险金额的确定，也要根据家庭的具体情况而定。对于普通家庭来说，考虑一般经验的倍数法，能够比较简便而准确地确定家庭保险金额，即每个家庭所需要的寿险保额约为家庭年收入的 10 倍。如果一个家庭的年收入是 10 万元，那么这个家庭合适的保额需求应该是 100 万元。

（三）选择保险对象要“先大人后孩子”

每个人在家庭中扮演的角色和承当的责任不同，所需要的保障力度也不同，因此在经济条件有限的情况下，把有限的保费用在最需要的成员身上，重要成员，重点保障。

许多家庭在购买保险上，优先考虑了老人和小孩，这种行为的出发点是好的，但保障的次序却有问题。老人和小孩都属于家庭中的纯消费者，基本不能为家庭的现金流入做出任何贡献。孩子的生活教育，老人的晚年生活最实在的保障就是家庭源源不断的现金流入。所以，家庭保障对象的最高优先级为家庭经济支柱，即为家庭现金流产生的源头做好了备份。

当家庭的经济支柱保障充足时，也可以考虑给孩子、老人投保。

（四）保险产品的选择要“先保障后投资”

从保险的功能上看，保险分为两类：保障型和投资型。前者一般可以较低的保费投入取得较高的保额保障，而后者的主要功能是投资，其保障功能较为弱化，不能很好地体现保险的杠杠功能。所以，在购买保险时，家庭首先要考虑保障型的保险，在满足了最基本的保障型保险需求后，再根据家庭的实际情况，适当进行投资型保险的配置。

（五）保险类型的选取要“先满足人寿保险，后考虑财产保险”

现实生活中，很多有车族会为自己的爱车投保足额甚至超额车险，却忽略为自身投保人身保险；也存在很多企业主为企业投保企业财产保险，而不为自己投保人身保险，出现了保险规划的本末倒置问题。人是创造财富者，没有人的保全，也就没有财富的积累。著名财经小说家梁凤仪曾说：“健康好比数字 1，事业、家庭、地位、财物等都为 0，有了 1，后面的 0 越多，就越富有。反之，没有 1，一切皆无。”因而家庭在购买保险时，一定要分清主次，先买人身保险，后买财产保险。

（六）有效利用附加险提高综合保障

附加险是相对于主险而言的，它不可以单独购买，必须依附于主险而存在。附加险的险种非常全面，而且拥有主险无法比拟的优势：首先是保费低廉，“花小钱，高保障”是附加险最重要的特点。比如，某公司的终身男性重大疾病保险，以 30 周岁 20 年缴为例，每年缴 375 元保费，就能获得 1 万元的保障；而附加定期重大疾病保险，也是 30 周岁 20

年缴，每年只需56元，同样也是1万元保障。两者保障条件相差无几，保费却省下300多元。另外，附加险是对主险的一种补充和延伸，它拥有更细致、独特、广泛的保障需要，更加丰富了寿险规划的内容。人寿保险的附加险主要包括意外伤害保险和医疗保险。比如购买终身寿险的同时附加医疗保险既保障了被保险人死亡的风险，又给予被保险人生存时的健康呵护；购买定期寿险的同时附加意外伤害保险，除获得普通的死亡保险金给付外，还可获得高达主险数倍的附加意外伤害保险金给付等。

但是，有效利用附加险的同时，还要注意以下几点问题：

(1) 主险和附加险时效问题。附加险依附主险而存在，因此附加险期限往往短于主险，附加险期满后，如果没有和保险人就附加险续保达成一致，则主险依然有效，附加险却在期满后终止。

(2) 只有在主险的有效期内，才可以投保附加险。

(3) 在选择附加险时，首先要清楚自己所投主险的保障范围，然后根据主险的缺漏，来选择有补充作用、自己也需要的附加险。不要因为附加险费率较低就盲目拓宽保障。

(4) 一般情况下，附加险和主险有购买比例和购买险种的限制，在投保前，要清楚所选择主险对附加险的限制。

阅读材料

买错保险可能会得不偿失

买错保险可能会得不偿失！这不是危言耸听，而是保险代理人给出的经验之谈。而这种理解误区在很多保险客户中存在。

26岁的杨女士在两年前购买了一份分红型保险。每个月工资只有2 400元的她选择了一款年保费5 000元的分红保险，每年的保费成为她最大开支，不久前她母亲因病住院，医疗费用不菲，但是杨女士这些年来并没有多少积蓄，想到把分红险退保拿回点钱为母亲看病，可是一询问，才知道在三年内退保只能拿到本金的30%。

据泰康人寿的业务经理介绍，很多年轻人对于保险理财非常感兴趣。然而年轻人在工作初期并没有太多的收入，缴费能力相对有限，而分红险的费率又相对较高，保障功能相对弱化。所以，对刚刚步入工作的年轻一族来说，选择保险就需要好好斟酌一番。

资料来源：搜狐财经，2012-07-16。

二、制作家庭保险规划方案

下面以两个不同家庭为例，介绍如何制定家庭保险规划方案。

(一) 李先生家庭保险规划方案

【案例资料】

李晓东，男，25岁，未婚。大学毕业后到某教育咨询公司做外联工作，月收入3 400元，年终奖金根据其绩效有所浮动，每年7 000元左右。李晓东的公司为其购买了基本的"三险一金"，无其他商业保险。

李晓东的父亲为小学教师，母亲为一般工人，两人均已退休，目前身体状况良好。

李晓东大学毕业时，父母为他购买了90平方米的房产一套，价值36万元。父母帮他付了首付款之后，需还贷款16万元，期限20年。房贷由李晓东自己负责，每月还款1 012元。由于还未结婚，李晓东平时跟父母一起居住，仅象征性地交给父母每月600元的生活费。但是，年轻人爱玩闹，李晓东一有时间就特别喜欢和其他驴友一起徒步攀岩、旅游，因此，平均下来每月会有大约800元的花销用在这些爱好上，另有其他支出每月约700元。虽然父母总是唠叨他要存些钱，但是他认为，年轻人就应该趁着年轻做自己喜欢的事情，所以并没怎么在意。他也有他的顾虑：他爱出去玩，当然也知道自己的行为并不完全安全，万一发生意外，父母怎么办？

1. 案例信息提取

客户信息：李晓东，25岁，单身，公司任职，年收入47 800元。父母均已退休，有退休金和社保医疗，需尽主要赡养责任。

家庭现有资产情况：房产一套（合计市值36万元），贷款16万元，期限20年，年收入478 00元。

家庭每年支出：房屋贷款12 144元，日常生活费用支出16 800元，其他支出8 400元。

客户期望：万一自己有意外，父母得到较好的赡养。

2. 分析家庭面临的各项风险

李晓东处在单身期，主要家庭责任为赡养父母，即如果李晓东发生身亡或残疾，其父母无人赡养。李晓东的工作性质决定了他的外联活动较多，再加上本身爱野营、攀岩、旅游等活动，因此他所面临的主要人身风险为意外伤害风险。由于年轻，疾病风险相对较低。

3. 确定家庭保险需求及保险金额

根据上文所分析的李晓东的人身风险及家庭主要责任，确定李晓东首要保险需求为意外伤害保险，其次为死亡保险（即定期寿险或终身寿险）。

保险费用与保险金额的确定以“双十定律”为基准做适当调整。“双十定律”即家庭保险金额应为家庭年收入的10倍，保费支出为家庭年收入的10%。李晓东年收入47 800元，年消费支出共37 500元左右，节余10 300元。

考虑到李晓东家庭责任（父母已年迈退休，且有16万元房贷未还）与家庭财务状况（年结余10 300元），将保费与保金占家庭年收入比率进行适当调整，保险金额最低为家庭年收入的12倍，保费支出最高为家庭年收入的8%。

4. 保险规划方案

具体如表6—5所示。

表6—5　　李先生的保险规划方案

姓名	险品名称	保险金额（元）	保险费用（元）	保险期间
李晓东	意外伤害保险	20万	200	1年
	定期寿险	50万	900	20年
合计		66万	1 100	

根据李先生财务状况分析，李先生每年收入47 800元，结余约1万元，保险费支出1 100元，占其家庭总收入2.3%，在合理的保费支出水平之内。定期寿险为消费型保险，保险期间20年，在保险期限内如果李晓东发生不幸，其家人可获得50万元定期寿险保险金，意外伤害保险金20万元，共计70万元，基本覆盖了父母养老、房贷资金需求。由于李晓东

还年轻且未成家，仍需较多资金为以后生活做准备，因此保费不宜过高。但是，随着李晓东日后事业及家庭发展，娶妻生子后需进一步提高家庭保障。

讨论：该案例中保障金额共 66 万元，高于保险金额为家庭收入倍数的一般选取范围。而保险费用仅为家庭年收入 2.3%，远低于保险费用占家庭收入比例的下限。这样的选择是否合理？为什么？你会怎样选择？

（二）袁先生家庭保险规划方案

【案例资料】

袁先生今年 37 岁，是政府公务人员。工资每月 3 600 元，年终一般能得到奖金 7 000 元，其他收入一年 8 000 元左右。作为政府公务人员，单位为袁先生购买了“三险一金”，袁先生经常需要应酬，年纪轻轻就已经有高血脂、高血压的先兆。

袁先生的妻子韩女士 31 岁，公司职员，月工资 3 100 元，年终奖金 6 000 元左右。韩女士同样有单位为其购买的“三险一金”。

袁先生夫妻，结婚 9 年，育有 2 个儿子，大儿子 4 岁，小儿子 1 岁半。

结婚前，袁先生的父母为儿子提前准备婚房，与老两口的房子同在一个单元一个楼层，面积 90 平方米，目前市值 32 万元。袁先生夫妻与父母同住一层楼，因此一家四口一直在一起吃饭。袁先生与韩女士双方的父母都已退休，办有社会医疗保险。

三年前，袁先生考虑到二儿子的出生，现有房间较小，因此另外购买自住商品房一套，122 平方米，市值 48 万元，首付花费 18 万元，每月除利用公积金还款外还需偿还房贷1 100 元，还款期 15 年。一年前已经入住。原住房闲置。

袁先生去年将之前购买的轿车（奇瑞 QQ）低价出售，转而购买一辆价值 12 万元的轿车（起亚 K3），全额付款。除上述资产外，袁先生另有活期存款 3.5 万元，还有 3 万元于 2007 年投入股市，现市值缩水至 1.6 万元左右。

袁先生家庭的基本花销如下：

1. 因袁先生父母负担袁先生一家四口的基本生活，因此袁先生一家四口的基本生活费用一般为 700 元/月。

2. 袁先生夫妻每月应酬及置装费共 1 700 元。

3. 汽车的相关费用每月平均 800 元左右。

4. 目前育儿费用每月约 1 500 元。

5. 其他费用如采暖费等每年大概需 3 000 元。

两个儿子都很聪慧、可爱，一家人都对他们有很大的期望。袁先生夫妻及其父母都想给孩子良好的生活与教育环境，最好将来能送到国外深造。韩女士喜欢旅游，因此希望能够每年都有机会带着两个儿子出去游玩，放松心情的同时也能让孩子增长见识。而袁先生认为自己的父母年事已高，身体健康最为重要，因此想要给父母提供较好的健康医疗条件。

这些愿望如何能够更好地实现，成为困扰袁先生的难题。

1. 案例信息提取

客户信息：袁先生，37 岁，政府公务人员，有社会医疗保险和社会养老保险，年收入 5.8 万元。妻子 31 岁，公司职员，有社会医疗保险和社会养老保险，年收入 4.3 万元。大儿子 4 岁，小儿子 2 岁，目前无保险保障。其余家庭成员包括袁先生父母，现均已退休，有退休金和社保医疗，需尽主要赡养责任。

家庭现有资产情况：房产两套（合计市值 80 万元），贷款 30 万元，期限 15 年，目前活期存款 3.5 万元，无定期存款，家庭总收入约 101 400 元。

家庭每年支出：房屋贷款 13 200 元，其他日常生活费用支出 59 400 元。

客户期望：两个孩子处在良好的教育环境中；每年外出旅游；让父母有一个幸福安康的晚年。

2. 险种选择

（1）人身保险种类的选择。

家庭理财中，保险能够抵御家庭主要收入来源突然中断而对家庭财务带来的不良影响。该家庭现有的保障几乎为零。袁先生家庭处于家庭成长期初期，且为典型的双引擎家庭。这样的家庭保障重点应选择家中风险较大者。袁先生已经 37 岁，且因为经常应酬，身体已出现高血脂、高血压先兆，引发重大疾病的概率相对较大，又因经常开车，意外风险也进一步上升。但是目前袁先生仅有单位为其缴纳的“三险一金”，一旦袁先生出险，两个儿子的抚养、房贷的偿还问题均会压垮这个家庭，因此必须首先考虑增加袁先生的保险保障。考虑到袁先生的家庭责任、家庭财务状况及身体状况，建议购买意外险、重大疾病附加定期寿险。

韩女士同样仅拥有单位购买的“三险一金”，考虑到韩女士同样为家庭经济主要贡献者，和袁先生有同样的家庭责任，因此建议购买意外险、定期寿险与重大疾病保险，保障额度可略低于袁先生。

双方父母由于其年龄偏大，购买商业保险已不太合适，容易出现保费倒挂，因此不再建议为他们购买除意外伤害险之外的其他商业保险。

两个孩子年龄较小，其最好的保障为父母而非他们自己。考虑到家庭财务状况，因此建议给两个孩子购买社会城镇医疗及重大疾病保险，购买相应的“宝宝卡”（涵盖意外伤害、意外医疗和疾病医疗保障）作为社保的补充即可。

（2）汽车保险种类的选择。

袁先生夫妇去年更换旧车，购买价值为 12 万元的轿车一辆，必须购买相应的汽车保险。其中交强险属于强制购买项目，但是保障特别是财产损失保障（2 000 元）相对不足，一旦出现碰撞，2 000 元的赔付远远不够，因此，还应购买相应的商业保险作为补充。袁先生夫妇均为老司机，开车经验相对丰富，所以车辆损失险可省去不买，建议购买保险金额为 20 万～50 万元的第三者责任险与不计免赔特约险作为交强险的补充。购买的方式上则建议选择电话购买或者网络购买，可在原费用基础上便宜 15%。交强险、30 万元档第三者责任险加不计免赔特约险优惠后的保险费用、车船税为：(960×90%+1370+140)×85%+350=2 367.9（元）。

3. 保险费用、保险金额的确定

保险费用与保险金额的确定以“双十定律”为基准做适当调整。“双十定律”即家庭保险金额应为家庭年收入的 10 倍，保费支出的为家庭年收入的 10%。考虑到袁先生家庭责任与家庭财务状况，将保费与保金占家庭年收入比率进行适当调整，保险金额最低为家庭年收入的 8 倍，保费支出为家庭年收入的 10%～12%。即：

最低保险金额＝101 400×8＝811 200（元）

保费支出＝101 400×10%＝10 140（元）

袁先生家庭的保险金额应不低于 81 万元，保费支出为 1 万元左右即可。

4. 保险策划方案

具体如表6—6、表6—7所示。

表6—6 袁先生家庭的人身保险规划方案

家庭成员	保险产品	缴费年限	保险金额（元）	每年需交保费（元）
袁先生	意外伤害保险2份	1年	20万	200
	两全保险附加重大疾病	20年	10万	4 311
	定期寿险	20年	20万	640
韩女士	意外伤害保险2份	1年	20万	200
	两全保险附加重大疾病	20年	10万	3 449
	定期寿险	20年	10万	100
长子	育才卡2份	1年	1万	60
次子	宝宝卡	1年	1万	200
总计			92万	9 160

表6—7 袁先生家庭财产保险投保建议

	险种	保险期间	保险金额（元）	保险费用（元）
汽车保险	交通强制保险	1年	12.2万	2 367.9
	第三者责任险附加不计免赔特约险	1年	30万	
总　计			42.2万	2 367.9

袁先生一家保险费总额为11 427.9元，约占收入总额的12%，人身保险金额总额为92万元，超过最低保险保障。保金与保费均符合该家庭财务标准与实际需求。

讨论：该案例中保险产品选择了两全保险附加重大疾病，这样的选择是否合理？为什么？你会怎样选择？

本章小结

本章以什么是保险规划、为什么要进行保险规划开篇，以保险规划的工具、家庭保险需求分析为主干，以保险规划的流程和方法为脉络，以两个家庭的保险规划方案设计为重点，详细全面地说明了什么是保险，保险工具有哪些，如何做好保险规划等。本章的重点内容在于保险规划的工具如人身保险中的定期寿险、终身寿险、健康险、养老险、年金保险、教育保险等，保险规划的基本原则有家庭支柱优先，人身保险优先，保障型保险优先等。在家庭保险需求分析中，生命价值法、双十原则等保险需求分析的方法在实务中经常用到，也是本章的重点内容。家庭保险规划的流程包括测算家庭财务状况与所处家庭阶段、选择合适的家庭保障对象、选择合适的保险险种、确定家庭所需保险金额、确定家庭能承担的保险费用和保险缴费期间与保险期间等。

思考与练习

1. 什么是保险规划？

2. 保险规划的基本原则是什么？
3. 解释家庭生命周期理论下不同阶段的家庭保险需求。
4. 请解释保险需求分析中的生命价值法和双十原则。
5. 以自己或自己熟悉的家庭为例进行保险规划需求分析，形成保险规划计划书。

实训设计

请为你自己或你的家庭做一份保险规划方案。

要求：(1) 有家庭基本情况介绍；(2) 按照保险规划的流程，分步骤进行。

第七章　教育规划

学习目标

知识点：

- 了解人力资本
- 了解人力资本的提升途径
- 掌握教育规划的原则
- 理解常用的教育规划工具

能力点：

- 会利用教育规划的原则进行家庭教育规划
- 能正确使用教育规划工具
- 会制定家庭教育规划方案

导言

在宋代，赵恒写了著名的《励学篇》：富家不用买良田，书中自有千钟粟。安居不用架高楼，书中自有黄金屋。娶妻莫恨无良媒，书中自有颜如玉。出门莫恨无人随，书中车马多如簇。男儿欲遂平生志，五经勤向窗前读。该诗的原意不是说读书只是为了诗中提到的东西，而是希望大家认真去读书，通过知识的力量改变自己的生活。在现代社会，教育的确可以改变人生，但对子女教育也需要资金的投入，也需要合理规划。

第一节　人力资本与教育

阅读材料

毛遂自荐

公元前257年，秦昭王派兵围攻赵国都城邯郸。赵孝成王派平原君去楚国求援，平原君准备挑选二十名文武门客随同前往，已选中十九人，尚缺一人。门客毛遂自告奋勇，愿与平原君同往。平原君问："毛先生至赵国几年？"遂答："三年。"平原君又问："先生若为圣贤之辈，三年未曾被人称颂，是先生无才能也。"毛遂答："吾乃囊中之锥，未曾露锋芒，今日得出囊中，方能脱颖而出。"

毛遂面见楚王，毫无惧色道："合纵之事，对楚实是有百益而无一害。想那秦国久存虎狼之心，并吞天下之意早已昭然若揭，赵亡，楚亦不会长久。想当年，苏秦首倡合纵，六国结为兄弟，致秦十五年不敢东进一步。今秦虽围邯郸年余，二十万精兵日夜进攻，却未能损邯郸毫厘。且魏素交好与赵，必遣救兵，若楚赵合纵成功，联合魏、韩，灭秦精锐于邯郸城下，乘势西进，则楚可报先仇，收复失地，重振楚威，如此百利而无一害之事却犹犹豫豫不能定夺，到底为了何故？"言罢，楚王立刻连连称是，道："就依先生，就依先生。"于是于朝堂之上歃血定盟，合纵事成。平原君赞颂毛说："毛先生一至楚，而使赵重于九鼎大吕，毛先生以三寸之舌，强于百万之师。"

讨论：

1. 通过毛遂自荐的故事，你认为人才对团队的重要性体现在哪里？

2. 人才是"人"加"才能"，如何提升人的才能？

一、人力资本

劳动者受到教育、培训、锻炼、实践、迁移、保健等方面的投资，能得到相应的知识，总结自己的经验，提升自己的技能，而这种知识、经验、技能可以为雇主和劳动者自己带来更高的收益。知识、经验、技能集成于劳动者自身，使他形成了一种特定的、区别于资金、机器设备、土地资本的特殊资本——人力资本。

人力资本是家庭的最大财富，也是公司最大的财富。拥有人力资源丰富的公司，可以在市场中更具竞争力，能加速公司其他资源的有效开发，并使得投资者的收益数倍于投资物质资本的收益水平，从而保证公司经济实力快速稳定地增长。

人力资本的态度、知识、技能天然归属个人，并且只能由其天然的所有人控制着这种资产的启动、开发和利用。比如，在企业中，是员工个人拥有人力资本，公司的发展取决于员工对公司的认同感。

人力资本是一种主动资本，个人决定其价值的大小。比如，在公司中，如果员工寻找不到自己应有的位置，对公司的认同感不强，他就不愿或不能为公司创造价值；如果员工个人价值观与公司文化相冲突，员工的人力资本不但不能为公司带来价值，还可能对公司造成危害。

人力资本总是自发地寻求实现自我价值的市场。比如，员工频繁跳槽，就是员工认为现在的岗位不能实现自己的价值。

二、人力资本提升的途径

一个人要想为家庭、为社会做出更大的贡献，首先就要尽其所能地提升自己的人力资本。

很显然，提升个人人力资本的途径无非是接受良好的教育（学习）、实践锻炼、自我总结等。

首先，提升人力资本的最有效途径之一是接受教育。英国哲学家培根说得好：读史使人明智，读诗使人灵秀，数学使人周密，自然哲学使人精邃，伦理学使人庄重，逻辑修辞学使人善辩。加强学习是提高个人观察、记忆、思维、想象能力的重要手段。知识像烛光，能照亮一个人。人只有在一生中不断地加强学习，汲取知识，就会丰富自己的知识面，即所谓的见多识广。具体做法包括：

(1) 学习别人的经验，少走弯路；

(2) 快速掌握生存的技巧，学会生存；

(3) 快速提升职业能力，能够自食其力；

(4) 开发人的潜能，包括观察能力、思考能力、解决问题能力、创新能力等；

(5) 提高交际能力；

(6) 培养分析能力；

(7) 培养价值判断的能力；

(8) 培养对个人和环境的认识能力；

(9) 改善对当今世界的了解能力；

(10) 增长人文和艺术科学的知识等。

其次是实践锻炼。“古人学问无遗力，少壮工夫老始成。纸上得来终觉浅，绝知此事要躬行!”一个人在掌握大量知识的基础上，只有在社会实践中反复实践、运用，才能将书本上的知识变成自己的技能和能力。实践就像是学习游泳，一个人无论有多么丰富的游泳知识，如果不进游泳池中进行实践，绝对不可能学会游泳。

最后是勇敢面对挫折和失败。人在前进的道路上不可能一帆风顺，总要遇到这样或那样的问题。人的一生就像是爬山，有上有下，有起有伏，一个人只有在不断地面对挫折、克服困难，在失败后重新站起来，才能成长。经历不如经验，经验不如历练，历练不如磨炼就是这个道理。

三、平均教育年限与终身收入的关系

对一个国家来说，国民的平均受教育年限越长，该国国民的物质文化生活越丰富，文明程度也越高。对一个人来说也是如此。学历证明是一个人接受教育程度的标志。虽然说成功不一定靠学历，但在现代社会中，学历无疑是一个人职业生涯成功的助推剂。

讨论：

1. 你认为接受教育的目的是什么?

2. 你认为完成了硕士（博士）学历是否实现了教育的目的?

3. 你认为教育目的的实现需要什么条件?

第二节　家庭教育规划的原则与流程

波斯一位智者曾经说过：“人好比一座满藏无价之宝的矿山，唯有教育才能使其宝藏显露，造福社会。”然而，教育是需要投资的，是需要资金支持的，比如孩子兴趣班的费用、幼儿园的费用、大学的学费、留学的学费、生活费用、资料费用、职业培训的费用等。如果一个家庭没有相应的经济基础，很难满足孩子的教育需求。

随着人们对教育重视程度和教育成本的逐年提高，子女的教育支出已经成为很多家庭的主要支出项目，而且是家庭最不能忽视、最不愿意忽视和必须满足孩子教育期望的支

出，家庭提前做好子女教育规划显得尤为重视。

一、教育规划

为了准备实现子女预期教育目标所需要的费用，家庭要做出相应的理财方案，确定在适当的时机、选择合适的理财规划工具，并根据具体情况的变化及时调整理财方案的教育金管理过程。教育规划的核心就是家庭在何时筹备足够的教育金，保证子女能够接受良好的教育。

教育金是用来支持子女从幼儿园至大学教育所需要的资金，它具有总费用庞大（20万元～100万元），持续周期长（18～25年），阶段性支出很高（研究生及留学阶段每年20万左右），且阶段性支出周期短（半年到一年）的特点。同时，随着家长对子女教育的日益重视，教育金支出呈现逐年快速递增的态势。所以，鉴于教育金所具有的特点，合理规划显得必不可少。

讨论：请你计算一下，从你出生到现在，父母在你身上投入的教育费用一共有多少？

二、家庭子女教育规划的原则

鉴于每个家庭、每个孩子的情况各不相同，每一个家庭的教育规划都各具个性。但所有的家庭，在制定教育规划方案时，一般都要考虑以下几个重要的规划原则：

（1）目标合理。子女的教育目标合理，既要考虑子女的兴趣与能力，也要考虑家庭的支付能力。在小学和初中阶段，子女的兴趣爱好转换得很快，学习成绩和以后的发展方向未定型，父母应该以比较宽松的角度使得准备的教育金可以应付子女未来不同的选择。比如上普通大学还是上艺术院校，是在国内上学还是出国留学。

（2）提早规划。家庭理财的原则之一就是要提早规划，对于家庭子女教育规划，也是如此，提早规划，可以充分享受货币的时间价值，可以充分利用避险工具，规避教育金准备面临的风险，可以为家庭的其他理财提供充裕的准备时间。

（3）资金充裕。随着子女年龄的增大，子女教育金会越来越缺乏弹性，成为家庭的刚性支出。子女教育金不仅仅指学费，还包括住宿费、服装费、交通费、通讯费、娱乐费、各类考试培训费用等。因此，准备子女教育金时，在保证家庭日常开支的基础上，尽可能多地积累子女教育金。退一步来讲，将来子女教育金有剩余，还可以将剩余资金转为退休金，降低退休后对子女的依赖程度。

（4）定期定投。子女接受不同阶段的教育都有一定的年龄规定，每一阶段的教育金支出都是刚性的，加之子女教育金准备持续的时间长，所以，子女教育金的准备具有储蓄的性质，家庭有必要采取强制性的定期定投的储蓄措施，确保教育金准备能够集腋成裘、聚沙成塔。

（5）稳健投资。稳健投资是为了保证有足够的子女教育金，主要是让教育金保值增值。为了避免通货膨胀对教育金的侵蚀，家庭成员应该对教育金的筹备作一个周详的分析和计划，结合自身的实际，寻求多种理财方式，如银行储蓄、教育金保险与其他教育理财产品，做到保值增值。需要注意的是，教育金储备的目的不是获取短期的高额回报，而是应该注意分散风险，做到长期投入，稳健投资。

讨论：请你谈谈对教育规划原则的理解。

三、教育规划的流程

制定家庭子女教育规划是一个复杂的过程，它不仅需要专业知识，还需要全面考虑家庭成员对子女的教育期望目标、子女自身的智力与非智力因素，以及家庭的财务现状和预测家庭十年、二十年之后的财务状况，并为此制定详细的规划方案。一般来说，可以按照以下五个步骤来制定教育金计划。

第一步，了解家庭成员结构及财务状况。了解家庭子女的数量，家庭的资产、负债情况，收入、支出情况，可以明确知道家庭资产中有哪些已经进行了教育规划投资，未来可以进行教育投资的规模有多大；了解家庭的投资偏好，子女及父母的年龄；可以知道应选择的教育规划产品等，这是制定家庭教育规划的基础。

第二步，确定客户对子女的教育目标。家庭教育规划目标能否实现，取决于家庭的财力和子女的兴趣及学习能力。在做家庭教育规划时，教育规划目标与家庭的财力关系要协调一致。比如，家庭年结余在数十万元，负债比率又远低于正常值，子女尚在幼年，子女的教育目标完全可以是读发达国家的知名大学，如牛津大学、哈佛大学等。

在确定子女的教育目标时，教育负担比是衡量家庭教育开支压力大小的指标。

$$\text{教育负担比}=\frac{\text{子女求学期间的费用}}{\text{家庭届时税后收入}}\times 100\%$$

子女求学期间的费用包括学费、住宿费、日常开支等。如果家庭的教育负担比高于30%，家庭子女教育就要早做规划。

第三步，估算教育费用。子女的教育费用主要包括求学期间的学费、住宿费和日常开支。由于教育规划是面向未来的规划，在估算子女教育费用时，要考虑学费的上涨率。对一个家庭来说，孩子的成长之路，就是用家长的汗水和资金筑就的。

典型案例

刘先生的孩子今年17岁，刚考入国内某大学艺术系，孩子正式报到前，刘先生估算了孩子大学一年级的相关费用：学费35 000元，住宿费4 000元，孩子大学一年中的各项开支1 000元/月，全年按10个月计算。刘先生家庭的年税后收入为80 000元。问：刘先生家庭的教育金压力大吗？

$$\begin{aligned}\text{届时教育金费用}&=\text{学费}+\text{住宿费}+\text{日常开支}\\&=35\,000+4\,000+1\,000\times 10=49\,000(\text{元})\end{aligned}$$

$$\begin{aligned}\text{教育负担比}&=\text{届时子女教育金费用}/\text{届时家庭税后收入}\times 100\%\\&=49\,000/80\,000\times 100\%=61.25\%\end{aligned}$$

刘先生孩子读大学所需要的费用占家庭税后收入的比重达到了61.25%，显然影响了家庭的其他财务安排。如果时光可以倒流，刘先生一定会对孩子的教育提前作出安排的。

第四步，制定教育费用的筹集方案。子女教育金来源于家庭的资产和收。稳定的收入、充足的资产是子女教育支出的坚实保证。子女教育金的筹集方法无非三种：一次性投入、分期分批投入、借贷。

在制定家庭子女教育费用筹集方案时，理财规划师在确定子女教育金的缺口的基础上，根据子女教育金准备的期限，选择合适的资金准备方式及教育规划工具，完成子女教育金的准备。

第五步，执行教育规划方案。子女教育规划的目标能否实现，落脚点在于合理的子女教育规划方案能否得到有效的实施。一般来说，为了保证子女教育规划目标的实现，家庭成员要配合理财规划师执行好教育规划方案。建议家庭成立专门的教育金账户，确保专款专用。

心得体会

请你谈谈教育规划的流程。

第三节　制定家庭教育规划方案

每一个做父母的，都愿意把世界上最美好的事物留给自己的孩子。在竞争日益激烈的现代社会，良好的教育无疑是父母送给子女最好的礼物。教育金的筹备实质上是一个投资积累的过程。选择正确的子女教育金规划工具，为子女未来接受高等教育筹备充足的经费，是家长最理想的选择。

一、教育规划工具

目前，市场上主要的筹备教育金方式包括银行储蓄、教育金保险、政府债券、证券投资基金、子女教育信托和各种教育贷款。这些教育规划工具，优劣并存、各具特点，家庭成员只有在专业的理财规划师的协助下，正确运用，形成组合，才能实现优势互补。

（一）银行储蓄

商业银行提供的，满足一般家庭中短期需求的储蓄工具，包括活期储蓄、定活两便、定期储蓄等。银行储蓄的优势主要有：本金非常安全、流动性好、收益率确定。劣势为：收益率比较低，远不能达到保值增值的目的；不能专款专用。储蓄类工具适合短期教育规划。

（二）教育金保险

保险公司提供的、针对少年儿童在不同生长阶段的教育金需求的保险理财产品。教育金保险的优势有：强制储蓄、专款专用、未来资金流的确定性、一定程度上能抵御通货膨胀的影响、具有保障功能，比如保费豁免、附加住院医疗费用保险等。

其劣势为：收益率相对较低；一般期限较长，中途退保损失较大等。

教育金保险适合中长期教育规划。

（三）子女教育信托

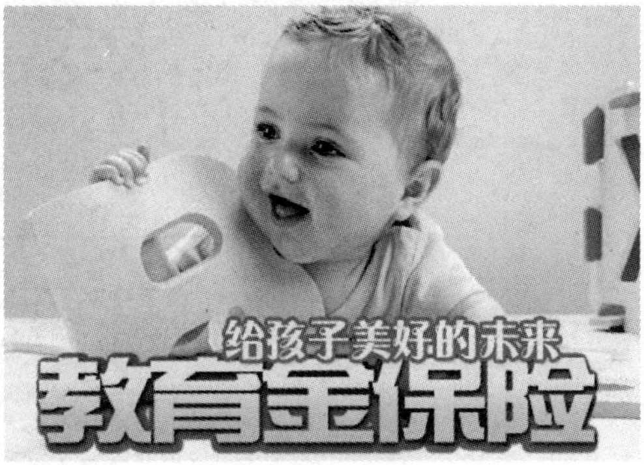

新加坡、美国等国家有专门的子女教育信托。父母为子女设立专门的财产信托，并和受托人约定孩子进入大学就读时定期支付信托资金给受益人（子女），直到信托资产全部付完。家庭将资金委托给信托机构，并签订信托合同，通过信托公司专业管理，为受益人的利益或特定目的进行资产管理或处分。目前国内已有信托公司开展子女教育信托业务。子女教育信托的优势有：严格的法律保障制度和监管；有约定的预期收益和投资期限；收益率一般较银行存款高；有一定避税作用；信托资产与家庭资产隔离，避免家庭出现债务危机；专业理财管理。子女教育信托在教育金规划中具有不可取代的地位，是高端客户的理想教育规划工具。

子女教育信托适合中长期教育规划。

（四）其他教育理财产品

针对那些希望得到更高投资收益的家长，金融市场还为他们提供了政府债券、债券型基金、股票、混合型基金、股票型基金等投资产品，这些投资产品也能在不同程度上满足教育规划的要求，他们的具体特点见本书的投资规划。

（五）融资类教育规划工具——教育贷款

教育贷款是子女教育费用筹集的重要渠道，它可以缓解子女教育金不足对家庭造成的短期财务压力。

个人教育贷款是银行向在读学生或其系直系亲属、法定监护人发放的用于满足其就学资

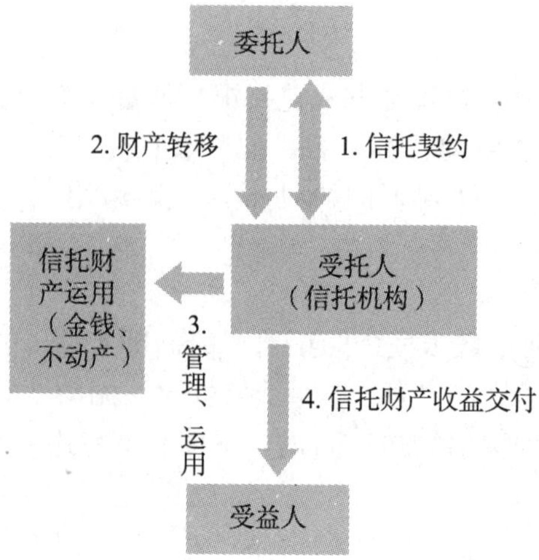

金需求的贷款。根据贷款性质的不同将个人教育贷款分为国家助学贷款和商业助学贷款。

国家助学贷款是由国家指定的商业银行面向在校的全日制高等学校经济确实困难的本专科学生（含高职学生）、研究生以及第二学士学位学生发放的，用于帮助他们支付在校期间的学费和日常生活费，并由教育部门设立“助学贷款专户资金”给予财政贴息的贷款。

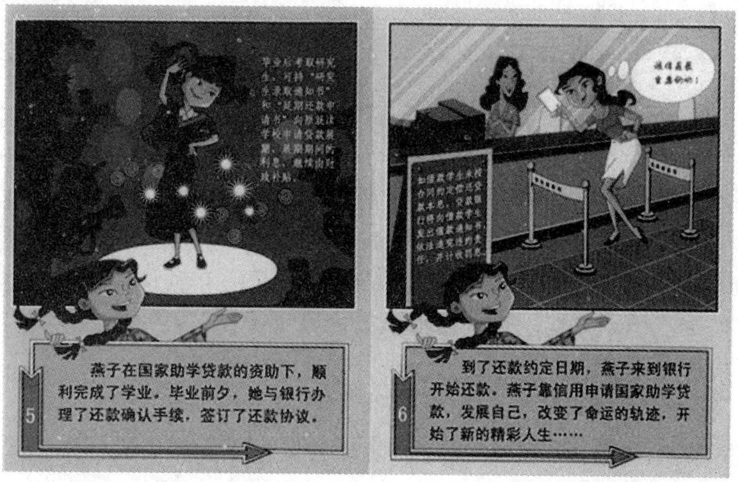

商业助学贷款是指银行按商业原则自主向个人发放的用于支持境内高等院校困难学生学费、住宿费和就读期间基本生活费的商业贷款。商业助学贷款实行“部分自筹、有效担保、专款专用和按期偿还”的原则。

二、制作家庭教育规划方案——以刘先生家庭为例

典型案例

刘先生一家为中等收入家庭，刘先生月税后收入为 11 000 元，刘太太月税后收入为 5 000 元。家庭每个月的生活开支为 2 000 元，孩子每个月的相关花费为 1 200 元。两人只有存款 10 万元，没有理财经验，也没有进行任何风险投资。他们除给 12 岁的儿子购买一份月缴费 2 000 元的医疗保险外，两人也没有购买任何商业保险。对于孩子的教育问题，夫妇二人有以下设想：18 岁让孩子在国内上大学，本科毕业后到澳洲读硕士。他们想让专业的理财规划师为其进行子女教育规划（学费的成长率为 5%，家庭收入成长率、通货膨胀率和生活费用增长率均为 3%）。

（一）了解家庭成员的结构及财务状况

刘先生的家庭为典型的三口之家，正处在家庭成长期的中期。刘先生家庭的收入处中等偏上，没有投资与理财的经验，保障不足。

刘先生家庭的收入支出情况如表 7—1 所示。

表 7—1　　单位：元

收入		支出	
月工资收入	16 000	保险费	2 000
		日常开支	2 000
		孩子相关费用	1 200
合计	16 000	合计	5 200
月结余	10 800		

从家庭收入情况看，刘先生的家庭为典型的双引擎家庭，家庭的主要收入为工资性收入，理财收入几乎为零。

从家庭的资产情况来看，刘先生家庭只有 10 万元的存款性金融资产，没有投资性资产，没有商业保险，该家庭属于极度保守型的家庭。因此，在理财规划中，该家庭的首要理财目标是实现财务安全。

（二）确定子女教育目标

18 岁让孩子在国内上大学（6 年后），本科毕业后（10 年后）到澳洲读硕士。

（三）子女金需求预测

1. 国内大学教育费用估算

考虑到国内普通大学的学费为 10 000 元/年，孩子大学期间的生活费用为 800 元/月，孩子其他开支每年为 2 000 元（见表 7—2）。

表 7—2　　**刘先生的孩子大学本科教育费用估算表**　　单位：元

	学费	生活费	其他	合计
费用	40 000	32 000	8 000	80 000
增长率	5%	3%	3%	
6 年后终值	53 603	38 210	9 552	101 365

在国内大学阶段，刘先生家庭的月收入为：

$$月收入=16\ 000\times(1+3\%)^6=19\ 104(元)$$

届时，刘先生家庭的教育负担比为：

$$\begin{aligned}教育负担比&=家庭年教育支出\div家庭年税后收入\\&=(101\ 365\div4)\div(19\ 104\times12)=11\%\end{aligned}$$

在国内大学阶段，刘先生家庭的教育负担比在合理范围之内，无须专门对子女做大学教育金规划，家庭也有足够的财力支持孩子完成大学教育。

2. 国外教育费用估算

目前，在澳洲读研究生阶段的费用如表 7—3 所示。

表 7—3

项目	硕士生阶段的费用	备注
学校申请费	100 澳元	获取入学通知书
公司代理服务费	12 800 澳元	全程服务
使馆签证费（不可退）	420 澳元	交使馆
体检费	1 000 元人民币左右	交医院
医疗保险费	600 澳元（一学年）	交学校
正式课程学费	20 000 澳元（一学年）	
安排住宿费	200 澳元（一学年）	交学校相关部门
生活费	14 000 澳元（一学年）	依地区定
学生年总费用（学费+生活费）	约 289 096 元人民币	（1 澳元=5.82 元人民币）

考虑到澳洲学费的成长率（5%），10 年之后，留下澳洲一年的费用大约为：

$$289\ 096\times(1+5\%)^{10}=470\ 906(\text{元})$$

届时，刘先生家庭的月收入为：

$$16\ 000\times(1+3\%)^{10}=21\ 502(\text{元})$$

刘先生家庭的教育负担比为：

$$\begin{aligned}\text{教育负担比}&=\text{家庭年教育支出}\div\text{家庭年税后收入}\\&=470\ 906\div(21\ 502\times12)=182\%\end{aligned}$$

由此可以看出，以刘先生家庭的收入，届时子女接受国内高等教育，并不存在财务压力，但到澳洲留学，家庭的财务压力非常大。故刘先生家庭需要提前对子女教育进行规划。

（四）制定教育费用的筹集方案

刘先生家庭子女教育金的筹集方案有三种：一次性投入、分期分批投入和借贷。由于刘先生家庭的收入属中等偏上，故建议刘先生的家庭制定家庭子女教育费用筹集方案时，采用一次性投入与分期分批投入相结合的方式，完成子女教育金的准备。

1. 确定子女教育金总额

刘先生家庭需要准备 6 年后的国内子女大学教育金 101 365 元，10 年后留学澳洲的教育金 941 812 元（两年），合计为 1 043 177 元（不考虑货币的时间价值）。若考虑到货币的时间价值，采用 5%的贴现率，则刘先生家庭 6 年后需要准备的教育金如表 7—4 所示。

表 7—4

费用	大学四年的费用（元）	澳洲留学的费用（元）	合计
金额	101 365	470 906×2	
6 年后教育金需求	101 365	774 831	876 196

刘先生家庭 5 年后需要一次性准备 876 196 元的教育费用，才能满足孩子国内大学、澳洲硕士的教育目标。

2. 计算教育金缺口

刘先生家庭现有 10 万元的银行储蓄，考虑到家庭的现金需求，假定刘先生家庭留 4 万元储蓄作为家庭紧急备用金，其余 6 万元作为子女教育金的启动资金，采取较为保守的投资，年收益率为 5%，则其 6 年后的终值为 80 405 元，故刘先生家庭子女教育金缺口为：

876 196－80 405＝795 791(元)

3. 准备子女的教育金

建议刘先生家庭以组合投入的方式解决子女教育金的。届时，用教育保险满足刘先生家庭子女教育金的三分之一（265 263 元），用储蓄的方式（收益率为 5%）满足子女教育金的三分之一，其余三分之一用投资的方式（收益率为 8%）满足。

（1）购买一份教育保险，附加保费豁免，每月需要投入约 4 000 元；

（2）定期储蓄，FV＝265 263 元，N＝6，I/YR＝5%，每月应投入的定期储蓄金额约为 5 003 元；

（3）教育金定投，FV＝265 263 元，N＝6，I/YR＝8%，每月应投入的金额约为 4 707 元。

所以，刘先生的家庭从现在开始，每个月要投入约 13 000 元，才能满足未来子女的教育期望。如此看来，刘先生家庭的教育负担比大约为 81%，也远远高于参考值。

总体来看，如果刘先生的家庭在未来 6 年中，不能提高家庭收入，还想满足对子女的教育期望，家庭财务上具有很大的压力，建议刘先生家庭改变子女的教育期望，让子女在国内读研究生。

从该案例可以看出，子女教育金是最没时间弹性和金额弹性的目标，只有预先筹划，才不会因为家庭财力不足而使子女学业中断；需要注意的是，子女教育金还要计算在保险的需求额中，这样不会因为教育金准备来源的中断而使子女失去受教育的机会。

为了孩子的明天，让每一个家庭提早筹划并有计划地积攒他们的教育金吧！

本章小结

本章一共有三部分内容：人力资本与教育、家庭教育规划的原则与流程、制定家庭教育规划方案。教育负担比是衡量家庭届时教育支出压力的重要指标，如果预计家庭教育负担比高于 30%，就应该尽早准备子女教育金。子女教育规划中要注意目标合理、提早规划、定期定投、稳健投资，要用组合的方式完成家庭教育金的准备。家庭常用的子女教育规划工具有储蓄、教育保险、教育贷款、证券投资、信托等，教育规划工具要组合使用。制定子女教育规划方案有五步：了解家庭成员的结构及财务状况、确定子女教育目标、确定子女教育金总额、计算教育金缺口、准备子女的教育金。

思考与练习

1. 什么是人力资本？人力资本与教育投入之间有什么样的关系？
2. 家庭教育规划的原则有哪些？
3. 解释家庭教育负担比。

4. 谈一谈你对教育保险、子女教育信托、教育贷款等教育规划工具的理解。

实训设计

朱先生今年 31 岁，是某制药企业中层管理人员，税后年收入 15 万元，基本保险齐全；妻子，30 岁，工资税后年收入 8 万元，基本保险齐全。儿子今年 3 岁，由父母抚养，每月需支付孩子抚养费 3 000 元。家有 120 平方米住宅一套，现价值 180 万元，尚有 30 万元的贷款未还清；另还有活期存款 25 万元，股票、期货等投资类资产约 80 万元。

朱先生已经迈入而立之年，人生的角色也从过去的单身贵族成为丈夫和父亲，他希望孩子高中毕业后去英国留学，在英国进行大学本科和研究生阶段的学习。假设现在留学英国一年的费用为 30 万元人民币，学费的成长率为 3%。请你为朱先生做一份子女教育规划方案。

第八章　投资规划

学习目标

知识点：

- 了解投资规划的工具
- 理解客户的投资偏好
- 掌握投资规划的原则
- 理解常见的投资策略
- 理解投资规划中的资产配置

能力点：

- 能评估投资者的风险承受能力
- 能作出合理的投资决策
- 能够选择合理的投资策略
- 能够合理使用投资规划工具

导言

电视剧《北京人在纽约》中有句经典台词：如果你爱他，请带他去纽约，因为那是天堂；如果你恨他，请带他去纽约，因为那是地狱。在家庭投资规划中，也可以套用这句台词：如果你爱他，请带他去证券市场，因为那是天堂；如果你恨他，请带他去证券市场，因为那是地狱。

典型案例

李某为某家证券公司的高级投资顾问。2014 年夏天，他接到一个电话，一位女士询问他，她在十几年前以 11 元/股的价格购买的 500 股伊利股份，现在是否可以卖掉。李某通过证券行情软件，调出了伊利股份这只股票，发现伊利股份的复权价格最高为1 624.73元，当时的复权价格为 1 296 元。李某非常好奇，问该女士为何能一直长期持有伊利股份。女士不好意思地告诉他，她在买入伊利股份的当年，就跟丈夫去了英国，在国外一待就是近二十年，前段时间回国，在整理家里的物品时，发现了 1996 年购买的伊利股份股票。图 8—1 为伊利股份 1996 年上市至 2014 年的年 K 线图。

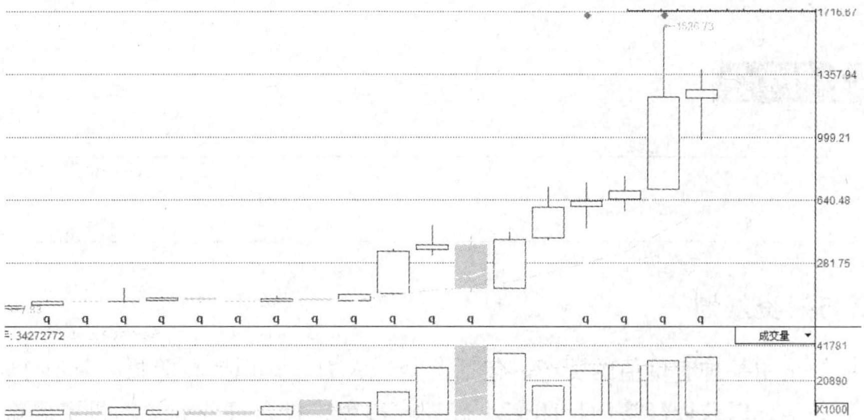

图 8—1　伊利股份的年 K 线图

第一节　家庭投资规划

趣味阅读

谁偷走了您的 77 万元？

假设您现在有 100 万元现金放在家里，假设未来的年均通货膨胀率为 5%，10 年后，100 万元的购买力将缩水到 62 万元，20 年后，100 万元的购买力会缩水到 38 万元，30 年后，100 万元的购买力会缩水到 23 万元。问题是您的 77 万元去哪里了，是谁把它偷走了？

一、家庭为什么要投资

很多人都会有这样的疑问，投资是什么？为什么要投资？也有人觉得投资离自己遥不可及，或者说自己都没钱，还理什么财、投什么资？还有一种人，他们觉得现收入稳定，生活过得无忧或者稍微富裕，有钱就多花点，没钱就少花点，不是很好吗，干吗冒着风险去投资呢？

在过去，中国的绝大多数老百姓都没有投资的意识，更别说进行投资规划了。然而，现实告诉我们，一个家庭不进行投资规划，不进行投资，在现代社会中，无疑会遭受巨大的经济损失。

根据国家统计局公布的消费者物价指数显示，在 1980—2010 年的 30 的年间，该指数的平均值为 5.51%，也就是说，2010 年的 100 元其购买力仅相当于 1980 年的 20 元。假定家庭在 1980 年时将钱一直存在银行中收利息，按照 5 年期 5%的存款利率，每五年自动转存定期方式计算，30 年后，原来的 100 元变为 2010 年的 381 元，不考虑其他因素，其购买力也仅是当初的 70%。

从上面的例子可以看出，一个家庭必须进行投资规划，否则家庭财富会面临缩水的风险。其实，在现代社会中，持续的通货膨胀，不断上涨的学费、医疗费、养老费用等，要求家庭不仅进行投资活动，而且尽早做好投资规划，尽早进行投资活动。

心得体会

____

____

____

二、投资与投资规划

投资指的是用某种有价值的资产，包括资金、人力、知识产权等投入到某个企业、项目或经济活动中，以获取经济回报的商业行为或过程。投资可分为实物投资和金融投资。在本书中，投资指的是金融投资。

金融投资是以货币购买金融市场上的股票、债券，基金、信托、存款等金融工具，期望获取投资回报的过程。在投资活动中，投资回报来源于三个方面：货币的时间价值、对通货膨胀的补偿、对风险的补偿。

投资规划是个人理财规划的一个重要组成部分，是客户实现财务自由的必经之路。

投资规划是指金融理财师或理财顾问根据客户投资理财目标和风险承受能力，对客户一生或某一特定阶段的现金流在不同时间、不同投资对象上进行配置，帮助客户实现理财目标的过程。具体来说，投资规划就是在明确家庭的消费储蓄比例的基础上，确定将当前资产分配于高风险投资工具、中等风险投资工具、低风险投资工具和无风险投资工具的比例，以更好地实现家庭的理财目标。

三、投资规划的流程

要想实现家庭的理财规划目标，确定家庭的投资规划方案是非常关键的。一般来说，制定投资规划方案有相对固定的流程。

（一）设定家庭投资目标

对家庭来说，希望达到的特定理财目标，是家庭投资规划的动力。有人说他们想成为富人，也有人说他们想过上高品质的生活。但光想是远远不够的，一个人、一个家庭，要想实现财务自由，就必须仔细规划，小心从事。对一般家庭而言，投资规划的第一步就是建立投资目标。

有效的投资目标必须明确，可以衡量，而且符合家庭的特殊理财需求。比如，家庭的理财目标可以是：到 2018 年年底，我的家庭总资产要达到 120 万元；到 2020 年 1 月，我要为家庭积累 40 万元的资金作为第二套房子的首付；在我 60 岁退休时，我要积累 80 万元的养老金等。下列问题会帮助家庭建立有效的投资目标：

- 你的资金用途是什么？
- 你需要多少钱才能达到投资目标？
- 你的投资期限有多久？
- 你愿意为投资规划承担多大风险？
- 什么情况下你会改变投资目标？

➢ 你的投资目标与你的财务状况吻合吗？

➢ 你愿意为达到投资目标作出牺牲吗？

➢ 如果没有达到投资目标，后果是什么？

投资目标总是面向未来的。您可以把投资目标分为短期目标（2年内）、中期目标（2到5年）和长期目标（5年以上）。比如，您可以建立一个短期目标，未来15个月内积累2万元，此后用该笔资金购买混合型基金达到您的中期目标或长期目标。

（二）检查家庭的财务状况

在实施投资规划前，家庭的财务状况应该处于健康状态。以下几项是确定家庭财务状况健康与否的关键指标。

（1）紧急备用金。理财规划师建议家庭应储备3到6个月正常开支的资金。比如，家庭的月正常开支为4 000元，理财规划师建议该家庭在进行投资前，家庭应该储备12 000到16 000元的资金，作为家庭的紧急备用金。

（2）收支平衡。在进行投资规划前，家庭首先应该学会量入为出，做到收支平衡。如果家庭有每月的分期付款，且分期付款的利率在10%以上，这种情形下，在信用卡、分期付款以及相应的财务费用没有减少或偿还完毕之前，投资规划是没有必要开始的。

（3）适当的保险。家庭在启动投资规划之前，有必要考虑好家庭成员的保险需求。请在投资规划前检查家庭成员的人寿保险、住院费用保险、健康险以及汽车保险等的覆盖额度。

（三）确定家庭的投资偏好

在进行家庭投资规划时，不同的个体因家庭财力、学识、投资时机、个人投资取向等因素的不同，其投资风险承受能力不同，投资偏好迥异；同一个人也可能在不同的时期、不同的年龄阶段及其他因素的变化而改变其风险偏好。因此在制定家庭的投资规划方案时，要充分考虑家庭主要成员的投资偏好。因为家庭主要成员的投资偏好，在很大程度上影响投资规划方案中的资产配置。

在家庭投资规划中，一般把家庭的投资偏好分为五大类：保守型、轻度保守型、中立型、轻度进取型、进取型。

（1）保守型投资者：保护本金不受损失和保持资产的流动性是首要目标。对投资的态度是希望投资收益极度稳定，不愿用高风险来换取收益，通常不太在意资金是否有较大增值。一般来说，该类投资者在其资产配置中，成长性资产占比在30%以下。

（2）轻度保守型投资者：稳定是重要考虑因素，希望在保证本金安全的基础上能有一些增值收入。希望投资有一定的收益，但常常因回避风险而最终不会采取任何行动。一般来说，该类投资者在其资产配置中，成长性资产占比在30%到50%。

（3）中立型投资者：渴望有较高的投资收益，但又不愿承受较大的风险；可以承受一定的投资波动，但是希望自己的投资风险小于市场的整体风险，因此希望投资收益长期、稳步地增长。一般来说，该类投资者在其资产配置中，成长性资产占比在50%到70%。

（4）轻度进取型投资者：专注于投资的长期增值。常常会为提高投资收益而采取一些行动，并愿意为此承受较大的风险。一般来说，该类投资者在其资产配置中，成长性资产占比在70%到80%。

(5) 进取型投资者：高度追求资金的增值，愿意接受可能出现的大幅波动，以换取资金高成长的可能性。为了最大限度地获得资金增值，常常将大部分资金投入风险较高的品种。一般来说，该类投资者在其资产配置中，成长性资产占比在80%到100%。

讨论：你是何种类型的投资者?

心得体会

(四) 资产配置

在金融市场中，有种类繁多的投资产品，有实物投资品，如古董、字画、珠宝、首饰、艺术品等，有金融投资产品，如债券、银行存款、银行理财产品、基金、股票、信托、期货、纸黄金等。各种投资产品的风险与收益情况各不相同，比如国债是低收益、低风险的产品，而股票、期货等则是高风险、高收益的投资产品。

资产配置就是根据家庭投资资金的闲置期限、家庭的风险承受能力、风险偏好、投资规划的目标等，将投资资金在不同类别投资资产之间进行分配。通常是将资产在低风险、低收益证券与高风险、高收益证券之间进行分配（见图8—2）。

建立正确的家庭资产配置

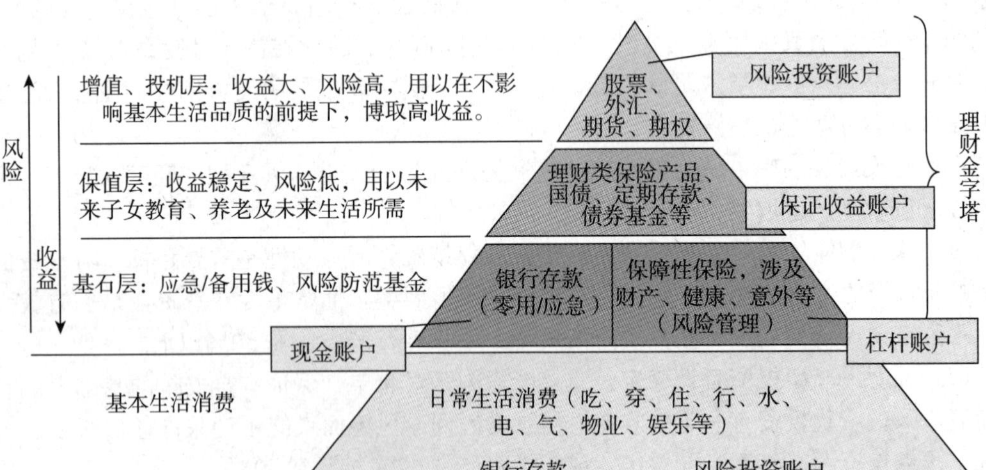

图8—2 家庭资产配置

一般情况下，资产配置的过程包括以下几个步骤：

第一步，明确投资目标和限制因素。

在进行资产配置前，通常需要考虑家庭的投资规划目标、核心成员的风险偏好、风险承受能力、流动性需求、时间跨度要求等，还需要注意实际的投资限制、操作规则和税收问题。

第二步，明确资本市场的期望值。

这一步骤非常关键，比如，货币市场基金就常被投资者作为短期现金管理工具，因为其流动性好，风险低；债券被投资者作为中期的投资管理工具，其流动性要弱于货币市场基金，但收益相对货币市场基金要高，风险中等；股票被投资者作为长期的投资管理工具，股票具有良好的成长性，但投资风险也较高。在我国证券市场上，上市十多年为投资者带来十倍以上收益的股票有许多，比如伊利股份、中联重科、同仁堂、双汇发展、万科 A、云南白药等，让投资损失惨重的股票同样也有许多，如中国远洋、金杯汽车等。

第三步，明确资产组合中各账户资产的占比。

一般来说，家庭资产配置的几种主要账户类型有：现金账户，对应的投资工具主要为货币市场工具等；杠杆账户，对应的理财工具主要为保障性保险等；安全型账户，对应的理财工具主要为固定收益证券，如债券、信托、保险理财产品等；成长性资产账户，对应的投资工具主要有股票、期货、不动产和贵金属（黄金）、艺术品等，家庭需要在理财规划师的建议下，确定各类资产在资产组合中的权重，并制定适合家庭情况的资产配置方案。图 8—3 是家庭资产配置的四大账户。

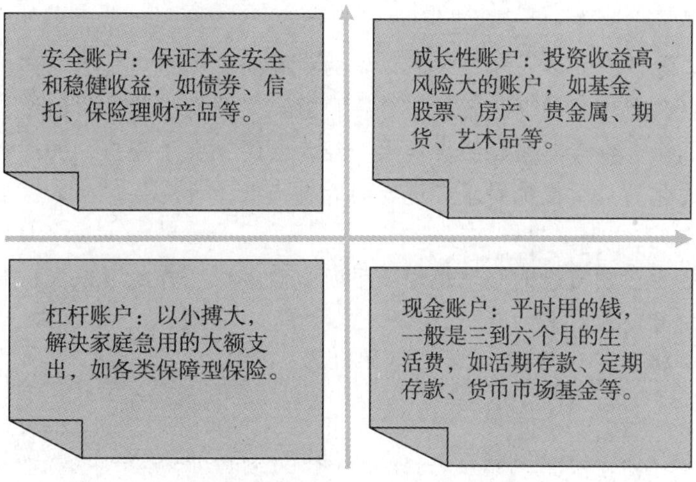

图 8—3　家庭资产配置的四大账户

第四步，寻找具体的投资标的。

在家庭资产配置方案的指引下，家庭要把投资的资金按照资产配置方案的要求，逐步落实到具体的投资产品上。比如，家庭要把 30%的资产配置在股票类投资工具上，理财规划师要帮助家庭选择出具体的投资标的——具体上市公司的股票。理财规划师可以给客户提供建议投资的股票池，该股票池可以包括十余只股票，具体的股票可以由客户自己选择。

第五步，动态调整家庭的资产配置方案。

资产配置是一个综合的动态过程，投资者的风险承受能力、投资资金都会不断地发生变化，所以对不同的投资者来说，风险的含义不同，资产配置的动机也不同，所以最终选择的组合也不一样。在理财活动中，家庭的资产配置方案要根据家庭财务状况、成员结构、重大事项的变化作出合理的调整。

阅读材料

胡雪岩的资产配置

西班牙人塞万提斯称得上是资产配置的鼻祖了，他在《堂·吉诃德》中提出“不要把鸡蛋放在一个篮子里”。

胡雪岩的成功主要是因为他找准了最佳的投资谋略——不把鸡蛋放在一个篮子里。有了这个大的投资方向，才使他不断开拓新的行业，最终站到了财富的顶端。

胡雪岩在看准商机，将一切筹划好后就会立刻行动。他认为，如果不去发展新的出路，一个行业守一辈子，一旦出现行业危机，就会变得一无所有。胡雪岩总是把自己的鸡蛋分装在不同的篮子里，就算是一只篮子掉了，对他整体影响也不会太大，这也是作为一个商人最高明的投资。

胡雪岩的商业生涯中十分重视多元化经营。一开始，他先是在自己最为熟悉的领域开起了阜康钱庄，待钱庄有了一定的规模与发展之后，他又开起了典当行。

胡雪岩依靠左宗棠，向洋人进行贷款，与洋人大做军火生意，为清军购买了大批的衣食药品，帮助左宗棠办起了福州船政局，大举洋务，使钱财源源不断地流向了自家的产业。

资金雄厚了，他便开始涉足于他梦寐以求的桑蚕业。先是奔赴了湖州，从桑农手中收购了大批的蚕丝，又与中国丝商进行统一口径，对洋人抬高了整体的丝价。

胡雪岩开着钱庄、办着典当、买卖军火、经营丝绸、有了药店，并同时承办了左宗棠的军需购置，多元化的经营使他财源广进，同时也降低了投资的风险，深得多元化经营的好处。

庞大的胡氏生意在胡雪岩的合理规划下不断地像雪球一样越滚越大，最终滚到了财富的顶端，完成了所有商人最美的梦想。

资料来源：神马：《胡雪岩商场笔记》，北京，人民日报出版社，2011。

阅读材料

两种简洁的资产配置方案

金融界盛行一句老话：别把鸡蛋装在一个篮子里。对盼望发财又想少冒险的人来说，选择多样化的资产组合，虽然不能回避所有风险，但总比把宝押在一两种资产上，最后血本无归好得多。

专家提出比较稳妥的组合投资方式是“四三二一”方案。即40%的钱存入银行，以备日常应用；30%的钱购买国债，以期获得比银行利息更多但风险比股票小的回报；20%的钱用于买股票和基金，换取高风险的高回报；10%的钱用来参加各种保险，以防患于未然。也有专家提出“三三制”的组合投资方式，即1/3的钱储蓄；1/3的钱购买国债和各种债券；1/3的钱投资股票和保险。当然，类似的方案不少，但基本精神都是一样的，即要求投资者一方面要分散投资，把“鸡蛋放在不同的篮子里”；另一方面，还要进行合理的组合配置，分散金融风险。

心得体会

第二节　投资规划工具

投资工具，也称金融工具、金融产品、金融资产、有价证券等，是指在金融市场中可交易的金融资产，是用来证明贷者与借者之间融通资金余缺的凭证，如债券、股票、外汇、期货、期权等。因为它们是在金融市场可以买卖的产品，故称金融产品；因为它们有不同的功能，能达到不同的目的，如融资、避险等，故称金融工具；因为它们代表着拥有的财富，故称金融资产；同时，它们也是产权和债权债务关系的法律凭证，故称有价证券。

一、流动性金融工具

流动性金融工具是指期限在一年内的金融工具。比如短期国债、银行短期存款、大额可转让定期存单、货币市场基金、短期保本型的银行理财产品、短期保本型的券商理财产品、短期保本型的信托产品等。

流动性投资工具的特点是随时可以变现，不会损失本金，但是投资收益很低。

二、安全性投资工具

安全性投资工具的特点是不会亏本，投资收益适中，投资收益有保障，但流动性稍差。

安全性投资工具主要包括：中期储蓄（一年以上）、中长期国债、债券型基金、储蓄型的商业养老保险（年金保险、分红保险和万能保险）、中期保本型的银行理财产品、中期保本型的券商理财产品、中期保本型的信托产品、社会养老保险等。

（一）中期储蓄

中期储蓄的存期有二年、三年、五年三种，五十元起存，多存不限，到期一次支取本息。中期储蓄的利率较高，定期存款利率高于活期存款，可以无风险地获得较高的利息收入，是重要的传统理财工具。

（1）可约定转存。客户可在存款时约定转存，定期存款到期后的本金和税后利息将自动无限期转存，避免到期重新存入的烦琐，保证利息收入最大化。

（2）可提前支取。如果客户急需资金，可以办理部分或全部提前支取。未到期的定期存款，全部提前支取的，按支取日挂牌公告的活期存款利率计付利息；部分提前支取的，提前支取的部分按支取日挂牌公告的活期存款利率计付利息，剩余部分到期时按开户日挂牌公告的定期储蓄存款利率计付利息。

（3）可质押贷款。如果较大额的定期存款即将到期时急需资金，这时提前支取利息损失较大，客户可以在银行申请办理存单质押贷款，服务快捷方便。

中期储蓄特别适合客户在未来一段时期（五年之内）有特定的资金需求，比如客户的孩子在三年后要上大学，客户需要在两年后购车等特定的理财目标。

（二）中长期国债

中长期国债是指期限在一年以上的国家债券。它是政府为了弥补预算年度的财政赤字而发行的政府债券，所筹集的资金主要用于一些政府投资的公共项目如学校、桥梁、河道等建设。

(1) 中长期国债的期限较长，适合有中长期特定资金需求的投资者。由于有发达的债券二级市场的存在，如我国有银行间可债券市场、交易所市场等，中长期国债易于转让出售，流动性好。

(2) 安全性好。同短期国债一样，由政府发行的中长期国债，同样具有很高的信誉，还本付息有国家财政作担保，所以信用度最高，违约风险最小，具有很高的安全性。

(3) 收益免税。为了鼓励投资者踊跃购买国债，大多数国家都规定，购买国债的投资者可以享受优惠的税收待遇，甚至免税待遇，这种免税优惠是国债所特有的。

（三）债券型基金

证券投资基金是指通过发售基金份额，将众多投资者的资金集中起来，形成独立财产，由基金托管人托管，基金管理人管理，以投资组合的方式进行证券投资的一种利益共享、风险共担的集合投资方式。

证券投资基金具有集合理财，专业管理、组合投资，分散风险、利益共享，风险共担、严格监管，信息透明、独立托管，保障安全的特点。

债券型基金是基金中的一个种类，它以国债、金融债等固定收益类金融工具为主要投资对象，因为其投资的对象收益比较稳定，债券型基金又被称为“固定收益基金”。根据投资股票的比例不同，债券型基金又可分为纯债券型基金与偏债券型基金。两者的区别在于，纯债型基金不投资股票，而偏债型基金可以投资少量的股票。

债券型基金具有的优势主要有：

(1) 低风险，低收益。由于债券型基金的投资对象——债券收益稳定、风险也较小，所以，债券型基金风险较小，但是同时由于债券是固定收益产品，因此相对于股票基金，债券基金风险低但回报率也不高。

(2) 费用较低。一般来说，债券型基金不收取认购或申购的费用，赎回费率也较低。同时，由于债券投资管理不如股票投资管理复杂，因此债券基金的管理费也相对较低。

(3) 收益稳定。投资于债券定期都有利息回报，到期还承诺还本付息，因此债券基金的收益较为稳定。

债券基金主要追求当期较为固定的收入，相对于股票基金而言缺乏增值的潜力，适合于不愿过多冒险、谋求当期稳定收益的投资者。

（四）中期保本型的信托产品

信托即受人之托，代人管理财物。是指委托人基于对受托人的信任，将其财产权委托给受托人，由受托人按照委托人的意愿，以受托人的名义，为受益人（委托人）的利益或其他特定目的进行管理或处分的行为。受托人按规定条件和范围，占有、管理、使用信托财产，并处理其收益。

中期保本型信托产品的期限在二年到五年，收益稳定，本金安全，兼具家庭资产隔离功能，是家庭资产配置中的稳健类金融工具。

阅读材料

信托产品有风险吗？

目前，我国的信托合同中不允许承诺保本、保收益等字眼，而且还要客户签署风险认购书。这说明，信托产品肯定是有风险的。信托年化收益主要集中在8%～12 %，这超越了很多实体经济的预期收益率；钱在自己手上，做生意、做实业都有一大堆亏损或倒闭的，更不用说做投资理财。所以，信托产品是有风险的。但是，信托的风险比较低。

首先，自2001年《信托法》颁布至今，购买集合信托产品的投资者都没有遭遇本金亏损的情况，买融资类产品（俗称固定收益产品）至今100%兑付，因为融资方有约定融资成本；买投资类产品，如PE、股权并购、定向增发、证券类品种等，收益是浮动的，尽管收益不固定，但本金亏损的情况还没发生过。信托行业连续13年没有违约兑付纠纷。

其次，信托产品有着严格的风险管理手段。整体而言，可以通过信托获得融资的企业实力都比较强；此外，信托公司非常看中还款来源，即使一个信托项目投资失败，只要其他项目的还款来源好，风险还是可以控制的；再者，信托产品都有通过第三方担保或者有价值的质押物来转移、化解风险，一般质押率通常在50%以下。即使信托投资项目失败，通过变卖抵押物变现问题也不大。当然，如果是担保，那么担保企业的实力、经营、财务等都有较为严格的要求。

目前，信托业资产管理规模扩大到9.45万亿（截至2013年6月末），这让信托业处于媒体和社会舆论的严格监管之下。信托公司、项目方、当地政府都会帮你想办法去化解风险。

不过，随着信托规模的不断扩大和经济环境的持续低迷，信托业的抗风险压力也会越来越大，将来个别项目出现兑付风险或者兑付纠纷也是可能的。

具体到信托项目，不同项目的风险程度也是不一样的。很多投资者买信托产品，只看期限和收益率，是非常危险的事情。

资料来源：火凤凰财富，http：//www.zrtvip.com/post－399.html。

心得体会

____

____

____

三、风险性投资工具

风险性投资工具的特点是可能亏本，但也可能带来很高的投资收益。风险性投资工具主要包括：股票、股票型基金（混合型基金、指数基金）、房地产（房地产投资信托基金）、黄金、外汇、非保本型的银行理财产品、非保本型的券商理财产品、非保本型的信托产品、投资联结保险、收藏品等。在家庭理财中，一般家庭多选择股票、股票型基金、房地产、贵金属等风险性投资工具。

（一）股票

在证券市场中，股票是具有高成长性、高风险的长期投资工具。

股票是指股份公司发行、证明股东的身份和权益、获取红利和股息的凭证，是股本、股份、股权的具体体现。股票实质上代表了股东对股份公司的所有权，即获得股息和红利。

1. 股票具有的重要特征

（1）收益性。收益性是股票最基本的特征。股票的收益来源可分成两类：一是来自股份公司领取的股息和分享的公司红利，股息红利的多少取决于股份公司的经营状况和盈利水平；二是来自股票流通，即买卖股票的差价收益，也称为资本利得。伊利股份，如果从上市的时候买入并持有到 2014 年，其总体收益可达到 130 倍。

（2）风险性。持有股票可能产生的经济利益损失特性。股票具有较高的投资风险，比如中国远洋，2007 年上市时，每股的发行价格为 8.48 元，2007 年，其股票的最高价格涨到了 68 元之上，2014 年，中国远洋的每股价格最低只有 2.91 元。

（3）流动性。上市公司的股票可以在交易所自由地交易，只要交易所开市，公司股票没有停牌，投资者可以在交易时段自由买卖。

（4）永久性。永久性是指股票所载有权利的有效性是始终不变的，股票的有效期与股份公司的存续期间是并存的关系，股票代表着股东的永久性投资。

2. 股票的分类

在评估股票投资时，股票经纪人、理财规划师以及投资者一般要对股票进行分类，这里介绍常用的股票分类。

（1）蓝筹股。蓝筹股是吸引保守型投资者的安全投资品种。蓝筹股是由实力雄厚、信誉卓著、经验稳健的大公司发行的股票，如中国石油、中国移动、工商银行、建设银行、中国人寿、中国平安等。这类股票的特征是行业领袖，收益稳定，有持续分红的历史等。

（2）收益型股票。分红水平高于行业平均水平的股票为收益型股票。由于要支付高于行业平均水平的红利，公司必须有稳定的、可预期的收入来源。如 A 股市场中的贵州茅台、五粮液、万科 A 等。

（3）成长型股票。成长型股票是获利能力高于所有企业平均获利水平的公司，表现在公司的规模不断变大、公司的产品线不断扩张、销售网点不断增加等方面。如 A 股市场上 20 世纪 90 年代上市的万科 A、伊利股份，2000 年后上市的中联重科、三一重工等都曾经是成长型股票，东方雨虹、贝因美等可能是未来的成长型股票。

（4）周期型股票是证券市场中数量最多的股票类型，其股价表现与经济周期同步，股价随着经济周期的盛衰而涨落。该类股票诸如汽车制造行业、钢铁行业、海洋运输行业、造纸行业等公司的股票，当整体经济上升时，这些股票的价格也迅速上升；当整体经济走下坡路时，这些股票的价格也会下跌，比如中国远洋、中国铝业等。

当周期性股票业绩极佳但市盈率锐减时，可能暗示着公司业绩已进入景气度高潮，此时糊涂的投资者可能还在选择买入并持有，但聪明的投资者却选择卖出；反之，对于大多数股票而言，高市盈率股票是坏事，但对周期性股票而言却是好事，当周期性股票业绩连续数年极差时，将是极佳的买入良机。

(5) 防守型股票。防守型股票指不论在怎样的市场环境下，都能提供稳定回报的股票。当整个市场上涨时防守型股票的表现要落后于大盘，而在市场下跌时，其跌幅也要比整个市场小，甚至还有上涨表现，因此防守型股票是在牛市接近结束时，投资者选择持有规避风险的最佳品种。

防守型股票之所以有这种特性，一是因为公司处在防守型行业，很少受商业及经济周期的影响，二是这类股票通常股利发放丰厚稳定，确保了收益。防守型股票一般涉及公用事业如水、电、煤气供应，以及交通运输、食品、医药、零售、白酒等板块。

(6) 大盘股（大市值股票）。大盘股通常指发行在外的流通股份数额较多，市值大的上市公司股票，如中国石油、中国石化、工商银行、中国神华、中国平安等，其市值在几千亿元人民币。由于大盘股市值大，股价的波动性小，是稳健型投资者喜欢选择的投资对象。

(7) 小盘股（小市值股票）。小盘股是相对于大盘股而言的。小盘股就是发行在外的流通股份数较少，市值较小的上市公司的股票，比如 A 股市场中现阶段一般不超 2 亿股流通股，市值在 30 亿以下的股票，都可视为小盘股。由于小市值股票的投机性更强，它们是希望迅速获利的投机者喜欢追逐的对象。

(8) 垃圾股。垃圾股指的是业绩较差的公司的股票。这类公司或者由于行业前景不好，或者由于自身经营不善等，有的甚至进入亏损行列。其股票在市场上的表现萎靡不振，股价走低，交投不活跃，年终分红也差。

垃圾股的股价可能一飞冲天，也可能摘牌退市。它们也是投机者疯狂追逐的投资对象。

（二）股票型基金

股票型基金是众多基金中的一种，根据中国证监会对基金类别的分类标准，60%以上的基金资产投资于股票的为股票基金；股票基金以追求长期的资本增值为目标，比较适合长期投资。与投资者直接投资于股票市场相比，股票基金具有分散风险、费用较低等特点。对投资来说，投资股票基金，不仅可以分享各类股票的收益，而且可以通过投资于股票基金而将风险分散于各类股票上，大大降低了投资风险。

与其他类型的基金相比，股票基金的风险较高，但预期收益也较高。与房地产一样，股票基金提供了应付通货膨胀最有效的手段。

从投资策略角度来说，股票基金可以细分为价值型、成长型和平衡型。

价值型基金的风险最小，但收益也较低，适合想分享股票基金收益，但更倾向于承担较小风险的投资者。价值型基金多投资于公用事业、金融、工业原材料等较稳定的行业，而较少投资于市盈率倍数较高的股票，如网络科技、生物制药类的公司。

成长型基金适合愿意承担较大风险的投资者。因为这一类基金风险最高，不过，赚取高收益的成长空间相对也较大。成长型基金多投资产业处于成长期的公司，在具体选股时，更青睐投资具有成长潜力如网络科技、生物制药和新能源材料类上市公司。

平衡型基金则是处于价值型和成长型之间的基金，在投资策略上一部分投资于股价被低估的股票，一部分投资于处于成长型行业上市公司的股票。

（三）黄金

黄金是一种同时具有货币属性、商品属性、金属属性的特殊商品，具有抵御通货膨胀的能力，是金融市场上的主要投资工具。

黄金市场上的投资品种主要分为实物黄金投资和在实物黄金基础之上派生出来的黄金投资衍生品，衍生品主要有黄金期货、黄金期权等，而实物黄金投资则主要有金条、金币和金饰品等。

金条也称金砖、标金，是按一定的现状、规格、成色、质量等加工成的、标记有熔制年份标准化金条，是黄金市场上最主要的交易品种。标金的流动性强，可以立即兑现，在世界各地可以自由转让。图 8—4 为中金黄金铸造的投资金条。

金币投资分为投资金币和纪念金币。投资金币也称纯金币，用黄金制作，具有流通性，有投资价值。投资金币由各国政府或央行发行，价格随国际金价上下波动。

纪念性金币也是黄金钱币的一种，通常是为了特定目的或某一事件而印制、发行的有纪念性质的金币。黄金纪念币的发行要素主要有纪念币的主题、图案、面额、材质、式样、规格、重量、成色、发行数量、发行时间、鉴定证书等。

一般来说，纪念币正、背面一般均由图案和文字组成，而图案都要表现一个特定的内容和思想，这就是图案的主题。

国家发行的贵金属纪念币均为法定货币，但面额只是法定货币象征性的符号，并不是与黄金或白银等值的面值，面值和实际价格脱钩。

在我国，贵金属纪念币的重量一般用金衡制单位盎司计量，一盎司为 31.103 5 克，英文简写为 OZ。

例如，国内常见的纪念金币有美国的鹰扬金币、加拿大的枫叶金币、澳洲的鸿运金币、我国的熊猫金币等。

图 8—5 为美国的鹰扬金币，质量为 1 盎司。图 8—6 为中国政府发行的熊猫金币。

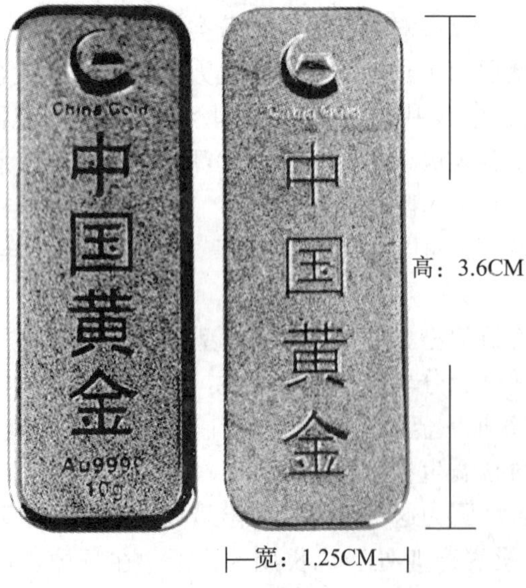

图 8—4　中金黄金投资金条

图 8—5　美国政府发行的鹰扬金币

图 8—6 中国政府发行的熊猫金币

阅读材料

美国的鹰扬金币

发行国家：美国

铸币厂：美国铸币厂（United States Mint）

发行量：无限量

成分：91.67% 纯金，3%纯银，5.33%纯铜

简介：

美国鹰扬金币是由美国国会在 1986 年授权美国铸币厂铸造的。此枚金币的特别之处在于其成分是由黄金、银及铜所混合而成，目的是增加硬度，总重量也比一般未加其他金属的金币略重，但是纯金的重量是如金币上所标示的 1 盎司。金币图案上翱翔的美国鹰及自由女神像，象征着美国自由、骄傲及尊严的核心观念。每枚鹰扬金币均由美国政府保证其重量及纯度。

该金币的正面为长发随风飘扬的自由女神，右手拿着火把，左手拿着橄榄树枝，漫步在云端。背景的左下方是美国国会大厦，右下方是此枚金币的年份，女神上方的字“LIBERTY”表示自由。

该金币的背面为展开双翅的雄鹰，爪上抓着橄榄树枝，在鸟巢上盘旋，鸟巢里则是一只雌鹰，雄鹰左下方的拉丁文“E PLURIBUS UNUM”是美国著名的格言“万众一心”，右下方的字“IN GOD WE TRUST”则是另一个美国著名的格言“主内互信”。金币的最上方标记着此枚金币的铸造国家为美国，下方则标记着此枚金币的材质、重量及面额。

中国的熊猫金币

熊猫金币是“中国熊猫金质纪念币”的简称，由中华人民银行发行，均为中华人民共和国法定货币。熊猫金币按照铸造的质量分为普制金币和精制金币两种，其定位为投资金币，与南非的福格林金币、加拿大的枫叶金币、美国的鹰扬金币、澳大利亚的袋鼠金币并成为世界五大投资金币，是当代中国贵金属纪念币中的品牌和明星产品。

熊猫普制金币按照发行惯例共有五种规格，分别是1/20盎司、1/10盎司、1/4盎司、1/2盎司和1盎司，对应面值分别为20元、50元、100元、200元和500元，成色均为99.9%，金币直径依次为14毫米、18毫米、22毫米、27毫米和32毫米，均为限量发行。既可单枚购买，也可组合成套装购买，其中购买套装可配包装盒和中国人民银行出具的说明书，单枚购买均无收藏证书和鉴定证书，也无官方配套的包装盒。

熊猫精制金币共有两种规格，分别是5盎司和1千克，对应面值分别为2 000元和10 000元，成色均为99.9%，金币直径依次为60毫米和90毫米，此两款金币均配备中国人民银行出具的鉴定证书，并有单独的包装盒，均为限量发行。

正面图案：熊猫金币正面图案均为北京天坛祈年殿，并刊中华人民共和国国名、发行年号；

背面图案：熊猫金币背面图案是熊猫金币的一大特色，除2001年和2002年两个版本相同外，其余年份发行的金币背面图案均不同，各具特色，奠定了熊猫金币极高的鉴赏价值和艺术魅力。

纸黄金是国内中、工、建等银行开设的黄金投资业务。纸黄金其实是黄金的纸上交易，投资者的买卖交易记录只在个人预先开立的“黄金存折账户”上，而不涉及实物金的提取。盈利模式即通过低买高卖，获取差价利润。

纸黄金实际上是通过投机交易获利，而不是对黄金实物投资。在黄金市场上采用纸黄金交易方式，可以节省实物金交易必不可少的保管费、储存费、保险费、鉴定费及运输费等费用的支出，降低黄金价格中的额外费用，提高黄金市场交易的速度。纸黄金交易的缺点是银行不提供融资杠杆，交易费用过高。

阅读材料

中行黄金宝业务

2003年11月18日中国银行上海市分行率先试运行人民币对本币金的个人实盘黄金买卖业务，也称“黄金宝”、“纸黄金”买卖，是指个人客户通过柜面服务人员或其他电子金融服务方式，进行的不可透支的人民币对本币金的交易（或美元对外币金交易），开创了国内个人投资者炒金的先河。“黄金宝”交易门槛为10克黄金或以上。交易时段为中行黄金宝周一到周五，每天24小时。交易方式有两种：柜台交易——凭“活期一本通”存折前往中国银行营业网点办理业务；电话交易——拨打银行提供的黄金宝交易电话号码，凭电话交易密码即可进入中国银行黄金宝电话交易系统，根据电话语音的提示，作黄金宝买卖交易。

（四）房地产

房地产不仅是看得见、摸得着的有形财产，而且是规避通货膨胀的良好工具。不过，我们许多人对房地产投资都存有误区。

房地产投资可以分为直接房地产投资和间接房地产投资。直接房地产投资中，投资者拥有房地产的所有权。直接房地产投资包括家庭住房、公寓、土地以及商业性房产。

首先，自住房是投资者生活的地方，为投资者提供庇护。其次，如果投资者是以抵押贷款的方式购买的住房，投资者使用了财务杠杆。最后，自住房还是规避通货膨胀的一种方式。

商业房产是指用于获得租赁或出租收益的建筑物。此类房产包括写字楼、公寓、办公楼、商铺、酒店等各类商业性建筑。

在国外，间接房地产投资中，某些投资者指定一名委托人代表所有的投资者拥有房产的所有权。间接房地产投资包括房地产投资信托、抵押贷款和组合抵押贷款等。在我国，目前的间接房地产投资中，众多投资者合伙购买某一商业楼盘，然后集体出租给某家企业、大型零售商业公司，从而获取租金。

房地产投资的优势在于：

（1）规避通货膨胀。比如我国的一线城市、二线城市，房地产的价格在过去三十年中稳步提升。

（2）充分使用财务杠杆。财务杠杆是利用融资进行投资的行为，它能使投资者获得的财产远远大于自己能够承担的资金量。当投资者购买的房子价值上升，收益提高时，他就能获取财务杠杆所带来的好处。比如，投资者购买了价值 50 万元的房子，以 70 万元出售，他的收益为 20 万元。假设投资者购房的自有资金为 10 万元，贷款 40 万元，他的实际收益率就是 200％。

当然，房地产投资也有劣势。比如，房产的流动性极差，出售自己的住房、商业性房产可能要花上几周甚至几个月的时间。投资房产还有贬值的风险。比如我国许多三线城市的房产价格就在前几年达到高点，房价可能会进入下行通道。当然，投资房产还有房屋折旧的问题、维护的问题。

如果投资者认为房地产投资风险太大，或太复杂了，希望考虑其他项目的投资，比如收藏品、贵金属、宝石等。但请牢记，这些投资都是风险和收益并存的。

（五）稀有宝石

国际上将钻石、红宝石、蓝宝石、祖母绿、金绿宝石（金绿猫眼）并称五大珍贵宝石。宝石因其体积小、收藏便利、耐久性好，能抵御通货膨胀等优点，受到了投资者的追捧。

不管选择何种宝石，品质上乘是关键。品质的差别，从根本上决定了宝石价格高低。颜色、净度、质量、切工、产地和天然性都是决定品质的关键。

购买宝石后，无论投资者是戴在身上（脖子上、手上等），还是收藏在保险箱里，投资者必须注意一些风险：首先，这些宝石的变现能力较差。其次，宝石的鉴别也比较困难。再次，有些宝石的价格可能会受到某些大公司的影响，比如，戴比尔斯南非组合矿厂有限公司就控制了全球85％的未加工钻石供应。最后，投资者很可能是以零售价格买入宝石，当投资者出售宝石时，却是以批发价格给卖出去了。两者价格的差距至少在 20％，有时甚至达到 50％。

最后强调一句，尽管投资宝石的战略令人眼花缭乱，但宝石交易的风险却是相当高的。

阅读材料

风险提示：红宝石投资门槛多

在欧美成熟的珠宝市场上，有色宝石市场份额高达20%到30%，虽然我国目前市场份额仍不足5%，然而低迷的资本市场让越来越多的投资者将目光转向了珠宝投资，以求保值增值。但是业内人士提醒，红宝石投资同样有风险，投资和消费都要谨慎才行。

在珠宝市场，很多消费者觉得购买红宝石首饰既可以佩戴又可以保值甚至增值，他们消费的金额大概在几千元到两三万元。

消费者裴某："就我个人而言还是比较喜欢能够佩戴的一些宝石，价格一般在一万元到两三万元，宝石真的有一种保值和升值的空间，所以买到家里了后觉得很放心，好像是一种投资。"

像裴某这样的消费者在市场上不在少数。一般消费者所购买的首饰应以佩戴和装饰为主，不具有投资价值，主要因为珠宝首饰变现通道狭窄，一般只能通过典当行，折当率一般只有50%左右。消费者整体算下来还是赔本。也有一些珠宝公司表示可以回购宝石，但也仅限于收藏级的宝石。因此，只有收藏级的红宝石才有一定的投资属性。

对于红宝石来讲，什么样的宝石才属于收藏级呢？

北京劳德珠宝公司执行董事毛界武："像天然的鸽血的红宝，经度也是蛮高的这样的宝石，可作为入门级的收藏品，像1克拉的红宝已经是很少见了。"

英国宝石协会注册鉴定师张翼："我们认为红宝石至少要在3克拉以上，它就会具有一定的投资价值，除了颜色和重量，产地也非常重要，同样质量不同产地，价格相差最高也在十倍以上。价格最高的就属缅甸红宝石。"

香港佳士得拍卖公司珠宝部专家蒋肇丰："如果是非洲的红宝石跟缅甸出产的红宝石，那价格可能是相差蛮远的，可以有10倍甚至超过10倍。"

北京劳德珠宝公司执行董事毛界武："如果是缅甸的价钱，一般的情况都比斯里兰卡的多3倍以上。"

另外具有投资价值的一定是天然红宝石，不经任何处理，收藏级的红宝石一般都应该有国际权威鉴定机构的证书。即使如此，根据不同宝石的具体特征，红宝石的价格差异也很大。业内人士提醒，红宝石投资金额巨大，应该有专业人士意见参考，谨慎涉及，以免带来损失。

资料来源：http：//jingji. cntv. cn/20120323/122507. shtml。

（六）收藏品投资

收藏品包括稀有钱币、艺术品、古董、邮票、珍版图书、瓷器、油画等吸引收藏家和投资者的物品。这些物品能为学识渊博的收藏家（投资者）带来快乐和盈利的机会。有许多收藏家突然发现，他们为自娱自乐而购买的物品价值大大提升了。

"乱世买黄金，盛世搞收藏。"现今，黄金、古玩、名人字画等收藏品的价格一路攀升上涨，吸引了众多的投资者、收藏者甚至是普通大众都相继地涌入收藏品这个行业当中。

但是，收藏品投资确实具有极高的风险性。不是每个收藏者都能这么幸运，它对大部分的人来说是击鼓传花所接的最后一棒，尤其是对普通的新入行的投资收藏者来说，无疑是一场灾难。

首先，收藏品具有资源稀缺性，这就决定了它的数量稀少而且价格不菲，例如存量稀少的黄花梨古家具、名家的字画、古董等收藏品。在巨大的商业利益驱动下，当前的收藏品市场中已经形成了一条投资炒作完整的作业链条，从家具拼装、瓷器做旧、收藏品造假到鉴定机构、鉴定专家、鉴定证书的一应俱全，让收藏者（投资者）眼花缭乱，给投资收藏者辨别真伪着实增加了一定难度。

其次，这个行业属于新兴的产业，各种相关的法律政策还不完善，监管还不到位，诡诈欺骗之术横行于市场之中。在收藏品这个行当中，投资者买了假货，行业称为“打眼”，只能自认倒霉。投资者如果没有甄别真品和赝品的水平，即使想拿起法律武器保护自己时，维权过程也是荆棘重重。

最后，进入收藏品行业的门槛很高，投资者不仅要有充裕的资金，而且投资收藏品的投资者能够具有“火眼金睛”，具有相当的“眼力”，可以辨别藏品的真与假。只有有眼力的藏家才能把玩到其中的乐趣，而且还可以从中获取高额的利润。

所以，在投资收藏品来增值或保值时，投资者一定要持谨慎的态度，清醒地认识到自己是否具备进入这个行业的能力，不能仅仅看到它的高额利润而把风险置于脑后。

心得体会

四、保障型保险工具（本部分内容详见保险规划）

保障型保险属于消费型保险，没有储蓄的性质，价格较低廉。

保障型保险主要包括：定期寿险、人身意外伤害保险、医疗保险（社会医疗保险和商业医疗保险）、疾病保险、收入保险、失业保险（社会失业保险）等。

五、投机型的投资工具

投机型的投资工具具有的最大特点是杠杆账户，风险极高，流动性好。投机型金融工具一般是由普通金融工具衍生出来的，也经常称为金融衍生工具，主要有商品期货、股指期货、利率期货、外汇期货、贵金属期货、期权等。

（一）期货及商品期货

期货与现货是两个相对应的概念，现货是实实在在可以交易的货（商品），期货主要不是货，而是以某种大宗产品如棉花、大豆、石油等及金融资产如股票、债券等为标的，由期货交易所统一制定的、规定在将来某一特定的时间和地点交割一定数量和质量标的物的标准化合约。因此，这个标的物可以是某种商品（例如黄金、原油、农产品），也可以是金融工具。

期货交易具有双向性。期货可以买多也可以卖空。价格上涨时可以低买高卖，价格下跌时可以高卖低买。做多可以赚钱，而做空也可以赚钱，所以说期货无熊市。

期货交易的费用相对较低。国家对期货交易不征收印花税等税费，唯一费用就是交易手续费。国内期货交易所的交易所手续费在万分之三左右，加上经纪公司的附加费用，单边手续费亦不足交易额的千分之一。

期货交易具有杠杆作用。杠杆是期货投资魅力所在。期货市场里交易无须支付全部资金，国内期货交易只需要支付5%保证金即可获得未来交易的权利。由于保证金的运用，原本行情被放大十余倍。假设某日铜价格封涨停（期货里涨停仅为上个交易日的3%），操作对了，资金利润率可达60%之巨，是股市涨停板的6倍。

期货交易是零和交易。期货是零和市场，期货市场本身并不创造利润。在某一时段里，不考虑资金的进出和提取交易费用，期货市场总资金量是不变的，市场参与者的盈利来自另一个交易者的亏损。

在期货市场中，期货的主要功能有避险、价格发现和投资三种。对于企业来说，企业可以利用商品期货进行套期保值，规避现货价格波动的风险。在公开、公平、高效、竞争的期货市场中，通过期货交易形成的期货价格，具有真实性、预期性、连续性和权威性的特点，能够比较真实地反映未来商品价格变动的趋势，也就是说，商品期货具有价格发现的功能。当然，期货除了具有规避价格波动风险、价格发现这两个基本功能外，投资者也可以利用期货进行风险投资、获取风险收益的功能。

讨论：股票市场是零和市场还是正和市场?

商品期货是指标的物为实物商品的期货合约。商品期货历史悠久，种类繁多，主要包括农副产品、金属产品、能源产品等几大类。

阅读材料

我国三大商品期货交易所的期货交易品种

截至2014年7月18日，经中国证监会的批准，国内可以上市交易的期货商品有以下种类：

(1) 上海期货交易所：螺纹、热卷、线材、铜、铝、锌、铅、天然橡胶、燃油、黄金、钢材、白银、热轧卷板、沥青等。

(2) 大连商品交易所：大豆、豆粕、豆油、塑料、棕榈油、玉米、PVC、焦炭、焦煤、铁矿石、纤板、聚丙烯、鸡蛋、胶板、粳稻等。

(3) 郑州商品交易所：小麦、棉花、白糖、PTA、菜籽油、早籼稻、甲醇、玻璃、菜籽、菜粕、动力煤等。

（二）股指期货

股指期货，就是以股市指数为标的物的期货。双方交易的是一定期限后的股市指数价格水平，通过现金结算差价来进行交割。

股票指数期货是指以股票价格指数作为标的物的金融期货合约。在具体交易时，股票指数期货合约的价值是用指数的点数乘以事先规定的单位金额来加以计算的，如标准·普尔指数规定每点代表250美元，香港恒生指数每点为50港元等。沪深300股指期货规定每点300元。股票指数合约交易一般以3月、6月、9月、12月为循环月份，也有全年各月都进行交易的，通常以最后交易日的收盘指数为准进行结算。

股票指数期货交易的实质是投资者将其对整个股票市场价格指数的预期风险转移至期

货市场的过程。它与股票期货交易一样都属于期货交易，只是股票指数期货交易的对象是股票指数，是以股票指数的变动为标准，以现金结算，交易双方都没有现实的股票，买卖的只是股票指数期货合约，而且在任何时候都可以买进卖出。

阅读材料

沪深300股票指数期货

合约标的：沪深300指数

合约乘数：每点300元

报价单位：指数点

最小变动价位：0.2点

合约月份：当月、下月及随后两个月

交易时间：上午：9：15—11：30，下午：13：00— 15：15

最后交易日交易时间：上午：9：15—11：30 下午：13：00—15：00

每日价格最大波动限制：股指期货上一个交易日结算价的±10%

最低交易保证金：股指期货合约价值的12%

最后交易日：股指期货合约到期月份的第三个周五，遇法定假日顺延

交割日期：同最后交易日

交割方式：现金交割

交易代码：IF

上市交易所：中国金融期货交易所

（三）利率期货

在金融市场中，各种债务凭证对利率极其敏感，利率的少许波动都会引起它们的价格大幅波动。也就是说，各种债务凭证存在巨大的利率风险。为了控制利率波动对债务凭证价格的影响，人们创造出利率期货来实现这一目的。

利率期货是指以债券类证券为标的物的期货合约，它可以回避银行利率波动所引起的证券价格变动的风险。利率期货就是在金融期货市场上，对利率及与利率有关的金融商品（带息凭证）的期货合约进行买卖并在某一特定日期交割的活动。利率期货是指以债券类证券为标的物的期货合约。通常，按照合约标的的期限，利率期货可分为短期利率期货和长期利率期货两大类。

短期利率期货是指期货合约标的的期限在一年以内的各种利率期货，即以货币市场的各类债务凭证为标的的利率期货均属短期利率期货，包括各种期限的商业票据期货、国库券期货及欧洲美元定期存款期货等。

长期利率期货则是指期货合约标的的期限在一年以上的各种利率期货，即以资本市场的各类债务凭证为标的的利率期货均属长期利率期货，包括各种期限的中长期国库券期货和市政公债指数期货等。

（四）外汇期货

外汇期货，又称为货币期货，是一种在最终交易日按照当时的汇率将一种货币兑换成另外一种货币的期货合约。一般来说，两种货币中的一种货币为美元。

外汇期货的标的物为两国货币的汇率，它用来回避汇率风险。随着国际贸易的发展和世界经济一体化进程的加快，外汇期货交易一直保持着旺盛的发展势头。它不仅为广大投资者和金融机构等经济主体提供了有效的套期保值的工具，而且为套利者和投机者提供了新的获利手段。

目前，外汇期货交易的主要品种有：美元、英镑、欧元、日元、瑞士法郎、加拿大元、澳大利亚元等。从世界范围看，外汇期货的主要市场在美国，其中又基本上集中在芝加哥商业交易所的国际货币市场、中美洲商品交易所和费城期货交易所。

（五）期权

期权又称为选择权，是在期货的基础上产生的一种衍生性金融工具。

期权是指在未来一定时期可以买卖的权利，是买方向卖方支付一定数量的金额（指权利金）后，拥有的在未来一段时间内（指美式期权）或未来某一特定日期（指欧式期权）以事先规定好的价格（指履约价格）向卖方购买或出售一定数量的特定标的物的权力，但不负有必须买进或卖出的义务。

从其本质上讲，期权实质上是在金融领域中将权利和义务分开进行定价，使得权利的受让人在规定时间内对于是否进行交易，行使其权利，而义务方必须履行。在期权的交易时，购买期权的一方称作买方，而出售期权的一方则叫作卖方；买方即是权利的受让人，而卖方则是必须履行买方行使权利的义务人。

按期权的权利划分，有看涨期权和看跌期权两种类型。

看涨期权是指期权的买方向期权的卖方支付一定数额的权利金后，即拥有在期权合约的有效期内，按事先约定的价格向期权卖方买入一定数量的期权合约规定的特定商品的权利，但不负有必须买进的义务。而期权卖方有义务在期权规定的有效期内，应期权买方的要求，以期权合约事先规定的价格卖出期权合约规定的特定商品。

看跌期权是期权的买方按事先约定的价格，向期权卖方卖出一定数量的期权合约规定的特定商品的权利，但不负有必须卖出的义务。

比如，8 月 15 日，标的物是铜期货，它的期权执行价格为 42 000 元/吨。A 买入这个权利，付出 5 元；B 卖出这个权利，收入 5 元。8 月 20 日，铜期货价上涨至 42 055 元/吨，看涨期权的价格涨至 55 元。A 可采取两个策略：

行使权利——A 有权按 42 000 元/吨的价格从 B 手中买入铜期货；B 在 A 提出这个行使期权的要求后，必须予以满足，即便 B 手中没有铜，也只能以 42 055 元/吨的市价在期货市场上买入而以 42 000 元/吨的执行价卖给 A，而 A 可以 42 055 元/吨的市价在期货市场上抛出，获利 50 元/吨（42 000－42 055－5）。B 则损失 50 元/吨。

售出权利——A 可以 55 元的价格售出看涨期权。A 获利 50 元/吨（55－5）。

如果铜价下跌，即铜期货市价低于敲定价格 42 000 元/吨，A 就会放弃这个权利，只损失 5 元权利金，B 则净赚 5 元。

心得体会

第三节 家庭资产配置管理

一、投资组合的风险与收益

人们进行投资，就是为了获得投资收益，因此测算投资组合的收益高低对于衡量投资组合的管理水平是十分必要的。

（一）投资组合的收益测算

投资组合的总产出与总资金投入的差值就是投资组合收益。如果投资的收入大于投入，则投资的收益为正，如果投资的收入小于投入，则投资的收益为负，投资出现亏损。

任何投资，都是有成本的。比如，投资者花费时间、精力去了解投资信息，学习相关的知识，了解投资产品的特点，需要一定的投入，投资者在进行房产投资时，要对房地产公司进行了解，对所购入的房源进行实地考察，签署购房合同等，投资者购买投资产品后，其资金被占用，从而产生了资金的时间成本、机会成本等，投资者在交易投资产品时，还需要缴纳证券交易的相关费用，如交易佣金、印花税等。

在考虑和计算投资成本时，为了便于衡量和计算，一般不考虑投资的机会成本、时间成本等，只考虑投资的显性成本如买入价格、税金、交易佣金、其他费用等。

（1）买入价格。

在其他条件一定的情况下，买入价越低，投资收益相对越多。一般情况下，在一级市场的买入价低于二级市场的买入价。如投资者在一级市场上以 9 元的价格买入 10 手中国铁建的股票，则投资者付出的资金成本为 9 000 元，如果投资者在当前的证券市场上以 12 元的价格买入 10 手中国铁建股票，则需要投入的资金为 12 000 元，其资金成本为 12 000 元。

（2）税金。

美国已故总统富兰克林有句名言：对于人的一生，有两个事情无法避免：死亡和税收。这句话对投资者同样成立。各国对经济中不同的行为、收入等都征收相应的税收。如各国都征收不同种类的证券税如证券所得税、证券交易税等，对于房地产的投资，政府也会征收契税、房产税、所得税等。

（3）交易佣金。

交易佣金是经纪商代理投资者买卖投资产品的劳务收入。例如在我国买卖证券时，证券经营机构向投资者收取经纪佣金、证券交易所交易经手费及管理机构的监管费等。在买卖房屋时，投资者也需要向买卖房屋的经营机构交纳佣金等。

(4) 其他费用。

包括过户费和其他手续费。证券过户费就是委托买卖的股票、基金成交后，买卖双方为变更股权或权益登记所支付的费用。在房屋买卖中也有过户费和各种手续费等。

(二) 投资的收益

投资的收益就是投资产品在期末的市值减去投资产品在期初的市值。投资在未来所获取的收益有以下两部分：资金的时间价值与承担风险的补偿。股票投资的收益是指投资者从购入股票开始到出售股票为止整个持有期间的收入，它由股息收入、资本利得和公积金转增收益组成。房地产投资的收益就是买卖房地产的价格差值。

投入资金的时间价值可以参照无风险利率来计算，具体可用对应投资期限的定期存款利息来计算。如果投资的期限为一年，投入资金的时间价值就用一年定期存款利率，但如果投资的期限为五年，就用五年定期存款利率。

(三) 投资收益的测算

投资净收益就是在投资期限终了时，投资产品的市场价格和投资期间的因投资带来的所有收入减去投资的所有成本。如一项投资，投入的资金为 100 万元，投资期限为 3 年，投资期限终了时，该投资的市场价格为 110 万元，投资期间的红利收入为 5 万元，投资的各种费用为 1 万元，则投资的收益为 (110+5)−(100+1)=14 (万元)。

只用投资净收益并不能很好地反映投资的质量，不能对不同的投资进行比较。比如，有两种不同的投资：购买房地产和购买股票，所得的净收益都为 14 万元，但占有的本金和时间不同。购买房地产所用的本金为 30 万元，时间为 4 年，而购买股票所用的资金为 10 万元，时间为 6 年，只用投资的净收益，就无法对这两项投资进行比较。

投资收益率是一个非常有用的概念，即最初投资的一元带来了多少收益。为了对投资的质量进行衡量，一般通过计算投资的年收益率进行。考虑一个最简单的例子：一只股票，每年支付红利 2 元，股票的当前市值为 50 元。假如现在你购买了它，收到 2 元红利，然后在今年年底以 53 元卖掉它，那么你的收益率就是：

$$\frac{\text{净收益}}{\text{投资成本}}=\frac{53+2-50}{50}=0.1,\text{即 }10\%$$

这项投资的收益率为 10%。

对于稍微复杂的问题，也有一个相应的计算投资收益率的方法，即把投资问题看作是现金流贴现问题。设 r 为投资收益率，它能使最初投资所带来的所有现金流的现值等于期初投入。上面的例子中，用 50 元购买股票，在年底时产生 2 元 (红利) 加上 53 元 (出售股票) 的现金流。因此有 $50\times(1+r)=53+2$，则可求出 $r=10\%$。

如果在投资过程中，又有资金的追加或抽回，投资收益率的计算就相对困难：考虑这样一种情况，投资者在第一年末又购买了第二股同样的股票，并将两股股票都持有至第二年年末，然后在此时以每股 54 元的价格出售了它们。那么投资者的资金流如表 8—1 所示。

表 8—1

时期	支出	收入
0	50	/
1	53	2
3	/	2+2+108

利用贴现现金流的方法，这两年的平均收益率就能使现金流入现值和现金流出现值相等：

$$50+\frac{53}{1+r}=\frac{2}{1+r}+\frac{2+2+108}{(1+r)^2}$$

解方程，可以求出收益率 $r=7.117\%$。

（四）投资组合的收益测算

投资组合是包含多个投资资产的集合，因此它的收益测算是需要综合考虑组合中，各种投资品各自的收益率以及其所占的比重。

$$E(R)=\sum E(R_i)\times W_i$$

$E(R_i)$：投资品 i 的期望收益率 。

W_i：投资品 i 在投资组合中的权重。

以林先生的家庭投资为例，他将自己的金融资产进行了投资组合，各种金融资产的投资比重和预期年收益率如表 8—2 所示。

表 8—2　林先生家庭的金融投资组合情况表

金融投资项目	金额（单位：元）	预期年收益率	预期年收（单位：元）
银行存款	50 000	5%	2 500
国债投资	160 000	6%	9 600
股票投资	170 000	20%	34 000
基金投资	120 000	15%	18 000
合计	500 000		64 100

$$\begin{aligned}\text{林先生的投资组合收益率}&=5\%\times(50\ 000/500\ 000)+6\%\times(160\ 000/500\ 000)+\\&\quad 20\%\times(170\ 000/500\ 000)+15\%\times(120\ 000/500\ 000)\\&=12.82\%\end{aligned}$$

二、投资组合的业绩评估

仅仅靠资产组合的收益率对投资的业绩进行评估，并不能很好地评价投资者的投资水平。因为我们无法判断投资者获取良好投资业绩靠的是技术还是运气。如某基金通过组合投资在 2007 年获得了 40%的收益率，该基金的组合管理水平是高还是低？如果在该年中，与该基金风格一致的基金平均收益率为 60%，则意味着该基金经理具有低劣的投资管理能力。但如果平均收益率为 20%，那么，该基金经理获取了优秀的业绩。

因此，我们只有利用一些方法来评价投资业绩。一般情况下，有三种评价投资业绩的方法。

（一）风险分类法

根据资产组合承担的风险不同，对投资组合进行风险分类，在同一类别的风险中，对投资者的投资业绩进行对照，来确定投资的业绩。只有这样，收益之间的比较才有实际的意义。在根据资产组合的风险来调整收益的各种方法中，最简单、最普遍的方法是与其他有类似风险的投资基金进行收益率的相互比较。例如，货币型基金为一类，高收益债券组合被归为一类，增长型股票资产也被归为一类等。然后在每个类别中确定每个基金的平均收益，并根据各基金对比情况给出一个在其所在类别中百分比的排序。

例如，在由 100 个基金组成的大类里，第 9 名的管理者排序为 90%，它表示在本评估期内其业绩比 90%的竞争者要好。

这些排名通常制成表公布，如图 8—7 所示。该图总结了 1 季度、1 年、3 年、5 年这 4 个评估期间的业绩排名。图中的上下线分别是位于 5%和 95%管理者的收益率。中间的三条线分别是位于第 75%、50%（中位数）和 25%的管理者。菱形代表某基金的平均收益率，方块则代表市场基准指数的收益率，如沪深 300。从菱形在格子中的位置就很容易看出该基金在可比情况下的经营业绩。

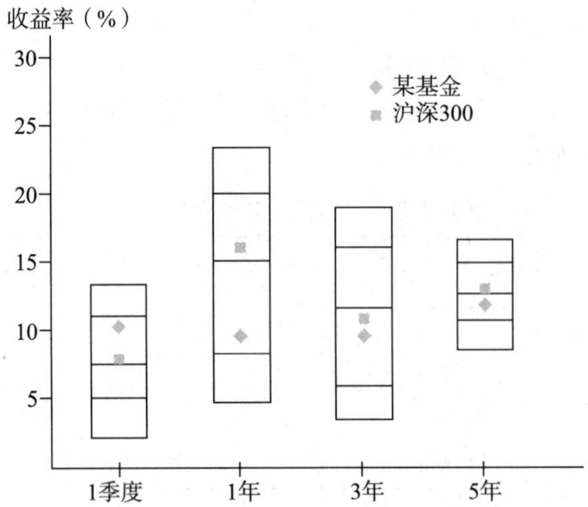

图 8—7　基金业绩排名

在业绩评估中，与其他同种投资形式基金的业绩比较是投资业绩评估的重要方法。然而，这些排名并不十分可靠。例如，在某个特定的环境下，一些管理者可能更注重资产组合中的某一部分资产，这样的资产组合特征就不再具有可比性。例如，在资本市场中，某个管理者更关注高价值的股票，而另一个管理者可能更关注成长性的股票。这些都表明寻求更精确的风险调整方式是相当有必要的。

（二）时期跨度准则

在说明时期跨度准则前，通过下面的例子，可以发现考虑投资业绩的时期跨度的重要性。

比如，掷硬币的游戏：有很多人参加投掷硬币比赛，我们会对下列事件有十足的信心：(1) 若掷硬币的次数足够多，假如为500次，绝大部分的人会获得大约一半的正面、一半的反面。(2) 但若掷硬币的次数较少，假如为5次，有少数人掷出正面的几率会远高于平均值。

如果对过去掷硬币的结果做好记录，这些资料一定是清楚和客观的。但是，我们绝对十分清醒，不至于认为在掷硬币的活动中，过去的结果是预测未来结果的良好依据。随着掷硬币次数的增加，每个人的情形会变得越来越平均。在数学上，对这种常见的现象叫作回归平均数。

对于投资组合的绩效评估，要判断在任何一段特定的时期内，一个投资组合的投资绩效中有多少归功于投资者的投资水平和投资技巧，有多少归功于投资者的运气，是非常困难的事情。但如果参考的期限较长，又有足够的资料可以采用，就可以通过一个较长的时间跨度来对该投资者的投资业绩进行评估，从而排除投资者运气对投资业绩评估的影响。

（三）均值——方差准则（均值——标准差准则）

在金融投资中，高收益总是伴随着高风险，投资者可能不惜冒巨大的风险去追逐巨额利率。基金公司出于稳健经营的需要，必须对基金管理者可能的过度投机行为进行限制。所以，均值——方差准则就是引入考虑风险因素的业绩评价指标。

收益波动性比率测量的是投资组合每单位风险的报酬率，是收益与标准差的比值。使用这种方法对投资组合的业绩进行评估时，不是以盈利的绝对水平作为评判基础，而是以该资金投资每单位风险基础上的盈利为依据。

在图8—8中，O点为无风险的资产收益率，ABC三点代表三个不同投资组合的收益率与标准差。三条直线的斜率表示三个投资组合的均值——标准差比率。越陡峭的直线表示投资组合每单位风险的回报率越高。

当然，对投资业绩进行客观公正地评估是非常困难的事情，想对投资业绩评估有更深入了解的读者，可以参考有关投资学方面的书籍。

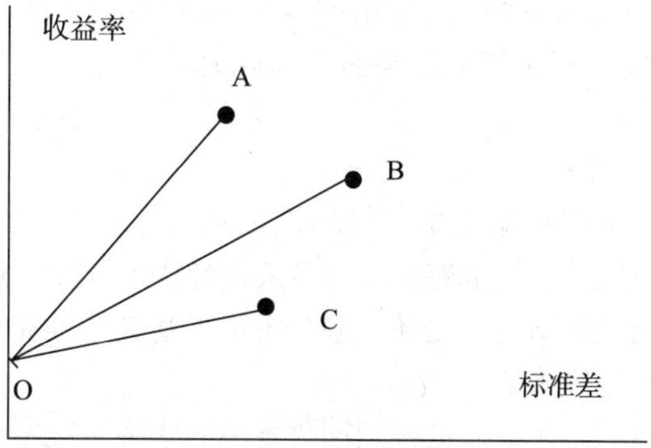

图8—8 投资组合风险收益示意图

三、资产组合配置的策略

资产配置是指投资者根据自身的风险厌恶程度和资产的风险收益特征，确定各类资产的投资比例，从而达到降低投资风险和增加投资回报的目的。

通常将资产配置分为战略性资产配置与战术性资产配置两个层面。前者反映投资者的长期投资目标和政策，主要确定各大类资产，如现金、股票、债券、商品等的投资比例，以建立最佳长期资产组合结构。战略性资产配置结构一旦确定，在较长时期内（如一年以上）不再调节各类资产的配置比例。而战术性资产配置更多地关注市场的短期波动，强调根据市场的变化，运用金融工具，通过择时和证券选择，调节各大类资产之间的分配比例以及各大类资产内部的具体构成，来管理短期的投资收益和风险。

（一）战略性资产配置策略

1. 买入并持有策略

买入并持有策略是指在确定恰当的资产配置比例，构造了某个投资组合后，在诸如3～5年的适当持有期间内不改变资产配置状态，保持这种组合。买入并持有策略是消极型长期再平衡方式，适用于有长期计划水平并满足于战略性资产配置的投资者。

买入并持有策略适用于资本市场环境和投资者的偏好变化不大，或者改变资产配置状态的成本大于收益时的状态。

2. 恒定混合策略

恒定混合策略是指保持投资组合中各类资产的固定比例。恒定混合策略是假定资产的收益情况和投资者偏好没有大的改变，因而最优投资组合的配置比例不变。

恒定混合策略适用于风险承受能力较稳定的投资者。如果股票市场价格处于震荡、波动状态之中，恒定混合策略就可能优于买入并持有策略。

3. 投资组合保险策略

投资组合保险策略是指在将一部分资金投资于无风险资产从而保证资产组合的最低价值的前提下，将其余资金投资于风险资产并随着市场的变动调整风险资产和无风险资产的比例，同时不放弃资产升值潜力的一种动态调整策略。当投资组合价值因风险资产收益率的提高而上升时，风险资产的投资比例也随之提高；反之则下降。因此，当风险资产收益率上升时，风险资产的投资比例随之上升，如果风险资产收益继续上升，投资组合保险策略将取得优于买入并持有策略的结果；而如果收益转而下降，则投资组合保险策略的结果将因为风险资产比例的提高而受到更大的影响，从而劣于买入并持有策略的结果。

（二）战术性资产配置策略

战术性资产配置策略是指根据资本市场环境及经济条件对资产配置状态进行动态调整，从而增加投资组合价值的积极战略。大多数战术性资产配置一般具有如下共同特征：

第一，战术性资产配置策略是建立在一些分析工具基础上的客观、量化过程。这些分析工具包括回归分析或优化决策等。

第二，资产配置主要受某种资产类别预期收益率的客观测度驱使，因此属于以价值为导向的过程。可能的驱动因素包括在现金收益、长期债券的到期收益率基础上计算股票的预期收益，或按照股票市场股息贴现模型评估股票实用收益变化等。

第三，资产配置规则能够客观地测度出哪一种资产类别已经失去市场的注意力，并引导投资者进入不受人关注的资产类别。

第四，资产配置一般遵循"回归均衡"的原则，这是战术性资产配置中的主要利润机制。

阅读材料

美林战术性资产配置策略介绍——投资钟

一、投资钟的工作原理

美林的投资钟是一种将经济周期与资产和行业轮动联系起来的方法。

从长期看，经济增长取决于生产要素的可获得性、劳动力、资本，以及生产能力的提高。从短期看，经济经常偏离可持续的增长路径。政策制定者的工作就是要使其回复到可持续增长路径上来。在潜能之下的经济增长会使经济面临通货紧缩的压力并最终变为紧缩；另外，经济增长持续保持在潜能之上会导致破坏性的通胀。

二、经济周期的四个阶段

投资钟的分析框架有助于投资者识别经济中的重要拐点，从周期的变换中获利。我们将经济周期分为四个阶段——衰退、复苏、过热和滞胀。每一个阶段都可以由经济增长和通胀的变动方向来唯一确定。我们相信，每一个阶段都对应着表现超过大市的某一特定资产类别：债券、股票、大宗商品或现金。

经济周期四个阶段特征

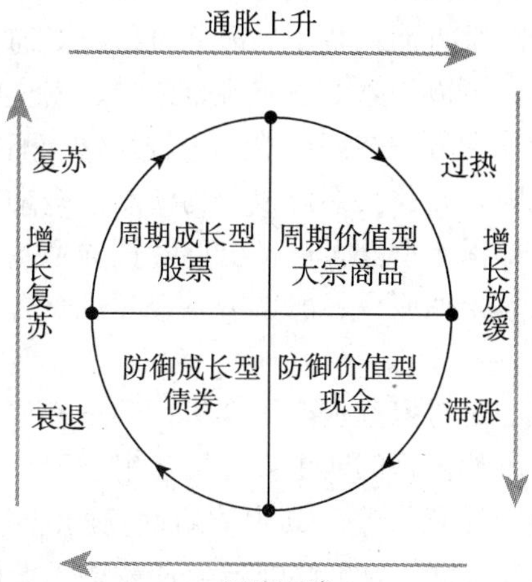

在衰退阶段，经济增长停滞。超额的生产能力和下跌的大宗商品价格驱使通胀率更低。企业盈利微弱并且实际收益率下降。中央银行削减短期利率以刺激经济回复到可持续增长路径，进而导致收益率曲线急剧下行。债券是最佳选择。

复苏阶段，舒缓的政策起了作用，GDP增长率加速，并处于潜能之上。然而，通胀率继续下降，因为空置的生产能力还未耗尽，周期性的生产能力扩充也变得强劲。企业盈利大幅上升、债券的收益率仍处于低位，但中央银行仍保持宽松政策。这个阶段是股权投资者的“黄金时期”。股票是最佳选择。

在过热阶段，企业生产能力增长减慢，开始面临产能约束，通胀抬头。中央银行加息以求将经济拉回到可持续的增长路径上来，此时的GDP增长率仍坚定地处于潜能之上。收益率曲线上行并变得平缓，债券的表现非常糟糕。股票的投资回报率取决于强劲的利润增长与估值评级不断下降的权衡比较。大宗商品是最佳选择。

在滞胀阶段，GDP 的增长率降到潜能之下，但通胀却继续上升，通常这种情况部分原因归于石油危机。产量下滑，企业为了保持盈利而提高产品价格，导致工资一价格螺旋上涨。只有失业率的大幅上升才能打破僵局。只有等通胀过了顶峰，中央银行才能有所作为，这就限制了债券市场的回暖步伐。企业的盈利恶化，股票表现非常糟糕。现金是最佳选择。

心得体会

本章小结

本章一共有三部分内容：家庭投资规划与资产配置、常见的投资规划工具和家庭资产配置管理。投资回报来源于三个方面：货币的时间价值、对通货膨胀的补偿、对风险的补偿。在家庭进行投资规划时，可以为家庭设置现金账户、安全账户、杠杆账户和成长性账户四个账户，根据家庭生命周期分别在四个账户中进行资产配置。

投资规划工具按照其风险、收益关系可以分为流动性金融工具，如货币市场基金、活期宝等；安全性投资工具，如保本型基金、债券以及债券型基金等；保障型保险工具，如商业保险等；风险性投资工具，如股票、股票型基金、贵金属、艺术品等；投机型的投资工具，如期货、期权等。

家庭资产组合管理的核心是对家庭资产组合进行动态管理。其关键在于期望收益率与投资风险与家庭生命周期、风险偏好的匹配。在资产组合配置管理中，常用的策略有战略性资产配置策略和战术性资产配置策略。其中战略性资产配置策略包括买入并持有策略、恒定混合策略和投资组合保险策略。战术性资产配置策略要求投资者要根据市场环境及经济条件对资产配置状态进行动态调整。

在家庭资产配置管理中，战略性资产配置策略决定了家庭资产组合的业绩。

思考与练习

1. 什么是投资？什么是投机？家庭为什么要投资？
2. 什么是家庭资产配置？家庭为什么要做好资产配置？
3. 解释家庭资产配置的四大账户。
4. 谈一谈您对安全性投资工具的理解，并举出一些安全性的投资工具。
5. 谈一谈您对风险性投资工具的理解，并举出一些风险性的投资工具。
6. 谈一谈您对投机性投资工具的理解，并举出一些投机性的投资工具。
7. 家庭资产组合管理中，投资的成本有哪些？

8. 如何计算投资组合的业绩？如何对投资组合的业绩进行评估？

9. 家庭资产配置管理中，战略性的资产配置策略具体包括哪些方法？分别给予简单解释。

实训设计

朱先生今年31岁，某制药企中层管理人员，年税后收入13万元，基本保险齐全；妻子，30岁，工资税后年收入9万元，基本保险齐全。儿子今年3岁，目前家里有存款20万元，家有120平方米住宅一套，现价值180万元，尚有30万元的贷款未还清；另还有货币市场基金25万元，股票5万元。朱先生看到别人在炒白银赚钱，也想投入10万元炒白银。前一段时间，朱先生听了一堂理财课，觉得家庭的资产配置挺重要的，但不知具体如何来做。

朱先生已经迈入而立之年，人生角色也从过去的单身贵族成为丈夫和父亲，他希望孩子高中毕业去英国留学，在英国进行大学本科和研究生阶段的学习，也希望自己的资产能够保值和增值。但朱先生不知道具体应该如何去做。

请您为朱先生做一份简单的资产配置方案。

第九章　家庭所得税筹划

学习目标

知识点：

● 了解个人理财的相关税种

● 理解税收筹划的基本原理

能力点：

● 知道税收筹划的基本方法

● 能进行个人所得税筹划

导言

洗脸纯属个人卫生，可要是在土耳其痛痛快快地洗一把脸，还真不是一件简单的事情，因为政府对洗脸实施税收干预。也就是说，洗自己的脸，需要向政府交税。洗脸税远非我们想象得那么简单——洗一个脸，需要支付三种税！第一种税是"环境清洁税"，第二种税是"污水税"，第三种税是"增值税"。

这种税法出台后，有商家大量生产湿纸巾，因为人们使用湿纸巾擦脸就可以规避三种洗脸税，减少因洗脸所付出的巨大代价。

人们的智慧是无穷的。只要有税收存在，人们也一定能想出种种节税的方法。

第一节　税收筹划原理

依法纳税是每一个纳税人应尽的义务。从纳税人自身的经济利益出发，他们总希望尽可能地降低税负——能不交税就不交税、能少交税就少交税、能晚交税就晚交税。如何才能合法地不交税、少交税、晚交税，则是一门大学问。

典型案例

刘先生拥有注册税务师资格，某企业聘请刘先生作为企业的税务顾问。在刘先生的建议下，该企业为职工提供免费的交通工具、提供免费的午餐、提供价格低廉的房屋供员工租用。在刘先生的建议和帮助下，该企业员工的福利较以前有大幅提高，企业所交的税款也有明显减少，有意思的是，该企业还被税务部门挂上了模范纳税单位的牌子。

一、税收筹划

税收筹划是纳税人依据所涉及的现行税法，在遵守税法、尊重税法的前提下，运用纳税人的权利，根据税法中的“允许”和“不允许”、“应该”与“不应该”以及“非不允许”与“非不应该”的项目、内容，对经营、投资、筹资等活动进行合理安排，进行旨在减轻税负的谋划和对策。

当然，税收筹划是在法律法规的许可范围内进行的，是纳税人在遵守国家法律及税收法规的前提下，在多种纳税方案中，作出选择节税利益最大化方案的决策，具有合法性。

同时，税收筹划必须做到与现行的税收政策税收法规不冲突。由于国家税法制定在先，而税收筹划行为在后；在经济活动中，企业的经济行为在先，向国家交纳税收行为在后，这就为税收筹划创造有利的条件。纳税人完全可以根据已知的税收法律规定，调整自身的经济事务，选择最佳的纳税方案，争取最大的经济利益。所以，纳税人进行税收筹划，必须在经营业务未发生时、收入未取得时先做好安排。

二、税收筹划的原理

税收筹划的原理基本归纳为两类，即相对节税原理和绝对节税原理。

（一）相对节税原理

相对节税原理是指纳税人一定时期内的纳税总额并没有减少，但是某些纳税期的纳税义务得以递延到以后的纳税期实现，取得了递延纳税额的时间价值，从而取得了相对收益。该原理考虑了货币的时间价值。

典型案例

某公司购进一台设备，原值为 100 万元。如果采用直线折旧法，每年计提 10 万元；如果采用加速折旧法，在第一年的折旧期间，计提 30 万元。假设第一年中不考虑折旧费用的利润为 100 万元。

如果采用直线折旧法，则

第一年应缴纳的所得税＝（100－10）×25％＝22.5（万元）

如果采用加速折旧法，则

第一年应缴纳的所得税＝（100－30）×25％＝17.5（万元）

采用加速折旧法，企业在第一年会少缴纳税金 5 万元。

无论采用哪一种折旧方法，企业在整个会计期间所缴纳的所得税总值并不会减少，但可以延迟税金上缴的时间。

（二）绝对节税原理

绝对节税原理是指直接减少纳税人的纳税绝对总额而取得收益。绝对节税原理很简单：在各种可供选择的纳税方案中，选择缴纳税收最少的方案。

典型案例

某公司是一个年不含税销售额保持在 80 万元左右的生产性企业，公司年不含税外购货物为 60 万元左右 [含税为 70.2 万元 (60×117%)]，如果企业作为小规模纳税人的增值税适用税率是 6%，申请成为一般纳税人的增值税适用税率是 17%，企业可供选择的纳税方案分析如下：

方案一：小规模纳税人

应纳增值税税额=80×6% =4.8(万元)

方案二：一般纳税人

应纳增值税税额=80×17%－60×17%=3.4(万元)

两个方案比较下来，方案二可以比方案一多节减税收 1.4 万元。因此，如果情况允许，纳税人应该健全财务和会计核算制度，申请成为一般纳税人。

三、税收筹划的基本方法

税收筹划不是盲目的野蛮行动，而是有计划的筹划行为。在税收筹划中，一般有以下几种常用的方法。

（一）避免应税收入的实现

从减轻税收负担的角度来看，纳税人要尽量取得不被税法认定为是应税收入（或所得）的经济收入，这是个人税收筹划的基本方法。

根据我国现行税法规定，几乎各税种中都存在此类筹划的空间。例如，财产的增值部分只要不变现一般就不对其课征所得税，这也是各国所得税法的一个普遍规定。当个人的财产增值以后，如果将其出售转让，则增值部分的变现收入就变成了应税所得，个人要就其缴纳所得税。因此，从税收筹划的角度考虑，个人尽量不要将财产的增值部分变现，如果需要资金，可以用财产作抵押进行信贷融资。

（二）充分利用税收优惠

税法中的减免税等税收优惠规定，为纳税人节税筹划提供了可能性。在增值税方面，相关税收优惠包括：(1) 纳税人销售自己使用过的属于应征消费税的机动车、摩托车、游艇，售价超过原值的，按照4%的征收率减半征收增值税；售价未超过原值的，免征增值税。(2) 个人（不包括个体经营者）销售自己使用过的除游艇、摩托车、汽车以外的货物免税。(3) 销售额未达到起征点的，免征增值税。(4) 个人从事技术转让、技术开发业务和与之相关的技术咨询、技术服务取得的收入，免征营业税等。

（三）避免适用较高税率

税率是决定纳税人税负高低的主要因素之一。各税种的税率以及同一税种各税目的税率大多存在一定的差异。一般情况下，适用税率高，应纳税额就多，税后收益就少，因此，纳税人尽量使所从事的经济活动适用较低的税率。比如，现行《个人所得税法》规定，个人取得的工资薪金所得适用3%～45%的七级超额累进税率；劳务报酬所得适用20%的比例税率，对一次收入畸高的加成征收。所以，同一项经济活动，在雇佣与非雇佣之间进行适当的安排，可能使同一项收入适用相对较低的税率，以达到税后利益最大化。

（四）充分利用“税前扣除”

各国税法中都有一些允许纳税人税前扣除的条款，纳税人应当充分利用这些规定，多扣除一些费用，缩小税基，减轻税负。尤其是当纳税人的所得适用超额累进税率时，如果纳税人可以多扣除一些费用，缩小了税基，其所得适用的最高边际税率和实际税负就会下降。

（五）推迟纳税义务发生时间

推迟纳税可以使个人在不减少纳税总量的情况下获得货币的时间价值。推迟纳税义务的好处有：有利于资金周转，节省利息支出，以及由于通货膨胀的影响，延期以后缴纳的税款币值下降，从而降低了实际纳税额。因为按照贴现的原理，延迟缴纳的税款现值一定小于当期缴纳的等额税款。税款越晚缴纳，其经济成本就越低。

第二节 个人所得税筹划

一、个人收入所得税

个人所得税是国家对本国公民、居住在本国境内的个人所得和境外个人来源于本国的所得征收的一种所得税。

我国个人所得税的纳税义务人是在中国境内居住有所得的人，以及不在中国境内居住而从中国境内取得所得的个人，包括中国国内公民，在华取得所得的外籍人员和港、澳、台同胞。居民纳税义务人是指在中国境内有住所，或者无住所而在境内居住满1年的个人，应当承担无限纳税义务，即就其在中国境内和境外取得的所得，依法缴纳个人所得税。

非居民纳税义务人是在中国境内无住所又不居住或者无住所而在境内居住不满一年的个人，承担有限纳税义务，仅就其从中国境内取得的所得，依法缴纳个人所得税。

二、个人所得税的征税内容

- 工资、薪金所得；
- 个体工商户的生产、经营所得；
- 对企事业单位的承包经营、承租经营所得；
- 劳务报酬所得；
- 稿酬所得；
- 特许权使用费所得；
- 利息、股息、红利所得；
- 财产租赁所得；
- 财产转让所得；
- 偶然所得；
- 经国务院财政税务部门确定征税的其他所得。

三、个人所得税的税率

个人所得税根据不同的征税项目，分别规定了三种不同的税率。

（一）工资、薪金所得

适用7级超额累进税率，按月应纳税所得额计算征税。该税率按个人月工资、薪金应税所得额划分级距，最高一级为45%，最低一级为3%，共7级（见表9—1）。

表9—1　工资、薪金所得适用个人所得税累进税率表

级数	全月应纳税所得额	税率（%）	速算扣除数
1	不超过1 500元的	3	0
2	超过1 500元至4 500元的部分	10	105
3	超过4 500元至9 000元的部分	20	555
4	超过9 000元至35 000元的部分	25	1 005
5	超过35 000元至55 000元的部分	30	2 755

续前表

级数	全月应纳税所得额	税率（%）	速算扣除数
6	超过 55 000 元至 80 000 元的部分	35	5 505
7	超过 80 000 元的部分	45	13 505

注：1. 本表所列含税级距与不含税级距，均为按照税法规定减除有关费用后的所得额；
2. 含税级距适用于由纳税人负担税款的工资、薪金所得。

（二）个体工商户的生产、经营所得

个体工商户的生产、经营所得和对企事业单位适用 5 级超额累进税率。适用按年计算、分月预缴税款的个体工商户的生产、经营所得和对企事业单位的承包经营、承租经营的全年应纳税所得额划分级距，最低一级为 5%，最高一级为 35%，共 5 级（见表 9—2）。

表 9—2　个体工商户的生产、经营所得和对企事业单位的承包经营、承租经营所得适用

级数	全年应纳税所得额	税率（%）	速算扣除数
1	不超过 15 000 元的	5	0
2	超过 15 000 元至 30 000 元的部分	10	750
3	超过 30 000 元至 60 000 元的部分	20	3 750
4	超过 60 000 元至 100 000 元的部分	30	9 750
5	超过 100 000 元的部分	35	14 750

（三）比例税率

对个人的稿酬所得，劳务报酬所得，特许权使用费所得，利息、股息、红利所得，财产租赁所得，财产转让所得，偶然所得和其他所得，按次计算征收个人所得税，适用 20% 的比例税率。其中，对稿酬所得适用 20% 的比例税率，并按应纳税额减征 30%；对劳务报酬所得一次性收入畸高的，除按 20% 征税外，应纳税所得额超过 2 万元至 5 万元的部分，依照税法规定计算应纳税额后再按照应纳税额加征五成；超过 5 万元的部分，加征十成（见表 9—3）。

表 9—3　劳务报酬所得税税率表

级数	全年应纳税所得额	税率（%）	速算扣除数
1	不超过 20 000 元的	20	0
2	超过 20 000 元至 50 000 元的部分	30	2 000
3	超过 50 000 元的部分	40	7 000

四、个人所得税筹划的方法

（一）选择免缴个人所得税的相关项目

我国相关法律规定，居民在购买保险时可享受三大税收优惠：（1）个人按照国家或地方政府规定的比例提取并向指定的金融机构缴付的住房公积金、医疗保险金，不计个人当期的工资、薪金收入，免于缴纳个人所得税；(2) 由于保险赔款是赔偿个人遭受意外不幸的损失，不属于个人收入，免缴个人所得税；(3) 按照国家或省级地方政府规定的比例缴付的住房公积金、医疗保险金、基本养老保险金和失业保险基金，存入银行个人账户所取得的利息收入，也免征个人所得税。

根据个人所得税法的有关规定，工薪阶层个人每月所缴纳的住房公积金是从税前扣除的，也就是说按标准缴纳的住房公积金是不用纳税的。同时，职工又是可以缴纳补充公积金的。所以，一般职工提高公积金缴存还是有一定空间的，工薪纳税人巧用公积金避税是合理可行的。需要强调的是，利用个人缴纳补充公积金进行避税时有两个问题要注意：一是纳税人要在所在单位开立个人补充公积金账户；二是纳税人每月缴纳的补充公积金虽然避税，但不能随便支取，固化了个人资产。

典型案例

李某月收入为 4 000 元，每个月缴存的住房公积金为其工资收入的 15%。按照现行的个人所得税法，李某缴存的 600 元，住房公积金是税前扣除的，李某月收入 4 000 元扣除 600 元的住房公积金后，剩余 3 400 元，故李某无须缴纳个人所得税。

若李某所在的单位不为职工缴存住房公积金，则李某每个月应缴纳的个人所得税额＝(4 000－3 500) ×3%＝15 (元)。一年需要交个人所得税 180 元。

筹划后，李某一年同样的收入，少缴 180 元个人所得税

(二) 选择免征个人所得税的证券投资

《个人所得税法》第四条规定，国债利息和国家发行的金融债券利息免纳个人所得税。其中，国债利息是指个人持有我国财政部发行的债券而取得的利息所得，即国库券利息；国家发行的金融债券利息是指个人持有经国务院批准发行的金融债券而取得的利息所得。选择投资免征个人所得税的国家发行的金融债券和国债，既遵守了税法的条款，又增加了投资者的实际收益。购买国债和国家发行的免征所得税的金融债券，对广大工薪阶层来说，实为一个很好的避税增收渠道。

个人投资者买卖股票或基金获得的差价收入，按照现行税收规定均暂不征收个人所得税，这是目前对个人财产转让所得中较少的几种暂免征收个人所得税的项目之一。纳税人可以选择适合自己的股票或者基金进行买卖，通过低买高卖获得差价收入，间接实现避税。

(三) 积极利用通讯费、交通费、差旅费、误餐费进行避税

我国税法规定：凡是以现金形式发放通讯补贴、交通费补贴、误餐补贴的，视为工资薪金所得，计入计税基础，计算缴纳个人所得税。凡是根据经济业务发生实质，并取得合法发票实报实销的，属于企业正常经营费用，无须缴纳个人所得税。所以，纳税人在报销通信费、交通费、差旅费、误餐费时，应以实际、合法、有效的发票据实列支实报实销，以免误认为补贴性质，在一定程度上收到了避税的效果。

典型案例

小王是一家网络公司的职员，每个月的工资收入为 4 500 元，每个月的房租费为 800 元，交通费用为 300 元。我国的《个人所得税法》中规定工资、薪金所得适用七级超额累进税率。按照小王的 4 500 元的收入计算，小王适用的税率是 3%（已扣除三险一金）。如果小王和公司签订合同时要求公司为其安排宿舍，要求公司提供交通工具，800 元作为福利费直接交房租，300 元作为交通费，调整后其收入调整为 3 400 元，无须缴纳个人所得税，小王的实际月收入反而提高了 30 元。

（四）利用年终奖金实现避税

税法规定，实行年薪制和绩效工资的单位，个人取得年终兑现的年薪和绩效工资，按纳税人取得的全年一次性奖金，单独作为一个月工资、薪金所得计算纳税。但雇员取得除全年一次性奖金以外的其他各种名目奖金，如半年奖、季度奖、加班奖、先进奖、考勤奖等，一律与当月工资、薪金收入合并，按税法规定缴纳个人所得税。这无疑为纳税人提供了节税的空间。纳税人可以以牺牲一部分半年奖、季度奖、加班奖、先进奖、考勤奖作为代价，要求单位发放年终奖金，实现节税。注意在一个纳税年度内，对每一个纳税人而言，该计税办法只允许采用一次。

典型案例

国家税务政策及各种奖金的计税方法：

(1)《国家税务总局关于调整个人取得全年一次性奖金等计算征收个人所得税方法问题的通知》（国税发〔2005〕9 号文件）规定：对半年奖、季度奖、加班奖、先进奖、考勤奖等全年一次性奖金以外的其他各种名目奖金，一律与当月工资、薪金收入合并，按税法规定缴纳个人所得税。

例 1：某职工孙某，每月取得基本工资 2 500 元，2014 年 10 月取得半年度先进职工奖 1 000 元，当月还取得三季度奖 5 000 元，每月正常取得加班奖 300 元，考勤奖 200 元。

计算：孙某 10 月份应纳个人所得税为：

$$(2\ 500+1\ 000+5\ 000+300+200-3\ 500)\times 20\%-555=545(\text{元})$$

(2)《国家税务总局关于调整个人取得全年一次性奖金等计算征收个人所得税方法问题的通知》（国税发〔2005〕9 号文件）规定：对年终加薪、实行年薪制和绩效工资办法的单位根据考核情况兑现的年薪和绩效工资等全年一次性奖金，按收入全额分摊至 12 个月的数额定适用税率，再按规定方法计算应缴税额。即先将职工当月内取得的全年一次性奖金及适用税率和速算扣除数计算应纳税额。

应纳税额＝职工当月取得全年一次性奖金×适用税率－速算扣除数

计税方法分两种情况：

第一，月工资超过 3 500 元，全年一次性奖金除以 12 个月，按照得出的数额找出所对应的税率，然后用奖金全额乘以税率减去速算扣除数，就是最终需要缴纳的税款额。个税应纳额＝全年一次性奖金×税率－速算扣除数。

第二，个人月工资不足 3 500 元，这时需要将工资与全年一次性奖金相加后，减去 3 500 元，得出的数额，再除以 12 个月，找出对应的税率，然后用这一数额乘以税率－速算扣除数，得出需要缴纳的税款额。

全年一次性奖金应税金额＝全年一次性奖金－(3 500－月工资)

个税应纳额＝全年一次性奖金应税金额×税率－速算扣除率

第三，对于发放第十三个月工资同时发放全年一次性奖金的个税处理，将所发的第十三个月工资与全年一次性奖金合并除以 12 个月，找出对应税率，然后用这一数额乘以税率减去速算扣除数。

全年一次性奖金应税金额＝全年一次性奖金＋第十三个月工资

个税应纳额＝全年一次性奖金应税金额×税率－速算扣除率

注意事项：在一个纳税年度，对每一个纳税人，该计税办法只允许采用一次。

（五）通过企业提高职工公共福利支出实现避税

企业可以采用非货币支付的办法提高职工公共福利支出，例如，免费为职工提供宿舍(公寓)；免费提供交通便利；提供职工免费用餐等。企业替员工个人支付这些支出，企业可以把这些支出作为费用减少企业所得税应纳税所得额，个人在实际工资水平未下降的情况下，减少了部分应由个人负担的税款，可谓企业个人双受益。

（六）利用级差、扣除项目测算，合理纳税筹划，争取利润最大化

劳务报酬所得、稿酬所得、特许权使用费所得、财产租赁所得分级次减除必要费用，每次收入不足 4 000 元的，必要费用为 800 元；超过 4 000 元的，必要费用为每次收入额×(1－20%)。在取得相应业务后，可根据收入额合理筹划，订立相关合同，争取利润最大化。

典型案例

某企业的生产具有一定的周期性，一年只有 6 个月的生产时间，生产期间三班倒，忙得没日没夜，职工平均工资为 6 000 元/月；其余 6 个月，职工没事干，每月发 1 000 元生活费。该企业代扣个人所得税的情况是这样的：

生产期间，企业每位职工每月应交个人所得税为：(6 000－3 500) ×10%－105＝145 (元)。这 6 个月，每人共纳个税 890 元。其余 6 个月，每月领取 1000 元因不到起征点，不纳税。

企业可以这样处理，增加职工的收入：

企业平均每位职工的年工资支出为 6 000×6＋1 000×6＝42 000 (元)，月平均工资为 3 500 元，恰好达到 3 500 元的起征点，不用缴纳个人所得税。

所以，企业改变一下工资发放方式，每一位职工每年每年人均节约个税 890 元。

典型案例

对于只有一次性收入的劳务报酬，以取得该项收入为一次。例如，接受客户委托从事设计装潢，完成后取得的收入为一次。属于同一事项连续取得劳务报酬的，以一个月内取得的收入为一次。同一作品再版取得的所得，应视为另一次稿酬所得计征个人所得税。同一作品先在报刊上连载，然后再出版；或先出版，再在报刊上连载的，应视为两次稿酬所得缴税。即连载作为一次，出版作为另一次。财产租赁所得，以一个月内取得的收入为一次。

例：某人在一段时期内为某单位提供相同的劳务服务，该单位或一季，或半年，或一年一次付给该人劳务报酬。这样取得的劳务报酬，虽然是一次取得，但不能按一次申报缴纳个人所得税。

假设该单位年底一次付给该人一年的咨询服务费 6 万元。如果该人按一次申报纳税的话，其应纳税所得额如下：

应纳税所得额＝60 000－60 000×20%＝48 000(元)

属于劳务报酬一次收入畸高，应按应纳税额加征五成，其应纳税额如下：

应纳税额＝48 000×20%×(1＋50%)＝14 400(元)

如果该人以每个月的平均收入 5 000 元分别申报纳税的话，其每月应纳税额和全年应纳税额如下：

每月应纳税额＝(5 000－5 000×20%)×20%＝800(元)
全年应纳税额＝800×12＝9 600(元)
14 400－9 600＝4 800(元)

这样，筹划后少缴纳个人所得税 4 800 元。

典型案例

依据国税发〔2005〕9 号文件的规定，年终奖按发放额除以 12 个月来确定适应的税率，那么发放多少就很有学问，因为多发 1 元钱，就可能多交几百元、几千元甚至是几万元的个人所得税。

比如：张某得年终奖 18 000 元，李某得年终奖 18 001 元。对应的税率和速算扣除数分别为：

张某的年终奖 18 000 元除以 12 个月等于 1 500 元，适应税率为 3%，没有速算扣除数。

张某应纳税额＝42 000×3%＝1 260(元)

李某的年终奖 18 001 元除以 12 个月等于 1 500.08 元，适应税率为 10%，速算扣除数为 105 元。

李某应纳税额＝18 001×10%－105＝1 695.1(元)

李某因为多领1元年终奖，却比张某多交435.1元的个人所得税。实际年终奖金收入反而比张某少了434.1元。

所以，在发放年终奖时，要对照个人所得税的税率表，试算除以12个月后会落在哪一档税率区间，再来确定发放额，最好发足额的整数，也就是正好除尽，卡在临界点上，用足税收优惠政策。

请你思考：小王是一家酒业公司的销售员，月收入并不稳定。2014年小王的月收入实际情况如表9—4所示。

表9—4 单位：元

月份	1	2	3	4	5	6	7
收入	21 000	4 500	6 000	8 500	9 800	5 300	2 000
应缴所得税							
月份	8	9	10	11	12	年终奖金	全年合计
收入	3 000	9 500	36 500	26 400	36 500	32 000	
应缴所得税							

(1) 请你计算小王全年的税前收入和税后收入。(2) 作为小王的理财规划师，请你为小王设计一份所得税筹划方案，使小王在全年税前收入不变的情况下，税后收入达到最高。

阅读材料

五花八门的税种

新娘税

在波斯湾地区的阿拉伯联合酋长国，根据风俗，男女结婚，男方须向女方父母赠送彩礼，而且彩礼必须是金的或银的。为了开辟税源，增加财政收入，抑制过高的彩礼，该国别具一格地开征了新娘税。

乞丐税

法国巴黎的香榭丽舍大道，是世界最有名的大道。外地乞丐和流浪汉纷纷涌向这里行乞和逗留，使当局感到大煞风景。于是规定，只有缴纳一万五千法郎税款的乞丐，才能获准在这里行乞。

离婚税

美国加利福尼亚州因离婚案增多，公务繁忙，便实行了一项简便离婚法。该法规定：凡结婚未满两年，未生养且无贵重财产的夫妻，欲离婚只需向州政府法律部门邮寄三十美元的离婚税，并保证双方无争执地分割财产，其离婚自动生效。

作品税

墨西哥财政部对绘画、雕塑等艺术家规定：如果他们不愿意用现金纳税，经登记备案后，可用自己的作品代替税款。

灭鼠税

印度尼西亚西部地区当局下令：当地居民必须缴纳“灭鼠税”，其后才能够耕作、借贷、出国旅游和结婚、离婚。法令规定每耕种一公顷稻田，要缴纳七十五只老鼠；结婚或离婚则要缴纳五十只老鼠才能获批准，老鼠的死活不限。

坟墓税

美国旧金山南郊有一个仅有二点二平方英里的小镇——柯尔玛镇。该镇有十七个规模宏大的墓园，以墓地风景幽静而闻名于世。该镇政府为了把墓地观光事业搞得更具特色，一九九七年竟别出心裁地向埋于地下的一百多万死人开征新税，征收标准为每座墓五美元，税款当然由墓主家属和后人支付了。此税的开征对该镇当局来说，无疑是一个新的税收增长点。

美国的风景税

世界上的事情真是无奇不有，可说是千奇百怪。美国加利福尼亚州中部一个人口只有二万多人的滨海小镇——外尼密，因市政府税入不敷支出，就立一个新的税目——“风景税”，规定凡是住在海边，住宅面向海岸，可眺望沙滩和海水的居民，每年每户须缴纳“风景税”66 美元至 184 美元，征收风景税后，外尼密市政府每年可增加税收 40 万美元，但 60%以上的居民都要为此而掏腰包。

本章小结

本章有两部分内容：税收筹划原理和个人所得税筹划。相对节税和绝对节税是税收筹划的基本原理，税收筹划的方法有避免应税收入的实现、充分利用税收优惠、避免适用较高税率、充分利用“税前扣除”和推迟纳税义务发生时间。个人所得税的征税内容、税率和个人所得税筹划的方法也是本章的重点内容。

思考与练习

1. 什么是税收筹划?
2. 请简述相对节税原理，试举一例说明!
3. 请简述绝对节税原理，试举一例说明!
4. 谈一谈税收筹划的具体方法。
5. 小王在甲单位，月薪为 5 000 元/月，自己租房的费用、交通费和午餐费分别是 600 元/月、400 元/月、600 元/月。小刘在乙单位月收入只有 4 000 元，但单位提供免费住房，免费通勤车和免费午餐。小王与小刘谁的名义收入高，谁的实际收入高，为什么?

实训设计

王先生在工作单位的工资收入为 5 000 元/月，每年发两次奖金各 1 400 元，一次是在六月，一次是在年底。王先生同时在其他单位还做了一份兼职，每个月的报酬是 4 000 元。由于路途较远，王先生每个月自己开车到兼职单位的油费、过路费合计约为 700 元。请你为王先生设计一份税收筹划方案，使王先生税后收入最大化。

第十章　退休养老规划

学习目标

知识点：

- 理解养老规划
- 理解养老金的概念
- 掌握社会养老保险、商业养老保险、企业养老年金的概念
- 了解养老规划的流程

能力点：

- 能解释养老规划的重要性
- 能解释社会养老保险、商业养老保险、企业养老年金
- 能为家庭做简单的养老规划方案

导言

《诗经》中一篇标题为《豳风·鸱鸮》的诗，描写的是一只失去幼鸟的母鸟，仍然在辛苦地筑巢，其中有几句诗："迨天之未阴雨，彻彼桑土，绸缪牖户。今此下民，或敢侮予！"意思是说：趁天还没下雨，赶快用桑根的皮把窝巢缠捆牢固，以免受侵害。后来，大家把这几句诗引申为"未雨绸缪"，意思是说做任何事情都应该事先准备，以免临时手忙脚乱。

鸟儿尚知未雨绸缪，人类更是深明其理。养老规划是人生理财规划中最重要的一部分，是每个人都要面对和必须考虑的事情。退休后能够过富裕、有尊严的生活，无忧无虑地享受晚年夕阳红，需要的就是未雨绸缪。

第一节　谁能给我们养老

典型案例

你愿意做谁的子女？

李老太太今年 66 岁，特别爱给自己的孩子打电话："小华，今天又领了 3 500 元的退休金，我腿脚不方便，今天晚上你和孩子过来吧，看看需要给家里买些什么"；"小华，保险公司又给我银行卡上打了 4 000 元的养老金，你下班后给它取了，顺便给家里买些东

西”；“小华，我年轻时给自己购买了保额为 100 万的终身寿险，一直没有指定受益人，今天你过来商量一下，看看受益人写谁合适”。

刘老太太今年也恰好 66 岁，也经常给自己的孩子打电话，但内容与李老太太完全不一样：“小强，我今天感到特别难受，年快过了陪我到医院检查一下，可别忘了带些钱啊”；“小强，这几天我腿一直疼，走路也难受，你请假陪我到医院看看，别忘了带钱啊”；“小强，明天我想去体检，还差 300 元，你今天晚上给我送过来吧”。

请你思考：（1）如果可以选择，你愿意做哪位老人的子女？（2）到你自己老的时候，你愿意做哪位老人？

养老规划是个人理财规划的重要组成部分，是人们为了在将来拥有高品质的退休生活，而从现在开始进行的财富积累和资产规划。科学合理的养老规划能为人们幸福的晚年生活保驾护航。

一、养老需要多少钱

一个人需要多少养老金，才能保证自立、尊严、高品质老年的生活？10 万？50 万？100 万？……假设一个人退休后还可以再生活 20 年，每顿饭平均 10 元，光吃饭一项，就需要：20（年）× 365（天）× 10（元/顿）× 3（顿/天）=219 000（元）（不考虑通货膨胀）。这仅仅是活着，如果考虑到衣、住、行、医疗、休闲娱乐等，养老的费用远不止这些。粗略估计，要想保证晚年的幸福生活，一个人起码要准备 150 万元～200 万元的养老金。

退休后，一个人期望的生活质量，决定其需要准备的养老金数额。

讨论：退休后，你希望怎样生活？

- 生活富裕，吃穿住不愁；
- 生病就医不用担心；
- 花钱不用看别人脸色；
- 心情愉快，身体健康；
- 经常出去旅游；
- 每年出国旅游一次；
- 家庭和睦；
- 其他；
- 有自己的保健医生。

二、养老规划的误区

对于养老的问题，大部分人多多少少都会有这样或那样的误区。

（一）我现在还年轻，考虑养老为时尚早

李嘉诚也讲过一句话：每年存一笔钱，给出一定的报酬率，几十年的时间，每个人都会成为千万富翁。这句话反映理财绩效包含的三大因素：本金、时间、报酬率。时间越长，在相同的报酬率和本金的情况下，可能获利越大。准备养老金的过程就像是爬山，越早开始准备，爬山的坡度就越小，山就越容易爬。《老来难》中也有一句话：花开花落催人老，转瞬就到你跟前。所以说人过 30 岁，就应该开始准备养老金了。

（二）我会赚钱，不怕养老

今天有钱，不代表明天有钱。养老钱是明天的钱，把今天的钱如何搬到未来，是一个理财技术问题。人生如棋，我们要走一步看三步，学会运筹帷幄。当有钱时，就开始准备养老金，不但能让我们现在有钱，而且未来也能有钱。所以，有钱更需要去做科学合理的规划。

（三）我有社保，养老靠国家

根据专业人士计算，社保最高只能保障退休生活水平的40%左右。若考虑通货膨胀等因素，退休养老金只能勉强维持退休后的基本的生活水平。所以，要想有高品质的老年生活，指望靠退休金安度晚年是远远不够的。

（四）靠子女养老

我国推行的计划生育政策，造成一个很重要的社会现象：典型的“421”家庭结构。也就是说，一个小孩上头两个父母，父母上头又各是两个父母。最终一个人要抚养6个人，在这种家庭结构中，孩子就是想给父母养老，也是心有余而力不足。当然，考虑到未来生活水平的提升，人均寿命的延长，一个人到80岁需要子女照顾的时候，子女也要面临养老的问题了。所以单纯依靠子女的收入进行养老规划显然已是不现实的。

所以，要想享受一个有品质、有尊严的晚年生活，我们只能未雨绸缪，提前做好养老规划。

三、养老规划的必要性

退休生活通常占了人们三分之一的生存时间，是充分享受人生的最好时期。忽略退休规划的重要性和紧迫性，将来就可能会陷入严重的困境，晚年生活的品质将无法保证。一个人如果想过上高品质的生活，晚年活得有尊严，就应该及早开始规划自己的养老，主动地面对问题而非被动地等待。

（一）退休生活时间在增加

科技进步，经济增长方式的变化以及高等教育的普及等原因大大推迟了个人就业的年龄，而与此同时，人们的退休年龄却没有延伸，甚至有所缩减，其结果就是人们的工作年限减少，这就意味着为未来进行经济积累的时间减少。

随着生活水平和医疗水平的提高，个人的平均寿命相比以前有了快速的增长，如此一来，造成的结果就是现代人的退休生活大幅延长。更长的退休后生活需要人们在退休之前积攒起更多的储蓄，因此如何未雨绸缪地进行更好的退休规划就变得非常重要了。

（二）老龄化社会的趋势

根据美国最新的调查报告显示，在美国，100个老人中，只有9个退休后会有富裕的财产，46个过着一般人的生活，有20个处于贫困状态，还有25

个已经过世了。在中国，很多大型的城市已经提早进入了老龄化。人口老龄化日趋严重，已成为中国未来人口发展过程中不可逆转的趋势。因此如何在未来谋求一份令人满意的退休生活，就成为我们要提前考虑并计划的事情了。

（三）传统的“养儿防老”方法不可行

俗话说“养儿防老”，无数人把他们晚年的幸福寄托在“子女是否孝顺”这个偶然因素上。随着社会的发展，这种养老模式越来越显露出它的弊端。据调查，目前在我国的老年人中，“空巢”率已经达到 26.4 %，这就意味着有四分之一的老人身边无子女照料。而随着我国家庭人口数量的减少，“空巢”家庭出现增多是必然趋势。

我国 80%的家庭都已经是独生子女家庭了。独生子女们有的已长大成人，一个子女要供养两位老人，成家后，两人要供养四位老人甚至更多。他们既要努力工作，为社会做贡献，又要养育自己的子女，如此重的压力让他们不堪重负。

因此，在未来退休生活的安排上，“养钱防老”观念已取代“养儿防老”，成为新趋势。

（四）通货膨胀

在不断通货膨胀的社会环境中，人们在退休后失去了工资收入，而退休养老金的替代率仅有 50%左右，一个人如果没有补充的养老金，其退休后的生活水平会严重下降。利用自己退休前储蓄来补充养老金，则会受到通货膨胀的影响。历史经验已经给我们带来警告，如果不能很好地保持这部分资金的增值水平，辛苦攒下的退休金也许就会被通货膨胀吞噬。

（五）退休后高昂的医疗费用

无论年轻时多么强壮，随着年龄的增加，身体的机能也会衰退，体质减弱，各种疾病接踵而至。按照一般统计，老年人花费的医疗费用是年轻人的三倍以上。而随着医疗体制的改革和医疗技术的发展，医疗费用的上涨速度惊人。有资料表明，我国医疗服务费用近年来增长速度过快，超过了人均收入的增长，医药卫生消费支出已成为我国居民继家庭食品、教育支出、住房支出后的第四大消费。因此退休后的医疗费用支出将成为退休规划的重要组成部分。

（六）退休保障制度的不完善

各国都有自己的退休保障制度，其制度体系各不相同，但都不能保证所有人的退休生活能够获得完善的保障。一般来说，社会保障体系提供的退休金只能维持基础的生存水平，按目前的养老金提取比例，在未来社会平均工资稳定提升的前提下，不论现在工资多少，最后拿到的退休金数额差别并不大，因为社会统筹的养老保险保障的是老年人的基本生活。但是，并非每个人都希望在“温饱”状态下度过余生，尤其现在薪水较高的人，更担忧自己能否适应“由丰入俭”的生活。要想仅仅通过某项独立的退休保障制度获得足够的退休费用是不现实的，因此建立多渠道、多层次的个人退休保障计划是非常必要的。

阅读材料

河南坠子《老来难》

老来难，老来难，少年莫把老人嫌。当初只嫌别人老，如今轮到我头前。
千般苦，万样难，听我从头说一番。耳聋难与人说话，插七插八惹人嫌。
雀蒙眼，似鳔粘，鼻泪常流擦不干。人到面前看不准，常拿李四当张三。
年轻人，笑话咱，说我糊涂又装憨。亲朋老幼人人恼，儿孙媳妇个个嫌。
牙又掉，口流涎，硬物难嚼囫囵咽。一口不顺就噎着，卡在嗓喉噎半天。
真难受，颜色变，眼前生死两可间。儿孙不给送茶水，反说老人嘴好馋。
鼻子漏，如脓涎，常常流落胸膛前。茶盅饭碗人人恶，席前陪客个个嫌。
头发少，顶门寒，凉风飕的脑袋酸。冷天睡觉常戴帽，拉被蒙头怕风钻。
侧身睡，翻身难，浑身疼痛苦难言。盼明不明睡不着，一夜小便六七番。
怕夜长，怕风钻，时常受风病来缠。老来肺虚常咳嗽，一口一口吐黏痰。
儿女们，都恨咱，说我邋遢不像前。老得这样还不死，你要再世活千年。
脚又麻，腿又酸，行动坐卧真艰难。扶杖强行二三里，上炕如同登泰山。
无心记，糊涂缠，常拿初二当初三。提起前来忘了后，颠三倒四惹人烦。
年老苦，说不完，仁人君子仔细参。莫要嫌，莫要嫌，人生不能常少年。
今日少年转眼老，人人都有老来难！

在当今的社会，国家必须建立多层次的养老保障系统，每个人要根据自身的情况，选择适合自己需求的养老方式，才能确保“夕阳红”。

心得体会

请谈谈你对养老的看法。

____

____

____

第二节　养老规划的原则与方法

一、养老规划的原则

科学合理的养老规划，可以确保个人晚的幸福生活。在制定养老规划方案时，要遵守养老规划的基本原则。一般来说，养老规划需要遵循的原则有以下几条。

（一）尽早规划的原则

在退休养老规划里，时间是很重要的变量。一般来说，退休养老规划最晚应该在预计退休年龄前20年做准备。比如，如果预计60岁退休，那么最晚应从40岁开始准备养老金。而退休养老规划最合适的开始时间，则是在工作的第一天。这是因为，养老规划是长期规划，尽早开始储备退休基金，投资时间越长，复利效应越明显；而且及早进行养老规划，可以用较长的在职时间摊薄养老成本。

（二）安全性原则

养老规划的目的，首先是保证退休后的基本生活，然后是追求退休后的生活品质。所以，养老金的储备，安全是第一位的。离退休时间越近时，应选择储蓄、债券、商业养老保险等金融工具储备养老金；当个人离退休时间较远时，则可选择保证给付的养老险或退休年金，以满足退休后的生活支出；当然，如果离退休期还远，也可以配置一定比例的股票或基金等高报酬、高风险的投资工具来满足退休后高品质的生活支出。

（三）弹性化原则

退休养老规划的制定要符合自己的实际情况，不能好高骛远。根据自己的收入水平、身体状况、消费习惯等制定适合自己的养老目标。制定的养老规划方案要有一定的弹性或缓冲性，以确保能根据环境的变动而做出相应的调整。比如，在规划未来养老目标时，可能会遇到一些不确定的事件，例如未来10多年经济不景气，投资收益率下降等，这就需要及时调整退休养老规划的目标。

（四）专款要专用

专款专用是指对指定用途的资金，应按规定的用途使用。养老金是一种功能极为明确的理财行为，养老金的专款专用，就是要强调在养老金的储备和投资上，在养老金的规划和打理中必须专款专用，不能在积累的过程中突然将这笔钱抽离。一定要让养老金真正成为未来晚年生活的储备，到了一定的年龄之后才使用，而不是作为股票投资或其他有风险存在的投资行为的临时备用金。养老金的专款专用，能确保晚年的幸福生活。

（五）谨慎性原则

谨慎性原则包括两个方面：一些人对自己退休后的经济状况过于乐观，高估了退休后的收入或者低估了退休后的开支。在退休养老规划中，应本着谨慎性原则，多估计些支出，少估计些收入；对风险承受力较弱的人来讲，养老金应以存款和保险为主，保证基本生活需求，量力而行追求品质生活。离退休年龄稍远时，可以适当选择一些收益和风险相对高的投资产品；离退休年龄近时，应选择稳健的储蓄型低风险投资。

二、影响养老规划的客观因素

在制定养老规划方案时，需要考虑各种影响因素，主要包括以下方面。

（一）退休时间

退休时间是影响养老规划的主要因素之一。退休的时间决定个人积累养老金的期限长短，也影响退休后的生活时间。比如，一个人决定50岁退休与65岁退休，最明显的区别在于，65岁退休，意味着养老金的积累时间延长了15年，退休后的生活时间缩短了15年。

（二）性别差异

一般来说，女性的预期寿命比男性要长。因而女性相比男性而言，就需要准备更多的养老金。在我国，女性的退休年龄为55岁，男性的退休年龄为60岁，因而，对女性来说，养老金的积累时间少了 5 年，退休后的生活期间相对男性来说则多了 10 年左右。根据养老规划的谨慎性原则，女性要想有一个高质量的老年生活，就需要准备相对男性来说更多的养老金。

（三）经济运行周期

经济运行周期是影响客户的退休养老规划的一个重要客观因素。在经济繁荣时期，积累养老金是有利的，反之则是不利的。对于已经退休的人来说，经济周期的变动会对他的退休生活产生影响，此时要看他有没有能力获取其他收入。

（四）通货膨胀

事实上，通货膨胀是养老规划中不容忽视的重要因素。因为随着时间的推移，通货膨胀会使我们手中的现金价值不断缩水，钱就越来越不值钱了。通货膨胀率是影响货币时间价值的主要因素。假如您来自一个普通百姓家庭，现在一年的生活费用是 5 万元，每年的通货膨胀率为 3%，那么，30 年后这个家庭如要保持现在的生活品质，一年的生活费用就会变成 12.14 万元。因此，考虑通货膨胀因素，你必须未雨绸缪，从现在开始，就做好养老的准备。

三、养老金的计算方法

在进行养老规划时，确定养老金数额是一项重要工作。下面以李某为例，说明如何计算需要的养老金数额。

李某现年 40 周岁，计划 20 年后退休，假设退休后能再生存 25 年，李某想在退休后过上中等品质的老年生活，各项费用合计约为 200 万元。估计李某退休后每年有 4 万元的退休金，问李某的养老金缺口有多大，李某应如何准备？

第一步，确定退休养老的目标。

李某退休后要过上中等品质的老年生活，需要在退休时准备 200 万元的养老金。

第二步，预测退休后的收入。

退休后的生活水平取决于退休后的收入。退休后的收入包括社会保障收入、企业年金收入、商业保险、投资收益等。退休后的收入是退休后的生活保障，不同的养老规划工具一起构成了退休养老的不同“防线”。一般来说，社会保险是养老的第一道“防线”，企业年金是养老的第二道“防线”，商业养老保险是养老的第三道“防线”，第四道养老“防线”是个人储蓄的退休养老基金，养老的第五道“防线”是个人房产的变现收入。

估算社会养老金收入的困难在于，社会养老制度还在不断进行变化与调整中。一种比较常用的计算方式是，使用退休金替代率来进行估算。所谓的养老金替代率是指退休时的养老金领取水平与退休前工资收入水平之间的比率。以国际经验来看，当养老金替代率大于 70%时，退休后可维持原有的生活水平。

假定李某退休后除了基本养老金外，没有其他的收入，不考虑通货膨胀因素，折现率为 3%，则李某退休后 25 年每年退休金收入的现值（60 岁时）为：

$$40\,000\times\text{年金现值系数}=40\,000\times17.413=696\,520(\text{元})$$

第三步，计算养老金缺口。

李某退休后期望的养老金为 200 万元，退休后的养老金收入现值为 696 520 元。李某的养老金缺口为 1 303 480 元（2 000 000－696 520），即李某的养老金缺口大约为 130 万元。

第四步，养老金缺口的弥补方案。

李某要想实现其养老规划的目标，在财力上尚有 130 万元缺口。该缺口的弥补方法有两种：一次性投资与定期定投。

若李某采用一次性投资的方法，假定投资的收益率为 5%，则李某需要一次性投资的资金为：一次性投资资金额度＝$130/(1+5\%)^{20}$＝49（万元）。

若李某采用定期定投的方法，则李某每年年末需要投入的资金额度为：

定投额度＝130/年金终值系数＝39 315(元)

第五步，调整方案。

随着实际生活中各种情况的变化，退休目标、资金需求、预期退休收入等都可能发生变化，导致预期的养老目标无法实现，此时，就需要对养老规划的方案进行调整。调整的方法有提高现在储蓄的比例（降低目前的消费水平）、寻找收入更高的工作、进行收益率更高的投资、延长工作年限（推迟退休）、退休后兼职工作、降低退休后的生活水平等。

第三节　养老规划工具

幸福无忧的退休生活不仅需要尽早规划，也要选择适合自己的养老规划工具。随着投资理财方式越来越多元化，可供养老规划选择的金融工具也日益增多。总体上来看，可用来养老的工具大致可分为四个层次：养老保险、企业年金、商业养老保险、个人投资。

一、养老保险

养老保险，全称社会基本养老保险，简称社保，是现代养老保险体系的第一支柱。通常的做法是，人们工作的时候，每月由企业和个人缴纳一定比例的社保养老金，等到退休后，就可以领取一定的退休金。

基本养老保险以保障离退休人员的基本生活为原则。它具有强制性、互济性和社会性。它的强制性体现在由国家立法并强制实行，企业和个人都必须参加而不得违背；互济性体现在养老保险费用来源，一般由国家、企业和个人三方共同负担，统一使用、支付，使企业职工得到生活保障并实现广泛的社会互济；社会性体现在养老保险影响很大，享受人多且时间较长，费用支出庞大。

由于社保低保障、广覆盖的特点，通

常依靠社保金养老只能维持退休后的基本生活，而不能享受到高品质的老年生活。所以，即使参加了基本养老保险，最好还是要通过其他方式自行积累一部分养老金，以弥补退休后基本养老金的不足。

二、企业年金

企业年金是我国养老保险的重要组成部分，是现代养老保险体系的第二支柱，是企业及其职工在依法参加基本养老保险的基础上自愿建立的补充养老保险。

企业年金是企业在政府强制实施的公共养老金或国家养老金之外，根据自身经济实力和经济状况，为本企业职工提供一定程度退休收入保障的补充性养老金制度。需要注意的是，实行企业年金最终的选择权和主动权都在企业手里，员工个人是无法掌控的。如果您很想参与到企业的年金计划中去，那么前提条件就是您所在企业已经开始运转了这样一个机制，您的公司现在或将来愿意为您缴纳和规划企业年金。

三、商业养老保险

商业养老保险是以获得养老金为主要目的的长期人身险，它是年金保险的一种特殊形式，又称为退休金保险，是社会养老保险的补充。

商业性养老保险的被保险人，在交纳了一定的保险费以后，就可以从一定的年龄开始领取养老金。这样，尽管被保险人在退休之后收入下降，但由于有养老金的帮助，他仍然能保持退休前的生活水平。

目前，有养老功能的商业保险有很多，大致可分为四种：传统型养老保险、分红型养老保险、万能型保险、投连险。由于退休养老的特殊性，在选择商业保险时应坚持以稳健、降低风险、实现保值增值为主要目的。

四、个人投资

个人投资包括金融投资、艺术品投资、房地产投资等。

金融投资是目前大多数人比较熟悉的养老方式。可供选择的工具很多，一部分属于固定收益的品种，如银行各类存款、人民币理财产品、外币理财产品、国债等，这类产品的优势是保本，但平均收益不会太高。另外一部分属于收益较高、风险较大的投资品种，如股票、基金、期货等。每个人应根据实际情况进行搭配。

一个人在经济条件良好的青壮年时期，如果购置一套或几套住宅、商铺或写字楼，等到年老退休时，既可出售房屋获取投资房产的收益来养老，也可以利用租金回报来补充自己的养老组合，还可以采用倒按揭的方式获取养老金。以房养老的方式正在成为越来越多中高端人群的选择。

艺术品投资是一种新兴的养老方式，随着收藏热的不断升温，艺术品投资也开始进入大众的视线，逐渐成为一些人养老的选择。资金实力强的人选择字画、古玩、玉石、红木家具等艺术品投资，普通民众则青睐邮票、纪念币、纸币等这些资金占用量不大，又有升值空间的小项目。但选择艺术品投资进行养老规划时，要量力而行，谨慎行事，因为艺术品投资的风险更高。

阅读材料

老王、老张和老李是要好的三个哥们，他们一起来到天堂。老王非常惊讶地发现：自己住的是简易房，隔壁老张住的是标准间，而对面的老李却住着豪华套房；自己每天要给老张洗衣服、做饭，而老李有漂亮的服务员服务。

老张每顿饭都是两菜一汤，而自己只能吃老张剩下的饭菜。老李吃的比老张还好，穿的也比他漂亮多了；自己每天都忙不过来，打扫卫生、送水、收发邮件、做饭等，可老张什么事都没有，常常去找公园闲逛，而老李隔三差五去打高尔夫球。

老王很郁闷，也很生气，他决定去找上帝问一问：为什么都是一样的人？差距咋就那么大呢？"我们仨都是一起进来的，享受到的待遇却有天壤之别？这是为什么？"

上帝沉默了一会说："那没办法呀，因为老李是自费，老张是社保，而你什么都没有"。

请你回答：小故事说明了什么问题？听了这个小故事，你有何感想？

第四节 制定退休养老规划方案

别以为养老只是老年人的事情，年轻人也应该及时制定与执行养老计划。幸福的老年生活需要提前通过养老规划方案的实施来实现。下面以李某为例，说明如何制定养老规划方案。

李先生今年40岁，担任一金融公司主管，月收入6 000元，太太是小学教师，月收入3 000元，两人都买了基本的社会医疗保险。孩子今年17岁，正读高中，家庭月支出4 500元，有100平方米的住房一套，无房贷、车贷。同时，还有流动资金20万元。李先生夫妇除了参加单位的基本社会养老和医疗保险外，无其他保险。李先生夫妇对自己的养老非常关心，想在60岁退休，退休后能有一个高质量的老年生活。希望理财规划师能为他们制定专业的养老规划方案（退休前采取稳健的投资策略，投资回报率为6%，退休后采取较为保守的投资策略，投资回报率为3%，退休后养老金的替代率为50%，通货膨胀率假定为3%）。

一、分析并确定李先生家庭的退休养老目标

根据李先生提供的相关描述可知，李先生夫妇希望退休后能有一个高质量的晚年生活。

假定李先生夫妇在退休后还有25年的生活时间。按照现在李先生家庭的生活水平，每月的正常开支为4 500元，20年后，李先生家庭维持目前生活水平的正常开支为：4 500元$\times(1+3\%)^{20}=8\ 127$（元），李先生家庭目前是三个人生活，退休时为两个人生活，相应的生活费用会有所减少，但考虑到李先生夫妇退休时，医疗服务的费用会大幅增加，故李先生夫妇退休后保持目前生活水平的正常月度开支为8 000元左右。李先生夫妇要想有高质量的老年生活，其每月的生活开支起码应为目前生活水平的一倍以上。故李先生夫妇每月平均开支在16 000元以上，才能保证高质量的晚年生活。

李先生养老金的总额为：$16\ 000\times12\times25=4\ 800\ 000$（元）。

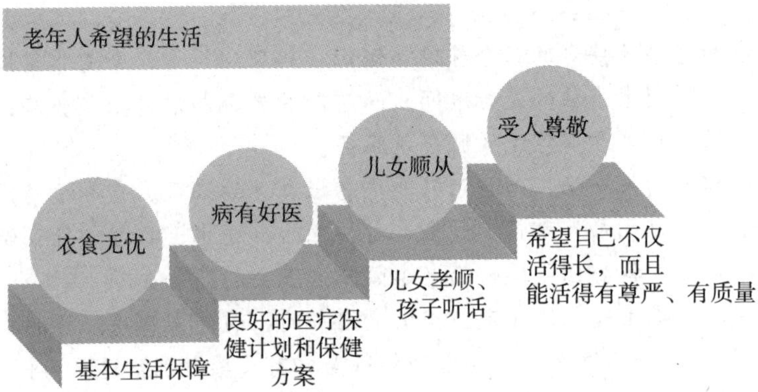

二、预测夫妇二人退休后的收入

李先生夫妇二人只有社会基本为养老保险，没有购买任何的商业保险，也没有相应的金融投资，所以，李先生夫妇二人退休后的收入基本为养老保险金，假定李先生夫妇二人的基本养老保险金的替代率为50%，即李先生夫妇二人退休时，退休金的月收入约为4 000元，退休后养老金收入总值为1 200 000元（4 000元/月×12个月×25）。

三、计算李先生夫妇养老金缺口

李先生夫妇养老金缺口为养老金总额减去基本养老保险金收入总额，即：

4 800 000－1 200 000＝3 600 000(元)

李先生夫妇应再准备3 600 000元的补充养老金，即可以满足其养老目标的实现。

四、确定养老金准备方案

李先生夫妇目前有20万元的流动资金，考虑到孩子即将上大学，故拿出10万元作为孩子的大学教育金。另外10万元作为养老金的启动资金。

10万养老金启动资金20年后的终值为：

$$100\ 000\times(1+6\%)^{20}=320\ 713(元)$$

李先生夫妇要想享受高质量的退休养老生活，夫妇二人应该在60岁时一次性拿出3 279 287元（3 600 000－320 713）的补充养老金。准备3 279 287元的补充养老金可以采用定期定额的投资方式。

假定李先生夫妇在每月的月末投入，年付次数为12，期限为20年，终值为3 279 287元，投资收益率为6%，通过理财计算器（EXCEL软件），可以算出每月投入的资金为7 097元。

五、养老规划方案的调整

李先生夫妇每个月需要投入7 097元，长期坚持20年，才能实现其养老的目标。然而，从李先生现阶段的收入来看，夫妇二人的总收入为9 000元，基本生活支出为4 500元，短期还有孩子的大学教育金需要准备，每月7 097元的养老投入，显然超出了二人的经济承受能力。因此，李先生夫妇如果坚持养老规划的目标不变，建议夫妇二人通过兼职的方式增加收入，用增加的收入来进行养老投资，但此方法会增加夫妇二人的劳动强度，降低目前的生活质量。

李先生夫妇也可以采用房产倒按揭的方式补充养老，假定李先生 100 平方米的住房在其 60 岁时的价值为 200 万元，李先生夫妇还需要准备的养老金为 1 279 287 元（3 279 287－2 000 000）。

假定李先生夫妇在每月的月末投入，年付次数为 12，期限为 20 年，终值为 1 279 287 元，投资收益率为 6%，通过理财计算器（EXCEL 软件），可以算出每月投入的资金为 2 768 元。李先生夫妇现在开始每月投入 2768 元的补充养老金，压力显然不大。

若李先生夫妇二人不想采用倒按揭的方式保证高质量的养老生活，夫妇二人只有降低养老规划的目标，享受普通人的退休生活。

本章小结

本章的主要内容包括养老的误区、养老规划的必要性、养老规划的原则和养老规划的方法、养老规划工具等。养老规划的原则包括尽早规划、安全性、弹性化、专款专用、审慎性原则。个人养老共有四道防线：社会保险、企业年金、商业养老保险、个人投资。养老规划的工具包括社会保险、企业年金、商业保险、信托、证券投资等。制定养老规划方需要五步：分析并确定退休养老的目标、预测退休后的收入、计算养老金缺口、确定养老金准备方案、养老规划方案的调整。

思考与练习

1. 谈谈现代社会个人养老规划的必要性。
2. 养老规划的原则有哪些？谈谈你的理解。
3. 影响养老规划的因素有哪些？
4. 请分析社会保险、企业年金、商业养老保险、个人储蓄的退休养老基金、个人房产的变现收入等养老规划工具的优劣。
5. 调整养老规划的方法通常有哪些？

实训设计

王先生夫妇现年 33 岁，夫妻二人都在外企工作，目前收入较多，但工作压力也很大。夫妻二人希望能在 50 岁时提前退休以享受生活。目前二人每年的生活费用为 10 万元，虽然退休后没有子女教育金等支出，但退休后王先生夫妇希望可以每年到国内、国外旅游，并能有较好的医疗保障，因此预计届时每年需要 12 万元的支出。根据二人的身体状况，预计二人都可以生存至 85 岁。王先生夫妇目前已经有储蓄 20 万元。投资回报率为 6%（不考虑通货膨胀的因素）。

请你为王先生夫妇设计一份养老规划方案。

第十一章　财富分配与传承规划

学习目标

知识点：

- 了解财产分配规划
- 了解财产传承规划
- 掌握财产分配与传承规划的规划工具
- 熟悉财产分配与传承规划方案的制定原则

能力点：

- 会分析财产分配与传承规划中涉及的财产问题
- 会运用公正、信托、遗嘱等财产分配与传承工具

导言

林则徐曾经说过一段发人深省的话："子孙若如我，留钱做什么，贤而多财，则损其志；子孙不如我，留钱做什么，愚而多财，益增其过。"

卡耐基曾激烈地攻击那些认为自己有权利把所拥有的财富花在自己身上或传给后代的人："那些在身后留下数百万美元财富的人，死去时将没有人为他哭泣，没有人给予他荣誉，没有人为他唱挽歌。公众对他的判决是：这个人富裕而可耻地死去!"

王永庆说过："人经由各自努力程度之不同，在其一生当中固然可能累积或多或少之财富，然而当生命终结，辞别人世之时，这些财富将再全数归还社会，无人可以例外。"

尽管有那么多名人说过把钱留给自己后人没有多大意义，然而，古今中外，为争夺遗产父子相残、兄弟相残的例子比比皆是，当今社会，普天下父母，又有几个不想多给子孙传承财富呢？

典型案例

为争皇位遗产，骨肉兄弟相残

唐高祖李渊第二子秦王李世民居功至伟，为建唐第一元勋。李渊无法缓和其兄弟之间的夺嫡之争，欲将李世民调离长安，另在洛阳建天子旌旗，以为权宜之策。

太子李建成在深感李世民威胁的情况下，与皇三子李元吉合谋，欲除掉李世民。俩人采用各种手段，在李渊面前诬告李世民，使李渊逐渐疏远了李世民。李建成步步紧逼，又和李元吉一起企图挖空秦王府，并予以坑杀。

李世民在得到消息后，联合秦王府诸将等，在玄武门伏兵杀死李建成、李元吉，史称“玄武门之变”。玄武门之变后两个月，唐高祖李渊退位。李世民登基，史为唐太宗。

第一节　财产分配与传承规划的重要性

一、现代人要做好财产分配与传承规划

在现代社会，个人拥有的合法私有财产不断增加，参与商业经营的形式也越来越多样化，各种经营形式所面临的风险也是不相同的。通常意义上的财产分配规划是针对夫妻财产而言的，是对婚姻关系存续期间夫妻双方财产关系进行的调整，因而财产分配规划也成为夫妻财产分配规划。财产传承规划是为了保证财产安全继承而设计的财务方案，是当事人在其健在时，通过合理的遗产管理工具，制定合理的遗产分配方案，对其拥有或控制的财产进行安排，确保这些财产能够按照自己的意愿实现特定的目的。

财产分配与传承规划是个人理财规划中不可或缺的部分。从形式上看，制定财产分配和传承规划能够对个人及家庭财产进行合理合法的配置；从实质上看，财产分配与传承规划为个人和家庭提供了一种规避风险的保障机制，当个人及家庭在遭遇到现实中存在的风险时，这种规划能够帮助客户隔离风险或降低风险带来的损失。

在实际生活中，个人及家庭可能遭遇的风险主要有以下几类。

（一）家庭经营风险

对于其成员共同从事商业经营的家庭来讲，经营收益是该家庭的主要收入来源，维持着整个家庭的正常生活，而一旦该经营实体受到商业风险的冲击，整个家庭的经济状况就有可能急转直下，严重的甚至威胁到家庭成员的正常生活、教育、工作等。

（二）夫妻中一方或双方丧失经济能力的风险

夫妻是家庭组织的核心，如果其中一方或者双方均丧失了劳动能力，如工伤、意外事故，造成身体残疾；或者丧失了经济能力，如对外欠债导致被追索等情形，都会导致家庭经济支付能力的下降，影响家庭的正常生活。

（三）离婚或者再婚风险

离婚意味着夫妻关系的结束和一个家庭的解体，无论对家庭还是夫妻任何一方都会产

生重大的影响，其中最突出的方面体现在对家庭财产的分割上。现实生活中经常会发生这样的情况，即离婚时，夫妻其中一方有转移、隐匿、变卖财产侵害另一方财产权益的行为。

再婚是离异或丧偶的男女重新组建家庭。很多再婚人士，特别是曾经有过离异经历且事业处于鼎盛时期的一些人，再婚前都会在私人财产保护和个人安全感上有所考虑，对对方与自己的结婚动机产生怀疑，有孩子的还会担心再婚伴侣对前妻（夫）子女的影响，事实上，也确有一些人企图借婚姻达到一些特定目的。因此，再婚本身也存在风险。

（四）遗产纠纷的风险

家庭成员去世后，其遗留财产的分配会使得家庭其他成员个人的财产增加或者减少，对整个家庭财产也会产生影响。同时，由于多数家庭没有事先立遗嘱的意识，遗产分割很容易在家庭内部产生纠纷，即使有的立了遗嘱，也会因为遗嘱内容表述不清，而在执行过程中出现财产被恶意侵吞或者不按照遗嘱人意愿进行分配等情况。

以上种种家庭及个人遭遇的风险都是不确定的、不可预测的，这些风险一旦发生，就会对个人及家庭的经济能力产生不利影响。如果能够在风险发生之前采取相应措施，就可以最大限度地消除或减少其可能造成的不利影响。

财产分配和传承规划就具有这样的风险隔离、减少损失的功能。理财规划师针对客户具体的家庭及个人状况，制定财务方案，选择避险工具，进行有针对性的风险规避安排，能够最大限度地消除上述风险带给个人及家庭的不利影响。

典型案例

众多名人的遗产纠纷

2005年年底，著名美籍华裔画家陈逸飞去世7个月之后，陈逸飞的遗孀宋美英终于将家庭矛盾呈现在公众面前。由于陈逸飞的去世非常突然，没有留下任何遗嘱，围绕着他遗留下的巨额财产，遗孀宋美英以及年幼儿子与陈逸飞的长子陈凛之间展开了一场争夺。

2011年春节前夕，一代赌王何鸿燊尚健在，自己的“四房十七杰”（指他的四房太太和17个子女）主演的家产分配争夺大戏先期上演，豪门恩怨博尽世人眼球。

（五）缴纳遗产税的风险

在国外许多国家，遗产的继承人或受遗赠人要缴纳遗产税（我国暂未开征遗产税）。然而缴纳遗产税也是有风险的，继承人何时缴纳，缴纳多少都是不确定的。被继承人如果事先没有做好财富传承规划，可能会给继承人带来一定的风险。比如在美国，遗产税要由继承人来缴纳，而且是先纳税然后才能继承并分配财产。法律规定，遗产管理人或遗嘱执行人必须在原财产所有者死亡后9个月内，负责以现金方式缴清税款，然后才可以进行遗产分配。一时钱凑不够，可以申请延期缴付，但期限也不得超过6个月。

典型案例

台湾首富蔡万霖避税有道

2004 年 9 月 27 日，台湾首富蔡万霖过世，外界估算他的子女需要缴交 700 多亿元（新台币）的巨额遗产税金。

蔡万霖之死对其家族成员虽说是一个噩耗，但台湾税收当局则暗暗窃喜，按照台湾当年征收遗产税的预算，其目标是 101 亿新台币。然而，由于蔡先生生前避税有道，提前做好了遗产税筹划，蔡万霖去世后，其家人只交了不到 6 亿新台币的遗产税，蔡万霖与台湾税务部门开了一个小玩笑。

具有讽刺意味的是，蔡万霖家属为其举行的奢华的葬礼，竟然令人瞠目地耗去了 3.2 亿新台币。

二、财产分配规划的基本内容

（一）个人所有财产的界定

夫妻个人财产是指依法或依当事人约定，夫妻婚后各自保留的一定范围内的个人所有财产。一般包括法定个人财产与约定个人财产，具体而言，包括婚前财产与婚后财产。

如果夫妻双方没有约定，根据法律规定，下列财产属于夫妻一方个人所有的财产：

➢ 一方的婚前财产。

➢ 一方因身体受到伤害获得的医疗费、残疾人生活补助费等费用。

➢ 遗嘱或赠与合同中确定只归夫或妻一方的财产。

➢ 一方专用的生活用品。

➢ 军人的伤亡保险金、伤残补助金、医药生活补助费。

➢ 婚姻关系存续期间，结婚时间 10 年以内，复员、转业军人所得的复员费、转业费，以及复员军人从部队带回的医药补助费和回乡生产补助费。

➢ 已登记结婚，尚未共同生活，夫妻一方出资购置、各自使用的财物。

➢ 离婚时一方尚未取得经济利益的知识产权归个人所有（处理时应给予另一方适当的照顾）。

➢ 其他应归夫妻一方所有的财产。

（二）夫妻共同财产界定

夫妻共有财产制，是夫妻对所得财产归夫妻双方所有，由夫妻双方对该财产共同管理的法律制度。夫妻共有财产制是实现婚姻家庭生活的基本物质要求，夫妻共有财产制是夫妻财产制的主导制度。

我国《婚姻法》规定，“夫妻在婚姻关系存续期间所得的财产，归夫妻共同所有”，“夫妻对共同所有的财产，有平等的处理权”。这是关于夫妻共同财产制的原则规定，包括以下几方面问题：

第一，“婚姻关系存续期间”是个很重要的概念。婚姻关系存续期间指的是婚姻当事人依照法律程序缔结婚姻，到婚姻关系依法解除或自然终止的期间，即依法取得结婚证之时至离婚生效或因一方死亡婚姻自然终止之时的期间。这里所说的“婚姻关系存续”，是法律认可的合法婚姻关系的存续，法律没有确认的婚姻关系，不能以夫妻关系存续期间认定。

阅读材料

事实婚姻，不受法律保护

男女双方虽对外以夫妻名义共同生活，但因双方不具备结婚实质要件——依法进行结婚登记，其婚姻关系没有得到法律认可的期间；双方登记离婚或诉讼离婚生效后，俩人又同居生活在一起的期间；双方已经依法登记结婚，但是登记时不符合结婚的法定条件，后被宣告无效的婚姻，这些期间均不属夫妻关系存续期间，对此期间取得的财产不能认定为夫妻共同财产。

第二，“所得的财产”，其实质内容是指夫妻在婚姻关系存续期间所取得的财产权，包括实际占有的所有权和非实际占有的所有权，夫妻一方或者双方已经取得某财产的所有权，并未实际占有该财产，该财产仍然是夫妻所得的财产。但是，对于夫妻一方或者双方实际占有，而没有取得财产权的财产，无论合法与不合法，都不属于夫妻所得的财产，比如借用他人的财产和非法占有他人的财产。

第三，夫妻所得的财产的主体，只包括是指婚姻关系存续期间的夫妻。因为来源于夫妻以外的人的财产，和非婚姻关系存续期间夫妻一方的个人财产，均不属于夫妻所得的财产，如父母、子女和其他家庭成员的财产，所以夫妻所得的财产的主体仅仅指有合法婚姻关系的男女。

第四，夫妻所得财产的范围，据《婚姻法》规定，夫妻在婚姻关系存续期间所得的财产，应该有以下几方面：(1) 工资、奖金，是夫妻一方或者双方基于劳动而获得的报酬和基于劳动而获得的工资以外的报酬，其性质都是劳动报酬，包含货币和有关财物。值得注意的是，现实生活中劳动报酬以各种形式出现，如红包、津贴、房补、互助金等。这些都应视为工资、奖金性收入，纳入工资、奖金范围，认定为夫妻共同财产。(2) 从事生产、经营的收益，是夫妻一方或者双方从事生产、经营，主要指农村中的农业生产和城市里的工业生产以及第三产业等各行各业的生产经营收益，有劳动收入，也有资本收益，如股票债券收入、股份、股权等。(3) 知识产权的收益，是夫妻一方或者双方基于知识产权而获得的财产收益，仅指基于知识产权而获得财产权，而不包括知识产权的人身权。(4) 因继承或赠予所得的财产，“但《婚姻法》第十八条第（三）项规定的除外”。这里说的继承所得的财产，是夫妻一方或者双方在婚姻关系存续期间，依照法律规定接受被继承人死亡时留下的合法财产，包括法定继承和遗嘱继承所取得的财产；赠与所得的财产，是夫妻一方或者双方接受赠与人无偿给与财产的法律行为取得的财产，赠与所得的财产必须是已经取得所有权的财产，比如受赠与人进行所有权变更登记、实际取得财产等。对婚姻关系存续期间没有实际取得财产权的，赠与合同未发生法律效力的赠与财产，不是夫妻财产。(5) 其他应当归共同所有的财产，指上述四项财产以外，应该属于夫妻共同财产的财产。这个灵活规定，是因现实生活中的财产情况变化较快，除了上述规定的几种共有财产外，还可能会出现其他未列明但又确实应认定为共有财产的情况，作出这种规定的目的是填补列举式立法与现实存在之间总会有距离的不足，以适应时代变化发展的需要。此外，在审判实践中，对个人婚前财产的孳息及增值在婚后取得的是否认定为夫妻共同财产问题，应该不同情况分别处理，所得孳息、增值，如果婚后完全未付出劳动的，可以认定为婚前财产，而对婚后付出了劳动的孳息、增值的则应认定为夫妻共同财产。

第五，“夫妻对共同所有的财产，有平等的处理权”是指夫妻对共同所有的财产，不问财产的来源以及各自贡献的大小，都平等地享有处理权，这也是夫妻在家庭中地位平等和男女平等原则的具体体现，有三方面的含义：其一，共同所有的含义，是指夫妻不分份额的共同所有，而不是按份共有，在夫妻共同财产分割之前，每一项财产，夫妻均拥有共同所有权，包括共同占有、使用、收益和处分的权利；其二，夫妻有平等处理权的财产范围，只能是夫妻共同财产，而不包括夫妻以外的其他人财产；其三，夫妻有平等的处理权，是指处理共同财产必须协商一致，共同处理，而不是处理夫妻共同财产时要强调财产来源、贡献的大小。

（三）共有财产分割的原则

共有财产在分割时要涉及财产的清理、估价、分配等一系列问题，为避免财产共有人之间的纠纷，减少矛盾，使财产分割顺利进行，在分割共有财产时，要遵循以下原则：

(1) 遵守约定的原则。共有人对共有财产的分割有约定的依其约定。共有人约定不得分割共有的不动产或者动产以维持共有关系的，应当按照约定，但共有人有重大理由需要分割的，可以请求分割。例如，没有经济收入的某个共有人的父亲病重，需要分割共有财产，获得给父亲看病的钱。在这种情形下，虽然共有人有不能分割共有财产的约定，但父亲患病的共有人属于本条规定的有重大理由需要分割共有财产的情形。

(2) 依法分割的原则。共有人对共有财产是否可以分割，在什么情况下可以分割没有约定，或者约定不明确的，应当依据法律的相关规定予以分割。分割夫妻共有财产时，需要遵守《婚姻法》的相关规定。分割遗产时，需要遵守《遗产法》的相关规定。例如，《婚姻法》规定，在分割夫妻共同财产时，首先要将子女，特别是未成年子女的利益放在第一位，切实保障子女离婚后的生活与健康成长的物质需求。在离婚时，为保障下一代的健康成长，分割共同财产时需照顾子女利益，照顾与子女共同生活的一方，或者将共同财产分给子女一部分。

(3) 平等协商、和睦团结的原则。各共有人对共有财产的分割的范围、期限、方式以及分配方法等，都可通过协商决定。共同共有关系终止时，共有人对共有财产的分割没有达成协议的，应当根据等分原则处理，并应考虑共有人对共有财产的贡献大小，适当照顾共有人生产、生活的实际需要等情况。

(4) 有利于生产生活原则。分割共同财产时应考虑是否有利于生产和生活。首先，不得破坏财产的使用价值和经济价值。其次，要尽量使分割后的财产一如既往发挥经济作用。

三、财产传承规划的基本内容

财产传承规划中涉及的财产主要是遗产。

（一）遗产

遗产是指公民死亡时遗留的个人合法财产。根据《继承法》第三条的规定，遗产范围包括下列财产：

- 公民的收入。
- 公民的房屋、储蓄和生活用品。
- 公民的林木、牲畜和家禽。
- 公民的文物、图书资料。
- 法律允许公民所有的生产资料。
- 公民的著作权、专利权中的财产权利。
- 公民的其他合法财产。此外，还包括个人承包的收益。

阅读材料

被继承人的遗产与保险金、抚恤金的区别

对保险金能否作为遗产的问题，应分两种情况加以讨论。如果保险合同指定了受益人的，则由受益人取得保险金；保险合同未指定受益人的，则保险金可以作为遗产加以继承。

对于抚恤金，如果是职工、军人因公死亡、生病或其他意外事故死亡后，由有关单位按规定给予死者家属而产生的，因具有对死者家属的经济补偿性，而不能列为遗产。有关部门发给因公伤残而丧失劳动能力的职工、军人的生活补助，归个人所有，这类抚恤金可以作为遗产继承。

（二）遗产的分割

遗产的分割是继承行为开始后，多个遗产继承人分配遗产，从而取得各自应继承份额的行为。遗产分割只能在继承开始后进行，分割的对象只能是遗产，如果遗产的继承人只有一个，就不存在遗产分割的问题。

（三）遗产分割的原则

1. 依法分割原则

继承人在分割遗产时，需要遵守《遗产法》的相关规定。例如，《婚姻法》规定，在分割夫妻共同财产时，首先要将子女，特别是未成年子女的利益放在第一位，切实保障子女离婚后的生活与健康成长的物质需求。在离婚时，为保障下一代的健康成长，分割共同财产时需照顾子女利益，照顾与子女共同生活的一方，或者将共同财产分给子女一部分。

2. 保留胎儿继承份额的原则

《继承法》第 28 条规定："遗产分割时，应当保留胎儿的继承份额。"胎儿出生时是死体的，保留的份额"按照法定继承办理"。分割遗产时应当为胎儿保留的遗产份额没有保留的，应从继承人所继承的遗产中扣回。

3. 平等协商、和睦团结的原则

各共有人对共有财产的分割的范围、期限、方式以及分配方法等，都可通过协商决定。共同共有关系终止时，共有人对共有财产的分割没有达成协议的，应当根据等分原则处理，并应考虑共有人对共有财产的贡献大小，适当照顾共有人生产、生活的实际需要等情况。

4. 有利于生产生活原则

遗产分割时，应当从有利于生产和方便生活出发，注意充分发挥遗产的效用，不损害遗产的价值。比如，人民法院在分割遗产中的房屋、生产资料和特定职业所需要的财产时，应依据有利于发挥其使用效用和继承人的实际需要，兼顾各继承人的利益进行处理。

阅读材料

一个阿拉伯人有三个儿子，他去世后留下 17 只骆驼的遗产，立遗嘱如下：三个儿子必须按照遗嘱分配他的骆驼：大儿子分一半的骆驼，二儿子分三分之一的骆驼，三儿子分九分之一的骆驼，他们分配骆驼时，不能把骆驼杀掉。三兄弟怎么也没法按照父亲的遗愿分配遗产，因为他们要想按照父亲的遗愿分配骆驼，就要杀掉一匹骆驼，而这却违背了父亲的遗愿。他们最后找到族长，聪明的族长想出了分配的办法，遗产分配问题得到圆满解决。

讨论：聪明的族长想出了什么办法?

（四）遗产的继承顺序

根据我国《婚姻法》的规定，在被继承人生前没有立下遗嘱或者所立遗嘱无效等情形下，应当按照法定继承对遗产进行分配。

法定继承人以及继承顺序是：第一顺序：配偶、子女、父母。第二顺序：兄弟姐妹、祖父母、外祖父母。

继承开始后，由第一顺序继承人继承，第二顺序继承人不继承。没有第一顺序继承人继承的，由第二顺序继承人继承。

第一顺序中的子女，包括婚生子女、非婚生子女、养子女和有扶养关系的继子女。

第一顺序中的父母，包括生父母、养父母和有扶养关系的继父母。

第二顺序中的兄弟姐妹，包括同父母的兄弟姐妹、同父异母或者同母异父的兄弟姐妹、养兄弟姐妹、有扶养关系的继兄弟姐妹。

特殊情形下的法定继承：

（1）被继承人的子女先于被继承人死亡的，由被继承人的子女的晚辈直系血亲代位继承。代位继承人一般只能继承他的父亲或者母亲有权继承的遗产份额。

代位继承人不受辈数的限制。

被继承人的养子女、已形成扶养关系的继子女的生子女可代位继承；被继承人亲生子女的养子女可代位继承；被继承人养子女的养子女可代位继承；与被继承人已形成扶养关系的继子女的养子女也可以代位继承。

(2) 丧偶儿媳对公、婆，丧偶女婿对岳父、岳母尽了主要赡养义务的，作为第一顺序继承人。

(3) 对继承人以外的依靠被继承人扶养的缺乏劳动能力又没有生活来源的人，或者继承人以外的对被继承人扶养较多的人，可以分给他们适当的遗产。

第二节 财产分配与传承规划工具

典型案例

2007 年初夏，59 岁的相声大师侯耀文在自己的玫瑰园别墅突发心源性心脏病去世。侯耀文生前结过两次婚，又分别离婚，生了两个女儿。大女儿侯某当时归妈妈也就是第一任妻子抚养，小女儿也被判给了母亲即第二任妻子。

侯耀文临死时，并没有留下遗嘱。他的后事是由哥哥侯耀华来处理的。

侯耀文的财产，包括他生前的遗物是由侯耀华及侯耀文的徒弟来打理。侯耀文爱好收藏，珠宝名表田黄石羊脂玉等，饰品家具字画藏品等，都有很多。

2009 年 2 月 17 日，侯耀文长女侯某将妹妹起诉到北京西城法院，要求依法分割侯耀文名下的各银行财产和其他金融机构的财产。2009 年 6 月 23 日，侯某向北京西城法院提交申请，要求将原本作为被告的妹妹变更为原告，而追加了侯耀华及牛成志（侯耀文生前好友）和郭晓小（侯耀文徒弟）夫妇 4 人为被告，要求返还及赔偿相应遗产。

2009 年 6 月 4 日，北京西城法院审理此案，双方未能当庭达成和解。侯某在打官司期间由于没达成协议的原因，侯耀文一直没能下葬。官司一波三折，双方各执一词，以后在法庭上也没判出结果来，最终双方私下和解。

讨论：(1) 假如侯耀文先生身后有知，看到自己的骨肉因财产而对簿公堂，他会怎么看?

(2) 如果人能死后复生，你认为侯耀文先生会如何处理其名下的财产?

不仅名人、富人生前有财产纠纷、身后有遗产纠葛，普通百姓也是这样，他们生前的财产纠纷、身后的遗产纠葛也不乏其例。

在现代社会，充分利用各种财富分配与财富传承规划的工具，可以有效规避家庭成员之间的财产纠纷。常见的财富分配与财产规划工具有以下几种。

一、财产协议

财产协议包括婚前财产协议、婚内财产协议和离婚财产协议。

（一）婚前财产协议

婚前财产协议指男女双方在结婚登记之前就双方各自婚前、婚后所得的财产的归属所作的约定。约定的内容可以是婚前财产及婚后各自所得归各自所有，可以约定为共同所有。该约定就是婚前财产协议。

婚姻本来就应该是以爱情为基础，达成婚前财产协议不仅不会淡化双方的感情，反而由于对婚前财产的归属有了明确的约定，从某种程度上是强化了婚姻的爱情基础。

由于现代社会的离婚率越来越高，而离婚时双方争议最大的一个问题就是财产问题，与其到时双方为财产的所有权争执不休，不如未雨绸缪事先作出约定，这样一旦婚姻不幸走到了尽头，双方可以免去很多不必要的纷争。

签订婚前财产协议自然而然地具有了以下优势：

➢ 明确男女双方婚前财产的范围，避免将来不必要的财产纠纷；

➢ 确定双方婚后财产的使用方法；

➢ 为将来的婚姻风险提供证据支持。

阅读材料

签订婚前财产协议的注意事项

一、形式上必须是书面的。

二、明确婚前财产的范围。

一般包括男女双方婚前的存款、房产、车子、其他贵重物品等。婚前财产协议的约定不能过细，建议仅对重要财产作出约定即可。

三、明确婚前财产婚后共享的比例。

在婚后可以与爱人共享的财产内容，以及共享的比例应该清楚。若只是表述为“婚前某项财产婚后共有”，法律上的理解应是每人一半。

四、财产描述要明确。

比如房产的描述，规范的描述应该是“坐落于某市（县）××街××号房产由双方共有”。

五、设定清楚婚前财产生效的条件、时间。

协议的生效若未作特别约定的话，一般是结婚登记后生效。很多情况下，当事人为了增加婚前财产协议的公示力，会增加经公证机关公证或律师见证后生效的限制。

六、男女双方必须签字并且注明时间。

七、婚前财产协议可以在结婚前签订也可以在结婚后签订。

（二）婚内财产协议

夫妻对婚姻关系存续期间所得的财产，以及婚前财产归各自所有、共同所有或部分各自所有、部分共同所有的约定为婚内财产协议。夫妻婚内财产协议的主要内容包括：（1）明确婚前财产的范围及归属；（2）明确夫妻共同财产的归属及使用方法；（3）确立夫妻双方在家庭生活中的权利、义务；（4）协议的生效、撤销；（5）违约责任。

阅读材料

婚内财产协议对家庭的有益之处

1. 体现夫妻关爱

毋庸置疑，婚内财产协议能够最有效地承载结婚前的海誓山盟。如何信守一方对另一方的关爱、呵护、承诺，婚内财产协议给伴侣提供了一个可行的表现方式。一份好的婚内财产协议，犹如给车辆上了一份包括各类附加险的全险，能够让驾乘者消除各种担忧。

2. 体现个人价值

对于既希望享受两性生活的愉悦，又追求个性独立、品味人生价值的人士而言，婚内财产协议同样能够提供最有效的保障。

3. 家务分工补偿

如何消除对于家庭全身心付出，到头来一无所获的顾虑，婚内财产协议无疑能够担当此份角色。聪明的人士在签订婚内财产协议时，会要求在婚内财产的归属上，体现家务劳动的付出回报。

4. 财产分割便捷

虽说离婚是每一对伴侣最不愿面对的结局，但与其事后争个面红耳赤还无法达成共识，不如提前就做好相应的准备。把最坏的结局都想开了，婚姻中的各类付出就有了保障。

5. 减少决策纷争

有人说，婚姻实际是男女双方互相争夺家庭主导权的拉锯战，事先便对各类决策做好商定，显然能大大减少日后的纷争。

签订婚内财产协议，以下三种约定可能被认定为约定无效：

(1) 约定财产归子女所有。

很多夫妻在签订协议时会约定某一部分财产归子女所有，但这些财产仍然是由父母掌管。从法律上来看，这属于赠与但没有履行，没有完成的赠与便不生效。实践中，此类约定争议较多，当然均以无效认定。

(2) 不动产归双方共有但未作产权变更。

将一方名下的婚前房产等不动产约定为婚后共有，但实际又未办理产权更名手续，是一种赠与未完成的行为。在最终发生争议时，同样无法得到确认。

(3) 谁提离婚谁无财产。

此类约定往往会认为限制离婚自由权，而被认定为无效。

(三) 离婚财产协议

离婚协议是双方当事人自愿离婚的意思表示以及对子女抚养、财产及债务处理等事项协商一致而达成的协议或者意见。离婚协议书则是离婚协议的书面形式，《婚姻登记条例》第11条第3款规定，离婚协议书应当载明双方当事人自愿离婚的意思表示以及对子女抚养、财产及债务处理等事项协商一致的意见。

从离婚协议的内容上看，包括三项主要内容，即自愿离婚、子女抚养、财产及债务处理等。其中自愿离婚即双方自愿解除婚姻关系；子女抚养涉及当事人一方行使抚养权，另一方支付抚养费，包括子女生活费、教育费、医疗费等费用。还包括未抚养子女一方探视权行使及保障等内容；财产及债务处理则主要包括夫妻关系存续期间的共同财产如何分割，共同债务如何清偿等。

阅读材料

离婚协议书

男方：某某，男，××族，××年××月××日生，住址，联系电话，身份证号码：

女方：某某，女，××族，××年××月××日生，住址，联系电话，身份证号码：

男方与女方于××年××月认识，于××年××月××日在××登记结婚，婚后于××年××月××日生育一儿子/女儿，名×× 。因××致使夫妻感情破裂，已无和好可能，现经夫妻双方自愿协商达成一致意见，订立离婚协议如下：

一、男女双方自愿离婚。

二、子女抚养、抚养费及探望权。

儿子/女儿由女方抚养，随同女方生活，抚养费（含托养费、教育费、医疗费）由男方全部负责，男方应于××年××月××日前一次性支付××××元给女方作为女儿的抚养费（男方每月支付抚养费××元，男方应于每月的1—5日前将女儿的抚养费交到女方手中或指定的××银行账号：×××××××××××××××）。

在不影响孩子学习、生活的情况下，男方可随时探望女方抚养的孩子。（男方每星期休息日可探望女儿一次或带女儿外出游玩，但应提前通知女方，女方应保证男方每周探望的时间不少于一天。）

三、夫妻共同财产的处理。

(1) 存款：双方名下现有银行存款共××××元，双方各分一半，为××元。分配方式：各自名下的存款保持不变，但男方/女方应于××年××月××日前一次性支付××元给女方/男方。

(2) 房屋：夫妻共同所有的位于×××的房地产所有权归女/男方所有，房地产权证的业主姓名变更的手续自离婚后一个月内办理，男/女方必须协助女/男方办理变更的一切手续，过户费用由女/男方负责。女方应于 ××年××月××日前一次性补偿房屋差价××元给男/女方。

(3) 其他财产：婚前双方各自的财产归各自所有，男女双方各自的私人生活用品及首饰归各自所有（附清单）。

四、债务的处理。

双方确认在婚姻关系存续期间没有发生任何共同债务，任何一方如对外负有债务的，由负债方自行承担。（男/女方于××年××月××日向×××所借债务由男/女方自行承担……）

五、一方隐瞒或转移夫妻共同财产的责任。

双方确认夫妻共同财产在上述第三条已作出明确列明。除上述房屋、家具、家电及银行存款外，并无其他财产，任何一方应保证以上所列婚内全部共同财产的真实性。

本协议书财产分割基于上列财产为基础。任何一方不得隐瞒、虚报、转移婚内共同财产或婚前财产。如任何一方有隐瞒、虚报除上述所列财产外的财产，或在签订本协议之前两年内有转移、抽逃财产的，另一方发现后有权取得对方所隐瞒、虚报、转移的财产的全部份额，并追究其隐瞒、虚报、转移财产的法律责任，虚报、转移、隐瞒方无权分割该财产。

六、经济帮助及精神赔偿。

因女/男方生活困难，男/女方同意一次性支付补偿经济帮助金××元给女/男方。鉴于男/女方要求离婚的原因，男/女方应一次性补偿女方精神损害费××元。上述男方应支付的款项，均应于××年××月××日前支付完毕。

七、违约责任的约定。

任何一方不按本协议约定期限履行支付款项义务的，应付违约金××元给对方（男/女按××支付违约金）。

八、协议生效时间的约定。

本协议一式三份，自婚姻登记机关颁发《离婚证》之日起生效，男、女双方各执一份，婚姻登记机关存档一份。

九、如本协议生效后在执行中发生争议的，双方应协商解决，协商不成，任何一方均可向×××人民法院起诉。

男方：　　　女方：　　　　　　　年　月　日

签名：　　　签名：　　　　　　　年　月　日

二、公证

公证制度是国家司法制度的组成部分，是国家预防纠纷、维护法制、巩固法律秩序的一种司法手段。公证是公证机构根据自然人、法人或者其他组织的申请，依照法定程序对民事法律行为、有法律意义的事实和文书的真实性、合法性予以证明的活动。

公证书是公证处为当事人出具的具有特殊法律效力的证明文件。它是司法文书的一种，公证书各部分装订在一起，并加盖公证处钢印方才有效。一切公证行为都产生证据上的效力。

在家庭理财活动中，办理的公证一般为夫妻财产约定公证。夫妻财产约定公证的内容包括当事人的姓名、性别、职业、住址等基本情况；现有夫妻财产（含债务）的名称、数量、规格、种类、价值、状况等；现有夫妻财产的归属及今后夫妻关系存续期间所得财产（债务）的归属；夫妻关系存续期间财产的使用、维修、处分的原则；其他约定，如共同债务如何清偿，财产孳息归属等。

阅读材料

夫妻财产公证　化解半路夫妻忧愁

2009年元月的一天，一对中年男女来到安阳市某公证处求助。原来这对男女均丧偶，经媒人介绍，两人彼此颇有好感，但也顾虑重重。因为两人都有子女和房产，怕婚后因为财产问题发生纠纷。无奈之际，他们想到了公证处，希望在这里寻求到法律帮助。

公证员们热情地宣讲了有关法律，后经过耐心细致的开导，为他们办理了夫妻财产约定公证。两人的诸多烦恼顿时消解。

资料来源：http：//newpaper. dahe. cn/jrabybb/html/2009－09/22/。

三、遗嘱与公证遗嘱

（一）遗嘱

遗嘱是指遗嘱人生前在法律允许的范围内，按照法律规定的方式对其遗产或其他事务所作的个人处分，并于遗嘱人死亡时发生效力的法律行为。

遗嘱的有效要件包括形式要件和实质要件。遗嘱有效的形式要件，是指遗嘱的形式附和法律的规定。遗嘱的形式若不符合法律的要求，也就不能有效。遗嘱有效的实质要件包括：

（1）遗嘱人须有遗嘱能力。依我国现行法规定，只有完全民事行为能力人，才有设立遗嘱的行为能力即遗嘱能力，不具有完全民事行为能力的人不具有遗嘱能力。遗嘱人是否具有遗嘱能力，以遗嘱设立时为准。在设立遗嘱时，遗嘱人有遗嘱能力的，其后虽丧失遗嘱能力，遗嘱也不因此失去效力。反之亦然。

（2）遗嘱须是遗嘱人的真实意思表示。遗嘱是否为遗嘱人的真实意思表示，原则上应以遗嘱人最后于遗嘱中作出的意思表示为准。受胁迫、欺骗所立的遗嘱无效；伪造的遗嘱无效；遗嘱被篡改的，篡改的内容无效。

（3）遗嘱不得取消缺乏劳动能力又没有生活来源的继承人的继承权。我国《继承法》第19条规定，遗嘱应当对缺乏劳动能力又没有生活来源的继承人保留必要的遗产份额。这一规定属于强行性规定，遗嘱取消缺乏劳动能力又没有生活来源的继承人的继承权的，不能有效。遗嘱人未保留缺乏劳动能力又没有生活来源的继承人的遗产份额，遗产处理时，应当为该继承人留下必要的遗产，所剩余的部分，才可参照遗嘱确定的分配原则处理。

（4）遗嘱中所处分的财产须为遗嘱人的个人财产。遗嘱既是遗嘱人处分其个人财产的民事行为，就只能就遗嘱人个人的合法财产作出处置。遗嘱人以遗嘱处分了属于国家、集体或者他人所有的财产的，遗嘱的该部分内容，应认定无效。

（5）遗嘱须不违反社会公共利益和社会公德。违反社会公共利益和社会公德民事行为无效。遗嘱若损害了社会公共利益或者其内容违反社会公德，则也不能有效。

阅读材料

遗嘱的几种形式

《继承法》中认可的有效的遗嘱形式只有公证遗嘱、自书遗嘱、代书遗嘱、录音遗嘱、口头遗嘱（紧急情况下）五种形式，并要求附随立遗嘱人或见证人亲笔签字，这五种形式以外的遗嘱均不具有法律效力。

自书遗嘱必须由立遗嘱人全文亲笔书写、签名，注明制作的年、月、日。自书遗嘱不需要见证人在场见证即具有法律效力。

代书遗嘱是指因遗嘱人不能书写而委托他人代为书写的遗嘱。中国《继承法》第17条第3项规定："代书遗嘱应当有两个以上见证人在场见证，由其中一人代书，注明年、月、日，并由代书人、其他见证人和遗嘱人签名。"

录音遗嘱是指遗嘱人用录音的形式制作的自己口述的遗嘱。为防止录音遗嘱被人篡改或录制假遗嘱弊端的发生，《继承法》第17条第4项明确规定："以录音形式设立的遗嘱，应当有两个以上的见证人在场见证。”见证的方法可以采取书面或录音的形式，录音遗嘱制作完毕后，应当场将录音遗嘱封存，并由见证人签名，注明年、月、日。

中国《继承法》第 17 条第 5 项规定：“遗嘱人在危急情况下，可以立口头遗嘱。口头遗嘱应当有两个以上见证人在场见证。危急情况解除后，遗嘱人能够用书面或者录音形式立遗嘱的，所立的口头遗嘱无效。”由于口头遗嘱有易于被篡改和伪造，以及在遗嘱人死后无法查证的缺点，所以《继承法》对口头遗嘱作了以上限制性规定。

（二）遗嘱公证

遗嘱公证是公证处按照法定程序，证明遗嘱人设立遗嘱行为真实、合法的活动，经公证证明的遗嘱为公证遗嘱。

办理遗嘱公证，由遗嘱人住所地或遗嘱行为发生地的公证处受理。办理遗嘱公证需要立遗嘱人亲自到其户籍所在地的公证机关申请办理，不能委托他人代理。如果遗嘱人因病或其他特殊原因不能亲自到公证机关办理遗嘱公证时，可要求公证机关派公证员前往遗嘱人所在地办理。值得注意的是，立遗嘱人如果要变更或撤销原公证遗嘱，也必须由原公证机关办理。

四、信托

信托是世界各国普遍采用的私人事务管理工具，其主要的优势在于管理机制的灵活设计、对客户私人信息的绝对保密，可以更好地实现客户的财务及生活目标。

依受益人及信托目的的不同，个人信托可以分为个人财产管理信托、婚姻家庭信托、子女保障信托、遗产管理信托和养老保障信托等。

（一）个人财产管理信托

个人为满足自身财产保值增值的需求，而设立信托，将财产委托受托人进行管理。

（二）婚姻家庭信托

由婚姻关系的一方或双方作为委托人，出于保护家庭财产的目的，而设立信托，这种信托一般具有家庭破产时保障家庭基本生活、规避离异配偶或其再婚配偶恶意侵占财产等作用。

（三）子女保障信托

由委托人（父母、长辈）出于保障子女的目的，而设立的信托。这种信托广泛运用于子女海外留学费用的给付、离异子女的抚养费支付、提供未来孩子教育及创业基金等。

阅读材料

我爸爸是亿万富翁，而你爸爸不是！

某创一代的企业家突然心血来潮，想买一辆跑车，到卖超级跑车的 4S 店后感觉太贵，就没有买。但是，汽车销售员在他离开的时候说："你儿子昨天刚买了一辆。"

他很生气，回家问他的儿子："你没有工作，为什么这么花钱？"

他儿子说："因为我老爸是亿万富翁，但你老爸不是。"

讨论：(1) 如果将来该企业家真的把钱、权交给孩子，他放心吗？

(2) 如果没有财富管理能力的孩子一下子得到巨额财富，会是好事吗？

（四）遗产管理信托

遗产管理信托即指委托人预先以立遗嘱的方式，将财产的规划内容，包括交付信托后遗产的管理、分配、运用及给付等，详订于其中。这种信托的作用包括：帮助没有能力管理遗产的遗孀遗孤、按遗嘱人生前愿望管理信托财产；合理分配遗产，避免遗产纷争；等等。中外名人、富豪多采用遗产信托这一资产传承方案，比如洛克菲勒家族、梅艳芳、戴安娜王妃、沈殿霞、迈克尔·杰克逊等均采取遗产信托来传承自己的财产。

（五）养老保障信托

由委托人出于养老保障的需要，而和受托人签订信托合同，委托人将资金转入受托人的信托账户，由受托人依照约定的方式替客户管理运用。这种信托是适用于退休规划的有效工具，可以有效弥补我国目前社会养老保障体制的不健全。

阅读材料

家族信托的优势

一、财富灵活传承

家族信托可以根据实际需求灵活地约定各项条款，包括信托期限、收益分配条件和财产处置方式等，如可约定受益人获取收益的条件"年满18岁"、"结婚"等。

二、财产安全隔离

现实中有很多私人银行客户都是多家企业的实际控制人，而且个人资产和企业资产并不能清楚区分。当企业面临债务危机时，其个人资产往往也成了债务追偿对象。而家族信托财产是独立，家族信托的所有权与受益权严格区分，信托财产名义上是属于受托人的，与委托人、受托人和受益人的其他财产隔离。因此委托人的任何变故，都不会影响信托财产的存在。受益人是通过家族信托的受益权获得利益。这样债权人也无法对信托财产进行追索，降低了企业经营风险对家族财富的影响。

三、节税避税

从长期来看，我国一定会征收遗产税。而家族信托就能很好地避免遗产税，因为信托财产名义已经是受托人的，委托人名下没有登记财产，所以也无法征收遗产税。家庭在使用家族信托时，在委托人去世前，财产已完成转移，避免了遗产认证的过程。

四、信息严格保密

家族信托设立后，信托财产管理和运用都以受托人的名义进行，除特殊情况外，受托人没有权力向外界披露信托财产的运营情况。

家族信托相对其他财富传承工具有着绝对的优势。

典型案例

家族信托财富传承案例分享——梅艳芳信托

梅艳芳自小家境拮据，五岁开始登台演出。1982 年，因参加香港第一届新秀歌唱大赛获得冠军而出道。随后以浑厚低沉的嗓音、华丽百变的形象加上仗义豪爽的性格逐渐在歌坛、影坛走红，成为香港演艺界举足轻重的人物。至 2003 年年底病逝前，梅艳芳名下有香港、伦敦、新加坡等多处房产以及现金，资产总值 1 亿元。

2003 年 12 月初，梅艳芳（委托人）立下遗嘱及家族信托，将自己两处物业赠予好友刘培基，预留 140 万元人民币给 4 名外甥及侄女作教育经费。剩余的房产、现金等资产（信托财产）委托汇丰国际信托有限公司（受托人）管理，每月支付给母亲覃美金（受益人）约 7 万元作为生活费直至母亲去世。遗嘱中还特别指明，直至覃美金去世，家族信托所有资产会扣除开支捐给妙境佛学会。据悉，梅艳芳去世时留下价值 3 000 万～3 500 万港元的资产，随着香港房价上涨，其家族信托财产 2011 年被认定升值到港币近 1.7 亿元。

2004 年初，梅艳芳的母亲覃美金一直坚称，梅艳芳是在神志不清的状态下订立遗嘱的，故法庭应判遗嘱无效，希望独得亿元家族信托财产。

2006 年 3 月和 2007 年 8 月，梅艳芳的哥哥梅启明和母亲覃美金又将遗嘱执行人、主诊医师、遗产受益人一并告上法院，质疑三方串通欺骗梅艳芳立下遗嘱窃取其遗产。对于梅家的控告，三被告坚称梅艳芳立下家族信托时神志清醒，不把遗产交给母亲打理，是因为担心母亲不善理财，花尽遗产后生活无依。

2004 年到 2011 年的七年多来，梅艳芳的母亲覃美金多次上诉，屡告屡败。2011 年 5 月 10 日，香港高院下达终审判决书，梅艳芳的母亲覃美金再次败诉，财产继续由信托公司管理。

梅艳芳为什么将其近亿元的遗产通过汇丰国际信托公司设立家族信托，而不是交给其 80 岁高龄的母亲打理呢？因为梅艳芳母亲嗜好赌博而且挥霍无度，梅艳芳担心如果把这笔钱一次性给她，可能很快就会损失殆尽，她以后的生活反而没有着落。而通过设立信托基金，梅艳芳将自己的遗产委托给专业的信托机构打理，信托公司每月按照嘱托支付 7 万元生活费给其母亲，一直持续到她去世，这样她就可以安享晚年了。

家族信托能很好地按照委托人的意愿进行信托财产的管理，同时通过家族信托能有效地进行财富传承，避免财富被受益人迅速挥霍。

本章小结

财产分配与传承规划主要侧重婚姻财产的分配及遗产的继承问题。本章的主要内容包括：家庭财产分配与传承规划的重要性；财产分配规划的主要内容；财产传承规划的主要内容；财产分配与传承规划的原则；财产分配与传承规划的主要工具等。其中，夫妻财产分配中遵守约定的原则、依法分割的原则、平等协商、和睦团结的原则、有利于生产生活原则；遗产分配中的依法分割的原则、保留胎儿继承份额的原则、平等协商、和睦团结的原则、有利于生产生活原则；遗产的继承第一顺序继承人、第二顺序继承人、常用的财产分配与传承规划工具如财产协议、公证、遗嘱与遗嘱公证、信托、保险等是本章的重点内容。

思考与练习

1. 什么是财产分配与传承规划？
2. 财产分配与财产规划的主要内容有哪些？
3. 家庭为什么要重视财产分配与传承规划？
4. 谈谈你对家庭财产分配规划原则的理解。
5. 谈谈哪些人是第一顺序继承人，哪些是第二顺序继承人。
6. 常用的财产分配与传承规划的工具有哪些？谈谈你对财产分配与传承规划工具的理解。

第十二章　综合理财规划

学习目标

知识点：

- 掌握五大财务比率
- 掌握不同家庭类型的理财重点
- 了解理财规划具体案例的分析步骤
- 熟悉理财规划建议书的撰写方法

能力点：

- 能够分析不同类型家庭的理财需求
- 会计算家庭的五大财务比率
- 会用财务比率对家庭财务状况进行诊断
- 能够为不同类型家庭制定合理的理财规划方案

导言

想要在秋天时丰收，你必须有种子，还要在春天及时就播种，之后便是不断地浇水、除草、施肥等。成功的理财规划也是这样：有第一桶金（种子）、尽早开始理财（播种）、长期坚持和管理好理财活动。理财专家告诫我们：理财不是一朝一夕，更非一蹴而就的事；理财不是靠撞大运，更非靠一夜暴富；理财不是短平快、不是百米冲刺，而是马拉松，需要尽早开始，俭省节约、专心致志、终身坚持。

第一节　单身贵族的理财规划

典型案例

不吃也要留种

一个富人有一位穷亲戚，他觉得自己这位穷亲戚很可怜，就发了善心想帮他致富。富人告诉穷亲戚："我送你一头牛，你好好地开荒，春天到了，我再送你一些种子，你撒上种子，秋天你就可以获得丰收、远离贫穷了。"

穷亲戚满怀希望开始开荒。可是没过几天，牛要吃草，人要吃饭，日子反而比以前更难过了。穷亲戚就想，不如把牛卖了，买几只羊。先杀一只，剩下的还可以生小羊，小羊长大后拿去卖，可以赚更多的钱。

可是当他吃完一只羊的时候，小羊还没有生下来，日子又开始艰难了，他忍不住又吃了一只。他想这样下去不行，不如把羊卖了换成鸡。鸡生蛋的速度要快一点，鸡蛋可以马上卖钱，日子就可以好转了。

可是穷日子还是没有改变，反而日渐艰难。他忍不住又杀鸡了，最后，终于杀到只剩下一只的时候，他的理想彻底破灭了。他想致富算是无望了，还不如把鸡卖了，打一壶酒，三杯下肚，万事不愁。

春天来了，富人兴致勃勃地给穷亲戚送来了种子。他发现，这位穷亲戚正就着咸菜喝酒呢！牛早就没了，房子里依然是家徒四壁，他依然是一贫如洗。

讨论：你认为该穷人贫穷的根源是什么？

单身族做好理财规划尤其重要。在单身期，如果没有好的理财习惯，很可能沦为“月光族”。单身族理财最重要的就是把钱用在刀刃上，做好节流与储蓄，同时做好保险计划和投资。单身族理财成功的关键在于首先要养成好的习惯，其次要坚持储蓄，最后是做好保险与投资。下面以李先生为例，介绍单身族的理财规划。

一、个人基本情况

李先生，30 岁，典型的“月光先生”。现任一家外企部门经理，税后年薪 30 万元。他穿着名牌西装，开着奔驰车，出入高档消费场所，

他贷款 60 万元买了奔驰车，月还贷款 10 000 元，目前，已经还了 20 万元的贷款，汽车市值约 30 万元，他租住高级公寓，每个月租金 12 000 元，在日常生活中，香槟只喝法国的，牛排只要里脊肉，咖啡只喝卡布其诺，吃饭只去西餐厅……每个月的生活费用大约为 10 000 元，这样下来，虽然他挣了不少，可是花的钱更多，年终不但没有积攒下一分钱，而且欠银行信用卡贷款十万余元，是一位彻彻底底的“月光先生”。

在保障方面，李先生除了社保外，没有任何商业保险。李先生认为，自己有这么高的收入，就是一位成功人士，成功人士就要学会享受人生，虽然自己现在还不是富人，但至少在生活上要看起来像一个富人。

二、个人理财需求

李先生原本没有明确的理财需求，他只想享受现在的幸福生活，找到适合自己的伴侣。但就在上个月，他的一位朋友突然发生意外，医疗费花了 30 多万元，李先生才觉得自己的财务规划糟糕透了，需要慎重考虑自己的财务规划了。

三、财务状况分析

李先生家庭的财务资源由家庭收入支出表和资产负债表体现，李先生家庭的资产负债表见表 12—1，它体现了李先生家庭拥有了哪些经济资源、这些经济资源的分布以及这些经济资源的来源。

表 12—1　　李先生家庭资产负债表

客户姓名：李先生家庭			时间：2015 年 6 月 30 日
资产	金额（元）	负债	金额（元）
现金及现金等价物		消费负债	
现金	0	信用卡负债	100 000
银行存款	0	汽车贷款	400 000
金融资产	0	投资负债	
债券及债券基金	0	住房贷款	0
股票及股票基金	0	其他贷款	0
自用资产			
自用房产	0		
其他	300 000		
资产合计	300 000	负债合计	500 000
净资产	−200 000		

从表 12—1 可以看出，李先生家庭共拥有了 300 000 元的资产（家庭轿车），有 500 000元的负债，净资产为−200 000 元。

李先生家庭的收入支出表见表 12—2，收入支出表反映李先生家庭收入的来源支出的去向，家庭的年结余等收支情况。李先生目前的年税后收入为 30 万元。

表 12—2　　李先生年度收入支出表

客户姓名：李先生家庭			时间：2014 年 7 月 1 日—2015 年 6 月 30 日
收入	金额（元）	支出	金额（元）
工薪收入	300 000	年生活支出	120 000
理财收入	0	房租支出	144 000
投资收入	0	汽车贷款	120 000
其他收入			
合计	300 000	合计	384 000
年结余			−84 000

为了准确分析李先生家庭的财务状况，就需要利用资产负债表、收入支出表提供的数据，对李先生家庭进行财务比率分析。通过分析李先生的家庭财务情况，得出李先生的财务分析结果（见表 12—3）。

表 12—3　　李先生家庭财务比率分析表

财务指标	计算公式	数值	经验数值
流动性比率	流动性资产/每月支出	0	3～6
结余比率	年结余/年税后收入	0	

续前表

财务指标	计算公式	数值	经验数值 40%
负债收入比率	年偿还负债/年税后收入	88%	40%以下
投资与净资产比率	投资性资产/净资产	—	50%
资产负债率	净资产/总资产	−67%	50%以下

从李先生家庭的财务比率来看，李先生的财务情况不令人乐观：李先生的流动性比率为零，说明李先生不注重家庭的理财活动，没有足够的资金应对家庭短期的失业、意外、疾病的风险；结余比率为零，说明李先生目前没有储蓄，主要体现在李先生日常开支过大，消费观念过度超前，消费冲动明显；李先生家庭的资产负债率为负值，说明李先生家庭的净资产为负，已经出现了财务危机。

四、家庭理财目标

李先生家庭目前的理财重点为：强制储蓄，增加积累，消减债务，逐步积累净资产。

李先生具体的理财目标为：尽快偿还信用卡贷款，每年储蓄 9 万元，建立意外、疾病医疗等保险计划。

五、分项理财规划

（一）减少开支规划

收入像河流，财富像水库！衡量一个家庭财富水平的标准，不是看家庭的收入有多高，而是看家庭的净资产规模有多大。

李先生目前正处于单身期，收入较高，说明李先生有很强的个人能力，可以维持家庭较高的生活水平。因此，李先生目前的重点在于开源节流，积累家庭净资产，保证家庭的财务安全。

建议李先生在半年的时间中，换租一套 70 平方米的小户型房子，房租控制在每个月 4 000元左右，这样，李先生既可以有较为宽敞的居住条件，又可以节约房屋租金，一年的房租开支可以节约资金近 90 000 元。

在日常生活中，建议李先生的每月生活开支控制在 6 000 元，包括日常生活费用、通讯费用等，这样，李先生一年大约可以结余 60 000 元。

（二）建立家庭紧急备用金

紧急备用金是家庭为了应对意外等紧急事件，导致家庭收入中断、家庭开支突然骤然增加等情况所储备的资金，紧急备用金额度一般为家庭月度正常开支的 3～6 倍。建议李先生按照理财规划师的建议，把每个月的结余积攒起来，为自己建立 60 000 元的紧急备用金。

（三）储蓄计划

在李先生的日常活动中，可能一下子控制好自己的开支，建立理性的消费行为有点困难，因此建议李先生和发放工资的银行签订一份零存整取的存款协议，把每个月工资额的 30%即 7 500 元储蓄起来，到年底时用来偿还信用卡贷款。等还完银行的信用卡欠款后，再把积累的资金用来进行投资。

（四）建立初步的保障计划

建议李先生现在开始，为自己建立初步的保障计划。先为自己购买五份意外伤害保险，意外伤害的保额为50万元，意外伤害医疗的保额为5万元，年保费为500元，再为自己购买保额为10万元的住院医疗保险，年保费为4 000元。等李先生偿还完信用卡贷款后，为自己建立一份保额为30万～50万元的重疾保障，年保费控制在18 000元左右。

这样，李先生若能按照理财规划师的建议，一年后，李先生即可初步实现财务安全。

讨论：在单身期，理财的重点在哪里？为什么？

阅读材料

因为我有钱

节俭是个人理财中最重要的元素之一。节俭不是不爱生活，而是用更理性的态度去享受生活。而浪费和挥霍却是财富积累的最大敌人，因为挥霍浪费者最后往往负债。

有一次，一个亿万富翁请富兰克林参观他富丽堂皇的新居。他领富兰克林走进一间大得足够召开议会的起居室，富兰克林问："为什么把房间建得这么大？"

这个人说："因为我有钱。"

然后，他们又走进一间可容纳50人的饭厅，富兰克林又问："干吗弄这么大？"这个人再次重申"因为我有钱"。最后，富兰克林愤怒地转向他，说："你为什么戴这么一顶小帽子？你为什么不戴一顶比你的脑袋大十倍的帽子？因为你有钱呀！"

由于奢侈与浪费，这个曾经的富翁变成了穷光蛋，不得不向那些曾被他所不屑的人去借债。

初入社会的年轻人，在理财中常犯的错误是有多少花多少，想买什么就买什么，甚至不惜利用银行借贷，随意扩张信用，最后陷入负债累累、入不敷出的窘境。因此，在理财中，懂得如何开源、节流，如何控制自己的消费欲望是非常重要的。

第二节　年轻家庭的理财规划

年轻夫妇处于理财的新阶段。在这一阶段，一方面，他们的收入水平还相对较低；另一方面，结婚成家的巨额花费可能耗光了他们的积蓄，还有的年轻家庭已经背负上了沉重的债务。当然，年轻家庭还需要面对生育和养育孩子带来的家庭开支骤增、职业环境的不稳定等多方面的袭扰。

一、客户基本情况

李小姐今年30岁，刚结婚不久，暂时没有小孩。收支方面，李小姐和先生的月收入大约为2万元，每月日常生活费用支出为5 000元，养车支出为1 000元，每年旅游支出至少6万元。李小姐夫妇的资产现状为：拥有10万元的现金，活期和一年定期各占一半；正在供房，20 年 50 万元的房子，6 成按揭，月供 2 150 元，已供 2 年，尚有房贷本金 28 万元；一辆价值 10 万元的家庭轿车；信用卡透支了 20 000 元。保险方面，先生的保险比较齐全，每年约缴纳 2 万元保费，自己有社保和 20 万元的健康险，年交保费约 3 000 元。此外，李小姐还有 5 万元的股票（原投入约 10 万元）。

二、理财需求

李小姐的理财目标为：第一，合理分配现金，提高回报率；第二，计划两年内生小孩，预备储备 8 万元教育基金，不希望因小孩的出生而降低生活品质；第三，为自己作一些保险方面的建议。

三、家庭财务分析

李小姐家庭的资源由其家庭收入支出表和资产负债表体现，李小姐家庭的资产负债表如表 12—4 所示，它体现了李小姐家庭拥有哪些经济资源，这些经济资源的分布情况、家庭的负债信息和净资产等。

表 12—4　　李小姐家庭资产负债表

客户姓名：李小姐家庭　　时间：2015 年 6 月 30 日

资产	金额（元）	负债	金额（元）
现金及现金等价物		消费负债	
活期	50 000	信用卡负债	20 000
银行定期存款	50 000	汽车贷款	
金融资产	0	投资负债	
债券及债券基金	0	住房贷款	280 000
股票及股票基金	50 000	其他贷款	0
自用资产			
自用房产	500 000		
家用轿车	100 000		
资产合计	750 000	负债合计	300 000
净资产	450 000		

李小姐家庭的收入支出表如表 12—5 所示，收入支出表反映李小姐家庭的收入来源、收入规模、支出去向、支出规模、家庭年度（月）度结余等情况。

表 12—5　　李小姐家庭月度收入支出表

客户姓名：刘小姐家庭　　时间：2015 年 6 月 1 日—2015 年 6 月 30 日

收入	金额（元）	支出	金额（元）
工薪收入	20 000	生活支出	5 000

续前表

收入	金额（元）	支出	金额（元）
理财收入	0	房贷支出	2 150
投资收入	0	养车	1 000
其他收入		旅游支出	5 000（平均）
合计	20 000	合计	13 150
月结余			6 850

在家庭理财中，财务比率是反映家庭理财活动的量化指标、流动性比率、结余比率、投资与净资产比率、资产负债率、负债收入比率分别从不同角度反映家庭理财活动的合理程度。通过分析李小姐的家庭财务情况，得出李小姐家庭的财务分析结果（见表12—6）。

表12—6　　李小姐家庭财务比率分析表

财务指标	计算公式	数值	经验数值
流动性比率	流动性资产/每月基本支出	12	3～6
结余比率	年结余/年税后收入	34%	40%
负债收入比率	年偿还负债/年税后收入	11%	40%以下
投资与净资产比率	投资性资产/净资产	10%	50%
资产负债率	净资产/总资产	60%	50%以下

从李小姐家庭的财务比率来看，李小姐家庭财务情况比较理想：李小姐的家庭有充足的流动性，结余比率在正常值范围，家庭的债务压力很小，家庭的保障较为全面。尽管李小姐家庭的资产负债率略高于正常值，但考虑到家庭正处于形成期，李小姐家庭的收入成长空间较大，资产负债率略高，也不会带来债务危机；家庭的投资与净资产比率为10%，远低于50%的正常值，说明李小姐家庭已经有了投资意识，刚刚开始投资活动。

四、家庭理财目标

李小姐家庭正处于家庭形成期，在该阶段，家庭开支相对较低，主要为日常开支和房贷支出，同时收入会不断提高，但随着孩子的出生，家庭的收入会暂时下降，支出会大幅上升。因此，根据李小姐家庭的财产状况，结合李小姐家庭的理财需求，建议李小姐家庭的理财目标为：（1）改善李小姐家庭的流动性比率，建议降到合理范围之内；（2）合理消费，适度减少旅游消费，一年结余30 000元；（3）两年内准备育儿费用8万元；（4）一年内投入12 000元，建立李小姐的商业保障。

五、分项理财规划

（一）现金规划

李小姐家庭的每月开支较为平稳，每个月的基本生活开支5 000元，每个月的房贷2 150元和养车费用1 000元，合计为8 150元，这些开支缺乏弹性。李小姐家庭每年的旅游开支折合到每个月中大约为5 000元，但该项支出不是家庭每月必须支出的项目，因此在进行家庭现金规划时，无须考虑旅游支出。

李小姐家庭的现金及其等价物有银行活期和定期存款共计 10 万元。流动性比率约为 12 倍，建议李小姐家庭保持 6 倍的流动性比率，即家庭的紧急备用金额度为 5 万元，其余 5 万元可以用来购买银行理财产品、定期宝或者债券基金（见表 12—7）。

表 12—7

规划前	额度	收益率	年收益	规划后	额度	收益率	年收益
活期	50 000	0.36%	180 元	活期	10 000	0.36	36 元
定期	50 000	3%	1 500 元	余额宝	40 000	4.5%	1 800 元
				债券基金	50 000	6%	3 000 元
合计			1 680 元				4 836 元

由现金规划可以看出，同样一笔资金，规划前的收益为 1 680 元，规划后，在保持流动性的前提下，收益增加 3 156 元至 4 836 元，收益增加了近 290%。

（二）消费规划

李小姐夫妇二人的结余比率为 34%，略低于经验值，从李小姐家庭的支出结构来看，李小姐家庭的日常开支占总支出的 38%，较为合理；旅游开支占 38%，占比较高，需要规划；汽车开支占 7.6%，基本合理；房贷占 16.4%，基本合理。

考虑到夫妇二人的收入水平和消费结构，建议李小姐夫妇认真规划每年的旅行计划，适度压缩旅游开支，使旅游开支占家庭总收入的 10%左右，即每年花 3 万元用来旅游。每年结余 3 万元的旅游费用，用来进行金融投资，这样两年下来，即可积攒到 6 万元的资金。

（三）育儿费用

建议李小姐夫妇把现金规划中结余的 5 万元，用来购买债券基金，作为育儿的专项资金，专款专用，另外，李小姐夫妇把每年结余的 3 万元旅游资金中的 1.5 万元，作为追加资金，追加到育儿专项资金中，这样，李小姐可以在两年之内，建立 8 万元的育儿专项资金，保证生育孩子前后的营养、体检、早教、产生、喂养、医疗等。

（四）保险规划

从家庭保障情况来看，李小姐丈夫的保障比较全面，李小姐的保障有些欠缺。从李小姐家庭所处的阶段来看，李小姐的保险需求为意外险、住院医疗险、健康险。建议李小姐每年为自己购买 5 份意外伤害保险，再购买 20 万元的健康险，附加 2 万元的住院医疗保险，投保 30 万元的定期寿险（见表 12—8）。

表 12—8 **李小姐保险规划情况表**

险种	份额	年缴保费（元）	保额（元）	备注
意外险	5	500	50 万	消费型，一年一缴
重大疾病保险	1	8 200	20 万	20 年期缴，70 岁满期
住院医疗保险	2	600	2 万	
健康险（不详）		3 000	20 万	已有的保险
合计		12 300	92 万	

（五）投资规划

对于李小姐家庭来说，投资规划也是非常重要的。

在建立育儿基金之后，建议李小姐家庭在今后的理财活动中，采用定期定投的方式，把每一阶段（每个月）结余的资金用于投资，可以购买一些混合型基金、股票型基金或者股票。这样，若干年后，李小姐家庭将会有一笔额度较大的资金，可以用来进行孩子的教育规划和自己的养老规划。

讨论：在年轻家庭，理财的重点在哪里？为什么？

第三节　三口之家的理财规划

一、家庭基本情况

张先生今年 33 岁，工作为私企外贸业务员，年收入约为 14 万元（税后），单位有三险一金。陈女士今年 30 岁，在一家国企担任财务人员，年收入约为 6 万元（税后）。家庭理财收入约为 1 万元。张先生有一个一岁的女儿。

张先生一家现在没有购买房和车，是和爷爷奶奶住在一起，家庭月均开支 6 800 元。

张先生一家的资产情况为一年定期存款 7.7 万元，货币型基金 4 万元，股票型基金 1 万元，一年期人民币理财产品 8 万元，16.6 万元国债，7 000 元分红型保险，2 万元股票。

张先生一家人年支出约为 10 万元，其中包括保险费用。

商业保险方面，张先生投保了 10 万元的重大疾病保险和 10 万元的意外伤害险，年交保费 3 500 元，30 年期。陈女士投保了 10 万重大疾病保险，年交保费 3 200 元，30 年期。女儿投保 3 万元保额的重大疾病保险和 2 万元保额的万能险，年交保费 10 800 元，15 年期。均是今年刚投保的。

张先生家庭的理财需求为：(1) 购买一套 140 平方米以上的住房（规划 80 万元左右），但不想贷款购买。(2) 年底想买一辆价值 15 万元左右的车。(3) 实现资产年收益率 5% 以上。

二、家庭财务分析

根据资料提供的信息，我们整理出张先生家庭的资产负债表（见表 12—9）。

表 12—9　　张先生家庭资产负债表

客户姓名：张先生家庭　　时间：2015 年 6 月 30 日

资产	金额（元）	负债	金额（元）
现金及现金等价物		消费负债	
活期		信用卡负债	
银行定期存款	77 000	汽车贷款	
货币市场基金	40 000		
金融资产	0	投资负债	
债券及债券基金	166 000	住房贷款	

续前表

资产	金额（元）	负债	金额（元）
人民币理财产品	80 000		
分红型保险价值	7 000		
股票及股票基金	30 000	其他贷款	0
自用资产			
自用房产			
家用轿车			
资产合计	400 000	负债合计	0
净资产	400 000		

张先生家庭的收入支出表如表 12—10 所示。

表 12—10　　张先生家庭年度收入支出表

客户姓名：张先生家庭		时间：2013 年 7 月 1 日—2014 年 6 月 30 日	
收入	金额（元）	支出	金额（元）
工薪收入	200 000	生活支出	81 600
理财收入	10 000	保险支出	17 500
投资收入	0	养车	
其他收入		旅游支出	
合计	210 000	合计	99 100
年结余			100 900

通过分析张先生的家庭财务情况，得出张先生家庭的财务分析结果（见表 12—11）。

表 12—11　　张先生家庭财务比率分析表

财务指标	计算公式	数值	经验数值
流动性比率	流动性资产/每月基本支出	17	3～6
结余比率	年结余/年税后收入	48%	40%
负债收入比率	年偿还负债/年税后收入	0%	40%以下
投资与净资产比率	投资性资产/净资产	71%	50%
资产负债率	净资产/总资产	0%	50%以下

从张先生家庭的财务比率分析表可以看出：

（1）张先生家庭的流动性比率为 17，远高于正常值。说明张先生家庭在不动用其他资产时，家庭的流动性资产可以支付家庭 17 个月的开支。在做家庭理财规划时，流动性资产是需要规划的。

（2）张先生家庭的结余比率为48%，略高于经验值，说明张先生家庭控制支出的能力较强，积累净资产的能力较强，这部分结余资金也是家庭理财规划的重点对象。

（3）张先生家庭的投资与净资产比率为71%，高于经验值，说明张先生家庭有较强的投资欲望，也敢于进行适当的投资。但仔细分析张先生家庭的资产结构可以发现，尽管张先生家庭的投资性资产占比较高，但投资性金融资产的结构不合理，固定收益类金融资产占比较高，这也是张先生家庭理财规划的重点。

（4）张先生家庭没有任何负债，财务状况极为安全。如有需要，家庭完全可以进行合理的负债融资。

三、家庭理财目标

（一）短期目标

（1）对张先生家庭进行现金规划，使其流动性比率达到合理范围；

（2）准备15万元，为年底买车储备好资金；

（3）调整家庭的资产结构，使家庭投资性资产的年期望收益率达到5%以上。

（二）中期目标

（1）三年内购买一套140平方米以上的住房（规划80万元左右）；

（2）完善家庭的保险规划；

（3）做好子女的教育规划，为孩子准备30万元的大学教育费用。

（三）长期目标

张先生夫妇的养老规划。

四、分项理财规划

（一）现金规划

张先生家庭的现金类金融资产共有银行定期存款77 000元，货币市场基金40 000元，合计为117 000元，张先生家庭的月度正常开支为6 800元，流动性比率为17倍。考虑到张先生和父母一起生活，建议张先生家庭的流动性比率保持在6倍即可，即预留4万元的流动性资产。

建议张先生赎回5 000元的货币市场基金，放在银行卡里，以备家庭随时取用，其余35 000元继续持有，或转投余额宝（活期宝），作为家庭的紧急备用金。毕竟从目前来看，货币市场基金（余额宝）的收益还略高于一年定期，是活期存款的十多倍。待银行定期存款77 000元到期后，用作家庭的购车准备。

（二）购车规划

张先生家庭准备在年内购买15万左右的家庭轿车。建议张先生把银行定期存款77 000元用作购车的准备资金，如果该存款到期，建议购买成货币市场基金（活期宝、余额宝也可以）。在保证该笔资金流动性的前提下，还能有相对较高的收益。

张先生在银行的80 000元理财产品，到期后转投货币市场基金，用作购车准备。这样，张先生家庭年内购车计划可以圆满实现。

（三）家庭资产结构调整

张先生家庭正处在家庭成长期前期，不可避免地会有很多阶段性的支出，但是收入也是非常可观的。因此，该阶段的理财重点应是攻守兼备。张先生家庭的投资效率无疑过低——定期存款、国债、银行人民币理财产品、货币型基金、分红型保险这类固定收益类产品过高，差不多达到近80%，不符合该阶段的家庭的收入水平和理财需求。建议张先生的家庭应合理调整家庭的金融资产结构，使金融资产结构域家庭的理财特点相匹配。建议张先生加大成长性资产的配置力度，缩减固定收益率资产的配置比例。

建议张先生逐渐加大购买股票型基金的力度，待国债到期后，转投混合型基金、股票型基金。张先生家庭调整后的资产结构如表12—12所示。

表12—12 张先生家庭资产负债表（不包括购车的资金）

资产	金额（元）	预期收益（%）
现金及现金等价物		
活期	5 000	0.36
银行定期存款		
货币市场基金	35 000	4
金融资产	0	
债券及债券基金	40 000	4.5
混合型基金	100 000	6
分红型保险价值	7 000	3
股票及股票基金	60 000	8
合计	247 000	5.76

张先生家庭的金融资产结构调整后，全部金融资产（包括现金类资产）的预期收益率为5.76%。

（四）购房规划

张先生想用全款买房，是因为考虑到商业住房贷款利率比较高，贷款买房不值。但是在年内花15万元买车以后，张先生家至少还需要4年至5年的时间才能攒到80万元，而且全款购房，会使张先生家的现金流过于紧张，万一碰到了要用大笔资金时就会使家庭的经济陷入困境。

考虑到张先生家庭没有任何负债，且资产结构调整后的整体收益率超过了5%，所以建议张先生家庭利用公积金贷款购房，不足部分利用商业银行贷款。

假设住房贷款首付比例为30%，首付24万元，公积金贷款额度为30万元，贷款期限为20年，贷款利率为4.5%，其余26万元利用商业银行贷款，贷款期限10年，贷款利率为6.55%，采用等额本金还款法。

为了保持家庭财务的稳定，建议张先生一年后购房。这样，张先生家庭一年的结余10万元和现有金融资产中的14万元，用来作为购房的首付款，其余资金利用公积金贷款和商业银行贷款。

利用EXCEL软件（财务计算器），可以计算公积金贷款每个月的还款额度为1 898元（等额本息法）。

同样，可以计算出商业贷款首月还款额度为3 586元（等额本金法）。以后每个月还款额度递减。

购房后，张先生家庭的资产负债表如表 12—13 所示。

表 12—13　　张先生家庭购房后的资产负债表

客户姓名：张先生家庭　　时间：2016 年 6 月 30 日

资产	金额（元）	负债	金额（元）
现金及现金等价物		消费负债	
活期	5 000	信用卡负债	
银行定期存款		汽车贷款	
货币市场基金	35 000		
金融资产	0	投资负债	
债券及债券基金		住房贷款	560 000
人民币理财产品			
分红型保险价值	7 000		
股票及股票基金	60 000	其他贷款	0
自用资产			
自用房产	800 000		
家用轿车	150 000		
资产合计	1 057 000	负债合计	560 000
净资产	497 000		

练一练：

购房后，(1) 张先生家庭首月的房贷负担比为多少，是否合理？(2) 购房后，张先生家庭的资产负债率为多少，是否合理？

（五）家庭保险规划

张先生一家虽然都购买了商业保险，但在商业保险规划上有两个问题：一是为孩子上的保险过多；二是作为家庭的经济支柱张先生保障严重不足。

在家庭购买商业保险的顺序上，应该是先大人，后孩子，先经济支柱，后其他成员。根据保险规划的“双十原则”，保额为家庭年收入的 10 倍，保费支出为家庭年收入的十分之一，建议张先生家庭的年保费支出控制在 2 万元左右，保额设定在 200 万元左右，保费的分配上，建议张先生、张太太、孩子按照 6∶3∶1 来分配保费。

建议张先生首先为自己加保 20 万元的重大疾病，购买 4 份意外伤害保险，购买额度为 2 万元的住院医疗费用保险，购买 50 万元的定期寿险等；张太太购买 2 份意外伤害保险、加保 10 万元的重大疾病保险，购买 30 万元的定期寿险和 2 万元的住院医疗费用保险；孩子配置 200 元的宝宝卡（包括意外、意外医疗和疾病住院），购买 10 万元的重大疾病保险（建议孩子的重疾险保留，万能险退掉）。这样，张先生家庭的商业保险就比较全面了（见表 12—14）。

表 12—14　　张先生家庭的保险规划表

姓名	险种	保额（万元）	保费（元）
张先生	意外伤害保险	50	500
	重大疾病保险	30	9 500
	住院医疗费用	2	600
	定期寿险	50	2 000
合计		132	12 600
张太太	意外伤害保险	20	200
	重大疾病保险	20	6 400
	住院医疗费用	2	600
	定期寿险	30	1 200
合计		72	8 400
孩子	宝宝卡	包含意外、意外医疗、疾病医疗等	200
	重大疾病保险	10	1 400
合计		10	1 600
总合计		214	22 600

（六）子女教育规划

子女教育规划的目标是让孩子能够受到良好的教育，实现家庭子女的教育期望。张先生想为孩子准备 30 万元的高等教育费用，以供孩子大学教育所需，所以建议张先生以 6 万元的股票型基金为子女教育费用的启动资金。假设该基金的成长率为 8%，17 年后，该资金的终值约为 22 万余元，剩余的 8 万元的教育费用，可以用家庭每年结余资金进行基金定投，假定投资的收益率为 6%（采用相对较为保守的投资策略），则每年年末只需投入 2 900 元即可。这样，孩子的教育费用即可准备充足了。

待张先生夫妇二人完成购房、购车计划，完善家庭保障、调整家庭金融资产结构之后再进行夫妇二人的养老规划。

讨论：对于像张先生这样的处于成长期的家庭，理财的重点在哪里？

阅读材料

一代文豪胡适的糟糕理财

胡适先生是著名的学者、教育家、外交家。他的一生始终处于社会的上层，在步入中年之前，一直收入丰厚。1917 年，27 岁的胡适留学回国，在北京大学任教授，月薪 280 银元。那时一银元相当于现在的人民币 40 多元，月薪合人民币 11 200 元。除了薪水，他还有版税和稿酬。1931 年，胡适从上海回北大，任文学院院长，月薪 600 银元。

当时他著作更多，版税、稿酬更加丰厚。据估算，每月收入 1 500 银元。那时一银元约合现在的人民币 30 多元，月收入相当于现在人民币 45 000 元，年收入达到 50 多万元。他家住房十分宽敞，雇有 6 个佣人，生活富裕。但胡适不注重理财，经常吃干花净，长期没有积蓄。在 1937 年抗日战争爆发时，也就是胡适步入中年以后，他的经济生活开始拮据起来，且持续一生。

进入暮年，胡适每次生病住院医药费都告急，总要坚持提前出院。晚年他多次告诫身边的工作人员：“年轻时，要注意多留点积蓄。”

讨论：不注重理财、不善于理财，即使有再高的工资、再多的收入，生活最终会陷入拮据，度日艰难。从胡适先生的理财活动中，我们能得到什么启示？

第四节　家庭成熟期的理财规划

当子女长成人之后，他们纷纷离开父母，走向社会。此时的家庭处于“空巢”老年期。在这段时期，因子女已经成人，家庭的支出逐渐减少，家庭的各项资产也达到一定的规模。在这一阶段，家庭的理财需求也发生了根本性的变化。下面以王先生家庭为例，介绍成熟家庭的理财规划。

一、家庭基本情况

王先生，56 岁，妻子 57 岁，二人均有社保。一个孩子三年前大学毕业，在一家合资企业工作，收入比较稳定。夫妇二人拥有一套房产，市场价值约为 120 万元，另有活期存款 5 万元，一年定期存款 10 万元，五年定期存款 25 万元，股票 20 万元（五年前投入 40 万元，目前赔了一半）。夫妇二人的年收入大约为 8 万元，理财收入约为 2 万元。在支出方面，夫妇二人的月度正常开支为 3 000 元。

夫妇二人想为自己准备 30 万元的医疗金，准备 60 万元的养老金，为孩子准备结婚的费用约 20 万元。夫妇二人在股市的投资并不成功，希望得到理财规划师的指导。（2015 年 7 月 31 日）

二、家庭财务分析

根据王先生家庭的情况，整理王先生家庭的收入支出表和资产负债表，如表 12—15 所示。

表 12—15　　王先生家庭资产负债表

客户姓名：王先生家庭			时间：2015 年 7 月 31 日
资产	金额（元）	负债	金额（元）
现金及现金等价物		消费负债	
活期	50 000	信用卡负债	
银行定期存款	350 000	汽车贷款	

续前表

资产	金额（元）	负债	金额（元）
货币市场基金			
金融资产	0	投资负债	
债券及债券基金		住房贷款	
人民币理财产品			
股票及股票基金	200 000	其他贷款	0
自用资产			
自用房产	1 200 000		
其他资产			
资产合计	1 800 000	负债合计	0
净资产	1 800 000		

王先生家庭的收入支出表如表12—16所示。

表12—16　　王先生家庭年度收入支出表

客户姓名：王先生家庭		时间：2014年7月1日—2015年6月30日	
收入	金额（元）	支出	金额（元）
工薪收入	80 000	生活支出	36 000
理财收入	20 000	保险支出	
投资收入	0	旅游支出	
其他收入		其他支出	
合计	100 000	合计	36 000
年结余			64 000

通过分析王先生的家庭财务情况，得出王先生家庭的财务分析结果（见表12—17）。

表12—17　　王先生家庭财务比率分析表

财务指标	计算过程	数值	经验数值
流动性比率	流动性资产/每月基本支出	111	3～6
结余比率	年结余/年税后收入	64%	40%
负债收入比率	年偿还负债/年税后收入	0%	40%以下
投资与净资产比率	投资性资产/净资产	11%	50%
资产负债率	净资产/总资产	0%	50%以下

从王先生家庭的财务比率分析表可以看出：

（1）王先生家庭的流动性比率为111，远高于正常值。说明王先生家庭在不动用其他资产时，家庭的流动性资产可以支付家庭111个月的开支。在做家庭理财规划时，首先需要对该流动性资产进行规划。

（2）王先生家庭的结余比率为64%，高于经验值说明王先生家庭控制支出的能力较强，积累净资产的能力较强，这部分结余资金也是家庭理财规划的重点对象。但王先生夫妇即将退休，开始金色的晚年生活，建议王先生夫妇适度增加当前消费。

（3）王先生家庭的投资与净资产比率为11%，远低于经验值，说明王先生家庭投资意愿较为保守，不敢进行风险较高的投资。

（4）王先生家庭没有任何负债，财务状况极为安全。

三、家庭理财目标

根据王先生家庭的理财期望和财务比率分析情况，可以看出王先生家庭的短期理财目标为现金规划、消费规划和保险规划，中期理财目标为在理财规划师的帮助下，调整投资结构，准备30万元的医疗金，长期目标为准备60万元的养老金，为孩子准备结婚的费用约20万元。

四、分项理财规划

（一）现金规划

王先生家庭的流动性比率为111倍，远远高于经验值。考虑到王先生夫妇都将近退休，建议王先生家庭的紧急备用金额度保持在5万元，即银行活期存款中的1万元继续以活期持有，其余4万元转投货币市场基金。

（二）家庭消费规划

适当消费，也可以提高生活品质。王先生有众多老一辈的优良传统，生活节俭，消费支出不多。建议王先生夫妇多参加一些老年业余活动，比如参加老年大学、老年俱乐部，节假日也可以安排就近旅游，或按每年定期旅游，散散心。毕竟已经辛苦一辈子，也该享受一下生活的乐趣了。建议王先生夫妇在家庭消费开支上平均每月增加1 000元。

（三）保险规划

在保障方面，除了社保之外，适当的商业保险补充也是必需的。由于王先生夫妇已经接近退休，此时购买健康险就较为昂贵，建议王先生夫妇每年拿出2万元，购买缴费期为5年，从65岁开始领取养老年金的养老险保险，并附加2万元的住院医疗费用保险。当然，王先生夫妇每人每年100元的意外伤害保险也是必需的。

（四）投资规划

对于王先生来说，证券市场的风险较大，尤其到了快要退休的时候。王先生可以暂时保留20万元的股票，等行情回暖后，逐步降低家庭投资股票的比例。建议王先生逐步在其银行存款到期后，逐步购买一些保本基金、债券基金、信托理财产品等，在保证本金安全的基础上，能有较为合理的收益。

（五）医疗准备金规划

王先生想在退休前为家庭准备30万元的医疗金，该想法无疑是正确的。建议王先生把银行的25万元五年定期作为医疗准备金启动资金，利用每年的结余继续投入。假定王先生按照理财规划师的建议去实施理财规划方案，王先生夫妇每年还有3.2万元的结余（每月消费增加1 000元，购买商业养老保险一年缴费2万元），用于债券基金定投，补充医疗准备金。一年后王先生家庭即可有30万元的医疗准备基金。

（六）孩子结婚的费用和养老金规划

王先生的孩子大学毕业已经三年，正常情况下，孩子会在未来5年内结婚。届时作为父母，给孩子准备20万元的结婚费用，以表达父母对孩子的浓浓爱意也是可以的。建议王先生夫妇用20万元的股票作为孩子的结婚费用，第二年后再把每年结余3.2万元购买债券基金，追加到子女结婚费用中。

从目前的家庭情况看，按照轻重缓急的原则，王先生夫妇准备60万元的养老金暂时还难以完成，建议王先生方法在退休之后，采用住房倒按揭的方式养老，120万元的房产，用于夫妇二人的养老。

阅读材料

倒按揭养老

“倒按揭”也称“反向住房抵押贷款”，是指房屋产权拥有者，把自有产权的房子抵押给银行、保险公司等金融机构，后者在综合评估借款人年龄、生命期望值、房产现在价值以及预计房主去世时房产的价值等因素后，每月给房主一笔固定的钱，房主继续获得居住权，一直延续到房主去世；当房主去世后，其房产出售，所得用来偿还贷款本息，其升值部分亦归抵押权人所有。

目前，美国的倒按揭贷款放贷对象是62岁以上的老年人。比较流行的主要有三种类型，依据不同的贷款发放单位来区别：首先是联邦政府保险的倒按揭贷款，该贷款由美国联邦住房管理局进行保险，大约90%的倒按揭贷款属于此种类型；其次是政府担保的倒按揭贷款，该贷款由美国联邦全国抵押协会办理；再次是专有倒按揭贷款，这种倒按揭贷款模式由不同的公司推出，根据客户群分类而有一定的差异性，属于个人理财型产品。

资料来源：搜狐财经，http：//business. sohu. com/20070925/n252351825. shtml。

本章小结

家庭的理财目标无外乎房子、车子、孩子、妻子、父母和自己的一辈子。在人生的不同阶段，不同的家庭阶段，理财重点也各有不同。对于“单身贵族”来说，理财的重点在于开源、节流，坚持储蓄，同时购买适当的消费型保险，在投资上强调进攻；对于年轻家庭来说，理财的重点在于育儿、购房、购车、家庭保障，理财上强调攻守兼备；对于老年家庭，理财的重点在于现金规划、资产配置规划和财富传承规划，理财上强调稳健防守。

思考与练习

1. 单身期的理财重点是什么？
2. 年轻家庭理财规划的重点是什么？
3. 中年家庭的理财重点是什么？
4. 老年家庭的理财重点是什么？

实训设计

麻女士今年30岁，是大学讲师，月收入6 000元；先生是一家公司的部门经理，31岁，税后月入1.2万元；孩子刚刚出生不久。麻女士夫妇单位均有三险一金。目前，麻女士一家自住一套100平方米的房子，还有70万元贷款未还清，每月需还贷4 200元。另有一套住房用于出租，月租金2 000元；家庭有存款5万元，基金10万元。在孩子出生之前，麻女士一家开支大约3 000元左右（房贷除外），但孩子出生后，各项费用随之大增。此外，麻女士夫妇双方父母均快60岁了，均无养老保险，麻女士每年给双方父母各约5 000元。

麻女士一家计划在今年买一辆车。在投资理财上，由于目前股市已经回暖，麻女士希望知道当前是否是抄底的时机；此外，麻女士也希望知道哪些保险品种比较适合其父母，哪些投资理财方式适合像她这样的上有老下有小的“夹心层”白领家庭（截止日期为2014年8月31日）。

请你按照理财规划的流程，为麻女士设计一套理财规划方案。

参考文献

[1] 中国就业培训技术指导中心. 国家职业资格培训教程（国家职业资格三级）——理财规划师基础知识. 第五版. 北京：中国财政经济出版社，2013.

[2] 中国就业培训技术指导中心. 国家职业资格培训教程（国家职业资格三级）——理财规划师专业能力. 第五版. 北京：中国财政经济出版社，2013.

[3] 中国就业培训技术指导中心. 国家职业资格培训教程（国家职业资格二级）——理财规划师专业能力. 第五版. 北京：中国财政经济出版社，2013.

[4] 郭平. 个人理财. 成都：西南财经大学出版社，2010.

[5] 廖旗平. 个人理财. 北京：高等教育出版社，2009.

[6] 杰克·R. 卡普尔，李·R. 德拉贝，罗伯特·J. 休斯著，马苏芹，达兵，译. 个人理财. 上海：上海人民出版社，2004.

[7] 杜树楷，周宇梅. 人寿保险. 北京：高等教育出版社，26003.

[8] 杨立功. 证券投资实务. 北京：中国人民大学出版社，2011.

[9] 赵猛. 人寿保险个人理财新工具. 北京：中国金融出版社，2006.

[10] 马银春. 在北大听到的24堂财富课. 北京：中国商业出版社，2006.

[11] 汉弗莱·B·尼尔著，丁圣元，译. 逆向思考的艺术. 北京：地震出版社，2010.

[12] 戴维·达斯特著，段娟，史文韬，译. 资产配置的艺术. 北京：中国人民大学出版社，2009.

[13] 东方财富网.

[14] 中国保险网.

图书在版编目（CIP）数据

个人理财/杨立功主编．—北京：中国人民大学出版社，2015.1

21世纪高职高专规划教材．金融保险系列

ISBN 978-7-300-20666-0

Ⅰ.①个… Ⅱ.①杨…Ⅲ.①私人投资-高等职业教育-教材 Ⅳ.①F830.59

中国版本图书馆CIP数据核字（2015）第018257号

21世纪高职高专规划教材·金融保险系列

个人理财

主 编 杨立功

副主编 王 妍

Geren Licai

出版发行	中国人民大学出版社		
社 址	北京中关村大街31号	**邮政编码**	100080
电 话	010－62511242（总编室）		010－62511770（质管部）
	010－82501766（邮购部）		010－62514148（门市部）
	010－62515195（发行公司）		010－62515275（盗版举报）
网 址	http://www.crup.com.cn		
	http://www.ttrnet.com（人大教研网）		
经 销	新华书店		
印 刷	北京昌联印刷有限公司		
规 格	185mm×260mm 16开本	**版 次**	2015年4月第1版
印 张	13.5	**印 次**	2015年4月第1次印刷
字 数	317 000	**定 价**	27.00元